Dr. Otto Schinko

Achner, Benker, Cidelarn ...

Ortsnamen in den Verwaltungsbezirken Leob

Dr. Otto Schinko

Achner, Benker, Cidelarn ...

Ortsnamen in den Verwaltungsbezirken Leoben, Knittelfeld, Judenburg und Murau

GRIN Verlag

Bibliografische Information der Deutschen Nationalbibliothek: Die Deutsche Bibliothek
verzeichnet diese Publikation in der Deutschen Nationalbibliografie; detaillierte bibliografische Daten sind im Internet über http://dnb.d-nb.de/ abrufbar.

1. Auflage 2011
Copyright © 2011 GRIN Verlag GmbH
http://www.grin.com
Druck und Bindung: Books on Demand GmbH, Norderstedt Germany
ISBN 978-3-656-07976-7

OTTO MICHAEL SCHINKO

ACHNER, BENKER, CIDELARN ...

ORTSNAMEN
IN DEN
VERWALTUNGSBEZIRKEN LEOBEN, KNITTELFELD,
JUDENBURG UND MURAU

V o r w o r t

Ortsnamen, also Berg-, Flur-, Gewässer-, Hof- und Siedlungsnamen, sind ein Spiegelbild der Siedlungsgeschichte eines Landes. Gerade das obere Murtal bildet einen Landstrich, in dem sich die Geschichte seiner Besiedelung in interessanter Vielfalt zeigt:
Einerseits lässt sich eine bemerkenswerte Zähigkeit in der Erhaltung sehr alter Ortsnamen beweisen, andererseits offenbart sich in den urkundlichen Schreibweisen und Nennungen immer wieder, wie sehr die Erhaltung oder der Verlust einer örtlichen Bezeichnung von der Entwicklung der Besiedelung, vom sprachlichen Beharrungsvermögen einer bodenständigen Bevölkerung und von der Änderung der Machtverhältnisse in den Bereichen des weltlichen und kirchlichen Beisitzes bestimmt waren.
Nicht zuletzt bleibt auch beachtenswert, wie sich doch gerade in den urkundlichen Nennungen immer wieder zeigt, dass so manche schriftliche Aufzeichnung eines Namens vom guten Gehör und der Schreibkunst des Aufzeichnenden wie auch von der Deutlichkeit abhing, mit welcher von der Bevölkerung Gehöftnamen, Riedbezeichnungen und Gewässernamen ausgesprochen wurden. So konnte sich ein Gewässername wie „Kobenz" aus keltischer Zeit trotz römischer, slawischer und bairischer Besiedelung bis heute erhalten, so vermochte sich eine Bezeichnung vom „Stutenpferch" zum „Stuhlpfarrer", vom „Kalbsvlies" zum „Kalbfleisch" und vom „prěpuchъ" zum „Präbichl" verformen und entwickeln. So wurde „Praitenfurt" nach dem Bau der Kirche „St. Georgen (ob Judenburg)" genannt und „Dornach", ebenfalls nach seinem Kirchenpatron, als „St. Peter (ob Judenburg)" bezeichnet.
Kein Wunder, dass heute vielfach Ortsnamen bestehen, deren ursprüngliche Bedeutung kaum noch erkennbar und noch schwerer verständlich ist.
Es ist sicher das Verdienst eines Josef v. **Zahn**, sich als einer der Ersten mit der Herkunft steirischer Ortsnamen befasst zu haben. Auf sein Werk gründet sich in besonderer Weise die „Mutter" der vorliegenden Arbeit, nämlich die Dissertation von Dr. Klaus **Kessler**, „Die Siedlungsgeschichte des westlichen Obermurgebietes im Lichte seiner Ortsnamen", Wien 1957. Ausgehend von einem Exzerpt aus dieser Dissertation, das mein Vater, ORR i. R. Dr. Otto **Schinko**, Knittelfeld, im Mai 1971 verfasst hat, war ich bemüht, interessante Siedlungs-, Flur-, Gehöft- und Gewässernamen der Bezirke Leoben, Knittelfeld, Judenburg und Murau in alphabetischer Reihenfolge übersichtlich zusammen zu stellen, allfällige Querverbindungen optisch herauszuheben und, soweit es mir möglich war, auch Personennamen zu erklären, die zur Namenbildung beigetragen haben.
Dass dies nicht überall gelungen ist, liegt an dem in meinem Amateurstatus gelegenen Bedürfnis, den Rahmen dieser Arbeit nicht zu sprengen, aber auch darin, dass mir insbesondere die Deutung althochdeutscher oder slawischer Personennamen mangels geeigneter Unterlagen schwer fiel.
Soweit ich mir neuere Erkenntnisse über Ortsnamen aneignen konnte, habe ich sie einfließen lassen.
Gelegentlich habe ich mir auch erlaubt, eigene Ansichten darzustellen und örtliche Besonderheiten zu erwähnen. Trotz oder vielleicht wegen der nicht rein wissenschaftlichen Ausrichtung meiner Arbeit glaube ich, einen interessanten Blick über die Geschichte der Besiedelung und Entwicklung unserer Ortsnamen jenen zu ermöglichen, die mit mir wissen, dass „doppelt lebt, wer auch Vergangenes genießt" (Martial).
Die von mir verwendete Literatur kann dem angeschlossenen Literaturverzeichnis entnommen werden, nur ein- oder zweimal zitierte Arbeiten sind in den Fußnoten angeführt.
Die Namen von Ortsgemeinden habe ich gegenüber der erwähnten Dissertation aktualisiert, weil sich im Zuge der Gemeindezusammenlegungen in den Sechziger- und Siebzigerjahren des vorigen Jahrhunderts viele Bezeichnungen geändert haben; manche Örtlichkeiten habe ich geographisch etwas präziser umschrieben, als dies im Exzerpt und in der Dissertation geschehen war. Kursiv geschrieben werden alle Ortsnamen, die in dieser Arbeit besprochen werden.
Alle Ausführungen ohne besonderen Hinweis wie **Kranzmayer, Lochner v. Hüttenbach, Bahlow** usw. sind von **Kessler** übernommen, wobei aus Platzgründen gelegentlich gekürzt wurde, ohne jedoch den Sinn zu verändern.
Eine Aufstellung der von mir verwendeten Abkürzungen findet sich im Anschluss an dieses Vorwort.

Frau Dr. Elfi Lukas danke ich herzlich für die mehrmalige Durchsicht und Korrektur dieser Arbeit, die ich meiner geduldigen Ehefrau Marion zueigne.

St. Margarethen bei Knittelfeld, im November 2011   Otto Michael Schinko

Liste der verwendeten Abkürzungen

ADN	Altdeutsches Namenbuch, bearbeitet von Isolde Hausner und Elisabeth Schuster
AEA	Adel und Eisenadel von Elfi Lukas
ahd.	althochdeutsch
anord.	altnordisch
aslaw.	altslawisch
aw.	awarisch
AW (CD)	Auf alten Wegen, Wanderführer von Elfi Lukas (CD 2006)
b. K.	bei Knittelfeld
b. L.	bei Leoben
b. M.	bei Murau
Bair., bair.	Bairisch, bairisch
BDA	Bundesdenkmalamt, Landeskonservatorat für Steiermark
BlfHK	Blätter für Heimatkunde, herausgegeben vom Historischen Verein für Steiermark, Graz
BÖN	Buch der österreichischen Namen von Pohl/Schwaner
BS	Burgen und Schlösser der Steiermark von Robert Baravalle
DFN	Duden Familiennamen, bearbeitet von Rosa und Volker Kehlheim
d. h.	das heißt
Dt./dt.	Deutsch, deutsch
DKW	Deutsch - Keltisches Wörterbuch von Wilhelm Obermüller
DNL	Deutsches Namenlexikon von Hans Bahlow
EA:	eigene Ansicht, eigene Anmerkung
ENL	Etymologisches Namenlexikon von Dietmar Urmes
Etym./etym.	Etymologie, etymologisch
f, ff	(und) folgende Seite(n)
fem./Fem.	(F)femininum, weibliche(s) Geschlecht
frühidg.	F(f)rühindogermanisch
gemeingerm.	G(g)emeingermanisch
gemeinidg.	G(g)emeinindogermanisch
germ.	germanisch
GH	Gasthaus
got.	gotisch
i.	in
i. d.	in der/dem
idg.	indogermanisch
Jh.	Jahrhundert
H.	Hälfte
HJ	Halbjahr
kelt.	keltisch
KG	Katastralgemeinde
kroat.	kroatisch
KVB	Knaurs Buch der Vornamen von Margit Eberhard-Wabnitz und Horst Leisering
KLN	Kleines Lexikon der Namen und Wörter keltischen Ursprungs von Bernhard Maier
L-H	Lochner v. Hüttenbach Fritz
MA, ma.	Mittelalter, mittelalterlich
mask./Mask.	(M)maskulinum, männliche(s) Geschlecht
mhd.	mittelhochdeutsch
mdal.	mundartlich
m/M	Meter über dem Meeresspiegel

n. Chr.	nach Christus
nhd.	neuhochdeutsch
obd.	oberdeutsch
OG	Ortsgemeinde
ÖK	Österreichische Karte 1:25000, Bundesamt für Eich- und Vermessungswesen, Wien
ON	Ortsname
ONB	Ortsnamenbuch der Steiermark im Mittelalter von Josef v. Zahn
ONJ	Die Ortsnamen der Stadt Judenburg von Michael Schiestl
ONK	Ortsnamenbuch Kärnten von Eberhard Kranzmayer
pers.	persönlich(e)
PN	Personenname
Ra.	Die Steirische Rachau von Elfi Lukas
s.	Sankt (im Zusammenhang mit der urkundlichen Erwähnung von Kirchen)
S.	Seite
sog.	so genannt
slaw.	slawisch
slow.	slowenisch
slm.	slowenisch mundartlich
StGN	Steirische Gewässernamen deutscher Herkunft von Fritz Lochner v.Hüttenbach
StON	Steirische Ortsnamen von Fritz Lochner v. Hüttenbach
StUB	Urkundenbuch des Herzogtums Steiermark, Hg. Heinrich Appelt und Gerhard Pferschy
SWB	Steirisches Wörterbuch, Hg. A. Seebacher – Mesaritsch
TOK	Tiroler Ortsnamenkunde von Karl Finsterwalder
urslaw.	urslawisch
VB	Verwaltungsbezirk
Verf.	Verfasser
vgl.	vergleiche
v. Chr.	vor Christus
voridg.	vorindogermanisch
wend.	Wendisch
z. B.	zum Beispiel
ZHVfSt	Zeitschrift des Historischen Vereins für Steiermark
ZOB	Josef von Zahn, Ortsnamenbuch der Steiermark im Mittelalter
*	rekonstruierte Wortform
+	abgekommene Bezeichnung

Kursiv geschriebene ON werden in dieser Arbeit behandelt.

Sprachgeschichtliche Anmerkungen
(Quellen: Kranzmayer, ONB, und Pohl/Schwaner, BÖN)

Archäologische Funde lassen den Schluss zu, dass das Obermurtal seit der Jungsteinzeit mehr oder weniger kontinuierlich von Menschen besiedelt wurde[1]. Insbesondere die Auffindung und teilweise Ergrabung von Siedlungen in den Verwaltungsbezirken Leoben, Knittelfeld, Judenburg und Murau zeichnet einen zeitlichen Bogen vom Ende des 5. Jahrtausends v. Chr. bis ins 8. Jhd. n. Chr.[2] Welche Sprache zu diesen Zeiten gesprochen wurde, ist nicht bekannt.

Lange Zeit gingen Sprachwissenschaftler davon aus, dass Illyrer, Veneter und Kelten die sprachliche Landschaft auch in unseren Breiten geprägt hätten. Diesbezüglich hat sich das Bild gewandelt. Aus den Nachrichten griechischer Schriftsteller des 6. und 5. Jhd. v. Chr. geht hervor, dass die Bezeichnung „Illyrer" einen Sammelbegriff für mehrere Stämme darstellt, die zwischen Makedonien und der Adriaküste von Griechenland bis Montenegro, also im heutigen Albanien, anzutreffen sind. Die spätere Annahme, die Illyrer hätten auch in Böhmen und Pannonien sowie in Noricum gesiedelt, ist archäologisch widerlegt. Heute vergleicht man das Illyrische mit der Sprache der Messapier (im antiken Apulien) und mit jener der Albaner[3]. Das antike Volk der **Veneter** besiedelte den nordöstlichen Teil des heutigen Italiens. Nach Westen erstreckte sich ihr Gebiet bis zum Etsch, oder, nach einigen Annahmen, bis zur Adda, nördlich bis zu den Alpen und östlich bis zum Timavo im heutigen Friaul. Ihre durch kurze Inschriften dokumentierte Sprache, das Venetische, gehört zu den idg. Sprachen und ist am nächsten mit den italischen Sprachen verwandt, insbesondere mit dm Lateinischen[4]. Die Veneter scheinen bei uns keine sprachlichen Spuren hinterlassen zu haben. Insgesamt lässt sich sagen, dass nur wenige ON aus voridg. Sprachschichten, aus dem sogenannten „Substrat" zu stammen scheinen. Dies verwundert nicht, wenn man bedenkt, dass uns mehr als 2500 Jahre von jenen tiefliegenden Sprachschichten trennen. Als häufiger namenbildend lässt sich lediglich das **Keltische** heranziehen, dies jedoch mit der gebotenen Vorsicht.

Die Römer: Etwa ab 115 v. C. bestand ein Handelsvertrag Roms mit den Tauriskern (ein *publicum hospitium)*, der den friedlichen Warenverkehr ohne militärische Bindungen regelte. Im Jahr 113 v. Chr. entsandte der Senat auf Bitten der norischen Fürsten unter dem Consul Papirius Carbo ein Heer gegen die Kimbern. Nach einem Vertragsbruch seitens der Römer mussten sich die Kimbern zum Kampf stellen; nur ein Gewitter mit Hagelschlag, wie es in den römischen Berichten heißt, bewahrte die römischen Truppen vor völliger Vernichtung. Die Schlacht bei Noreia - die Örtlichkeit ist nach wie vor nicht mit Sicherheit lokalisiert - begründete das Trauma der Römer, den *furor Teutonicus* vor allem, was aus dem Norden kam. Da das einheimische Volk niemals eine Massenvernichtung oder Zwangsumsiedelung erfuhr, wirkten urtümliche norische Elemente in Kult, Brauchtum und Tracht weiter. Dadurch blieb auch das verhältnismäßig reiche Namengut aus frühgeschichtlichen Zeiten bewahrt.

---

[1] Walter Modrijan (1962): Das Aichfeld. Vom Steinbeil bis zur römischen Poststation. Judenburger Museumsschriften III, Judenburg: Verlag des Museumsvereines Judenburg.

[2] Georg Tiefengraber (2007): Archäologische Funde vom Fuße des Falkenberges bei Strettweg. Ein Beitrag zur Besiedlungsgeschichte des Aichfeldes. In: Berichte des Museumsvereines Judenburg, Heft 40. Judenburg: Verlag des Museumsvereines Judenburg, S. 3 – 39.
Georg und Susanne Tiefengraber (2009): Beiträge zur hallstattzeitlichen Architektur in Höhensiedlungen der Obersteiermark (Österreich) (2009). In: Beiträge zur Ur- und Frühgeschichte Mitteleuropas 55. Langenweissbach: Beier & Beran. Archäologische Fachliteratur.

[3] Verfasser unbekannt. In: Geschichtsverein für Kärnten, Programm - Zweites Halbjahr 2006, S. 23.

[4] http://de.wikipedia.org/wiki/Veneter_(Adria). Stand: 22.11.2011.

Die Awaren: Nach chinesischen Quellen sollen die „War" zeitweilig Vasallen bzw. Angehörige der proto – mongolischen **Rouran** gewesen sein. Sie zogen nach dem Jahr 555 unter dem Druck der Göktürken nach Westen.

Die Awaren erschienen nach Kranzmayer als Beherrscher der Slawen in den Geschichtsquellen etwa um 568 - ein Jahr, nachdem ein Teil des Slawenvolkes nach Süden vorgestoßen war und sich in großer Zahl in Ungarn niedergelassen hatte. Ungefähr um 590 drangen die Awaren von Ungarn tief in die Ostalpenländer vor, wobei sie Slowenen mit sich trieben und zu neuen Wohnsitzen zwangen. Mehrfache Versuche der Slawen, sich von der Awarenherrschaft zu befreien, wurden niedergeschlagen. Erst Kaiser Karl d. Gr. brach Ende des 8. Jahrhunderts die Macht der Awaren. Versuche der Etymologen, die Sprache der Awaren zu identifizieren, müssen bisher als gescheitert betrachtet werden. Der Grund dafür liegt primär im äußerst dürftig überlieferten Sprachmaterial, das sich auf einige Eigennamen, Titel und Landschaftsbezeichnungen beschränkt. Es scheint nicht einmal sicher, dass die Awaren nur eine einzige Sprache gesprochen hätten. Die überlieferten Namen (z. B. *Targitios, Apsich, Kandich*) lassen sich teils skythisch, „hunnisch", mongolisch oder tschuwaschisch - turkisch erklären. Der Titel **Khagan** ist turkisch oder mongolisch zu deuten.
Zusammenfassend lässt sich sagen, dass das Awarische sich mit Sicherheit weder der turkischen noch der mongolischen Sprachenfamilie zuweisen lässt. Sämtliche Zuordnungsversuche sind rein hypothethischer Natur[5].

Die **Slawen** sind nach Kranzmayer als Hörige der Awaren mit diesen ins Land gekommen.
Sie zählen zu den **aslaw.** Stämmen und waren wahrscheinlich der mächtigste unter ihnen.
Über ihre Einwanderung gibt es anscheinend keine zeitgenössischen Belege, da dieses Ereignis völlig überschattet wurde von dem zunächst viel auffallenderen Einbruch der Awaren. Als richtige slawische Siedlungsperiode kann in Kärnten nach Kranzmayer nur die Zeit zwischen 590 und 740 beansprucht werden. Da die Ausführungen des Kärntner Ortsnamenbuches (ONB) nach Kranzmayer auch weitgehend für die Obersteiermark gelten, kann dieser Zeitrahmen sicher auch für unsere Gegend mit der Maßgabe übernommen werden, dass in der Folge die Steiermark etwas früher von der bairischen Einwanderung betroffen war, als das südlicher liegende Kärntner Gebiet[6].

Die Einwanderung der germanischen **Baiern** begann etwa gegen die Mitte des 8. Jahrhunderts. Bis ins 11. Jhd. gingen die bairische und die slawische Siedlung gewöhnlich Hand in Hand, die Landnahme war nach Kranzmayer „meistens die Frucht gemeinsamer Arbeit"[7].

Während im Zuge der **Großkolonisation** die Großräume Kärntens und sicher auch der Obersteiermark um 1100 alle schon bewohnt waren, brachte das 12. Jhd. als Anbruch des Hochmittelalters die **Binnenkolonisation** mit sich: Während man früher die Aufbaukräfte von außen herangeholt hatte - man kann von einem ständigen Zustrom aus dem heutigen Bayern ausgehen - ließ jetzt der Landesherr Arbeitskräfte nur mehr widerstrebend aus seinem Gebiet heraus. Es wurde planmäßig gerodet, der Bergbau gewann zunehmend an Bedeutung. Knappensiedlungen kletterten, den Erzgruben folgend, seit 1200 in Höhenlagen empor, die man vorher gemieden hatte.

---

[5] Nach http//wikipedia.org/wiki/Awaren, Stand: 31. 10. 2011.

[6] EA: Heutzutage verwendet man für den angesprochenen Zeitraum (vor der bairischen Landnahme und während dieser) nicht die Bezeichnung „Slowenen"; vielmehr spricht man heute von **Slawen**, was auch richtig ist, weil die heutigen Slowenen mit jener Sprache wahrhaftig nicht mit jenen Stämmen und deren Sprachen gleichgesetzt werden können, die vom 6. bis zum 8. Jahrhundert in unserem Gebiet siedelten, so wie auch die späteren **Baiern** nicht mehr als „Germanen" apostrophiert werden können. Selbst Kranzmayer zählt die Slawen zu den alt**slawischen** Stämmen. In der Folge werden daher die Siedler jener Zeit als **Slawen** bezeichnet; nur in dem Fall, dass ein slawisches Wort jungen Datums ist, verwende ich den Ausdruck „slowenisch". In diesem Sinne habe ich die etymologischen Anmerkungen korrigiert.

[7] EA: Ich bezweifle dies unter dem Aspekt, dass sowohl in der Erinnerung wie auch in manchen ON Hinweise auf kriegerische Auseinandersetzungen erblickt werden können. Insbesondere sprechen die archäologischen Entdeckungen der letzten Jahre mit den damit verbundenen Hinweisen auf Slawenaufstände (Lavant/Kärnten, Vorgängerbau der Kirche Mariahof) ihre eigene Sprache.

Trotz der starken germanischen Präsenz lässt sich jedoch eine „germanische Namensschicht" bei uns kaum feststellen. Die meisten Namen erweisen sich als deutsch bzw. bairisch. Im Zuge der fränkischen Machtergreifung im Alpenraum ging nach Pohl - Schwaner, BÖN, vermutlich aus der Verschmelzung von Germanen, romanisierten Kelten und Angehörigen anderer, hier ansässiger Völkergruppen der (germanische) Stamm der **Baiern** hervor, aus deren Sprache - zunächst ein althochdeutscher Dialekt - das heutige „Bairisch - Österreichische" entstanden ist[8].

Althochdeutsch (Ahd.) wird seit etwa dem 6. Jhd. bis zur Mitte des 11. Jhd. gesprochen. Es stellt keine einheitliche Sprache dar, sondern dient als Bezeichnung für eine Gruppe westgermanischer Sprachen, die südlich der sogenannten „Benrather Linie" (von Düsseldorf - Benrath ungefähr in west–östlicher Linie verlaufend) gesprochen wurden.
Diese Dialekte unterscheiden sich von den anderen westgermanischen Sprachen durch die in ihnen vollzogene „Zweite" (Hochdeutsche) Lautverschiebung. Die nördlich davon gesprochenen Sprachen haben diese Lautverschiebung nicht mit mitgemacht.

Vom Althochdeutschen zum **Mittelhochdeutschen (Mhd.)** gab es keine Kontinuität. Im 10. und 11. Jahrhundert wurde fast ausschließlich Latein geschrieben, sodass die Verwendung des Deutschen als Urkundensprache mit dem Mhd. neu einsetzte. Daher finden sich besonders in den früheren mhd. Schriften des 12. Jhd. eine Vielzahl verschiedener Schreibungen. Das Mhd. scheint sich unter der Herrschaft der Staufer in der Zeit von etwa 1150 bis 1250 als überregionale Sprache, auf schwäbischen und ostfränkischen Dialekten beruhend, entwickelt zu haben[9]. Es ging ab etwa der 2. Hälfte des 14. Jhd. in das Früh**neuhochdeutsche (Nhd.)** über.

8, 9 Ausgeführt nach BÖN.

Alphabetisches Verzeichnis der Ortsnamen

-ach-Namen:

Das **ältere -ach** stammt von ahd. **-aha** „Bach"; gemeinindogermanisch ***aha** (Wasser) bedeutet hingegen noch „geregelter Wasserlauf, Gewässer auf dem Land".
Wo das kollektive **-ach** auftritt, von dort kann nach Kranzmayer gesagt werden, dass die bairische Landname vor oder um 1300 begonnen hat[10]. Zufällig passt dieses Suffix lautlich und zeitlich zusammen mit der zeitgleichen slaw. Leitform **-jah** auch für die Zeit vor 1300.

Achneralpe:
Almgebiet im VB *Leoben*.
Dt. Kompositum: „Die *Alm*, auf der viele Ahornbäume wachsen". Ahd., mhd. **ahorn** - Ahornbaum. Zu *Alpe* siehe *Alm*.

Adelsberg:
Weiler in der OG *Mariahof*, VB *Murau*: Arnoltesperch 1066, Arnolsberg ca. 1300, Arlsberg 1664.
Vom ahd. PN **Arnolt** „Berg des Arnold" (Arnwalt, Arnholt). Der Name bedeutet „Adler" und „herrschen"[11]. Baravalle führt einen Hertlein de Arnoldsperg an, der in einer Urkunde von 1294 aufscheint und der in Adelsberg seinen Sitz gehabt haben könnte[12]. Zu *-berg* siehe dort.

Adendorf:
Ortsteil der OG *Mariahof*, VB *Murau*: Arpindorf 1066, Arbendorf 1148, Erindorf 1397, Adendorf 1453.
Vom ahd. PN **Ar(i)bo** „Dorf des Aribo". „Arbi" bedeutet „Erbe[13]. Zu *-dorf* siehe dort.

Admontbichl:
Schloss in der OG *Obdach*, KG *Granitzen*, VB *Judenburg*: Admontbüchel 1528.
Ein der Mundart ungeläufiger Name. Er hängt wohl mit der Erbauung des Schlosses durch das Stift Admont zusammen, das hier schon seit dem 12. Jh. Besitzungen hatte. Gegen herrschaftliche Gründungsnamen besteht im Bauerntum schon seit altersher eine gewisse Abneigung; daher richtet sich auch die mdal. Aussprache streng nach dem schriftsprachlichen Vorbild. Um 1500 wurde aus dem alten Admont'schen Gutshof eine *Propstei*, welche zeitweilig, namentlich gegen das Ende des 17. Jh. die Blutsgerichtsbarkeit inne hatte.
Der ON **Admont** selbst ist altslaw. Ursprungs: in Ademundi valle 859, ad Adamunton locum 931, praedium Adamunta 1005, in valle Ademuntense 1016.
Das Wort ist nach Kessler von aslaw.***od(u)mo(n)t(u)**, frühslaw.***(v)adamunti** - „Wassertrüber" abzuleiten. Damit ist der Lichtmessbach bei Admont gemeint, der noch heute das Wasser der Enns, insbesondere bei Regenwetter, verunreinigt. Die Entlehnung ins Deutsche erfolgte schon im 8. Jh., da das aslaw.-o- noch als ahd. -a- übernommen wurde. Dieser These widersprechend geht L-H von aslaw.***odmǫt** – „tiefe Stelle in einem Fluss, Strudel" aus. Auch er glaubt, dass der heutige Lichtmessbach diesen Namen trug[14]. Zu *-bichl* siehe dort.
Nach Baravalle lag an Stelle des Schlosses im 13. und 14. Jh. der Sitz der Puchler. Im Jahr 1367 schenkte Gerweig, die Witwe Heinrichs von Puch, den Mereinhof zu Puhel, der sich in schlechtem Bauzustand befand, an das Stift Admont, das sogleich an den Ausbau der Anlage schritt[15].

---

[10] ONK I, S. 141f.
[11] KVB, S. 217f.
[12] BS, S. 465.
[13] DNL, S. 41.
[14] StON, S. 44.
[15] BS, S. 241.

+ ad pontem:
Name der 5. Poststation der Römerstraße Virunum – Ovilava (Zollfeld - Wels), vielleicht
bei *Scheiben*, VB *Judenburg*, gelegen. Hier fand man Reste von Bauwerken aus römischer Zeit. Nach
W. Brunner wird heute angenommen, dass die Poststation in *Lind* bei *Scheifling* lag[16]. G.
Tiefengraber hat die in Fachkreisen vorhandene Skepsis bezüglich der Bodenfunde in *Scheiben* in seiner Arbeit
„Archäologische Funde vom Fuße des Falkenberges bei Strettweg"[17] dargestellt und hinsichtlich der
Grabungsfunde Schmids auf der *Schlagritzen* von „Resten von Grabbauten" gesprochen. Angesichts
der Fundlage muss in diesem Bereich eine Siedlung bestanden haben (G. Tiefengraber, Graz, pers.
Mitteilung). Im Frühjahr 2008 hat eine Nachgrabung unter Leitung des BDA bestätigt, dass in den
Vierzigerjahren des 20. Jh. Reste von Grabbauten gefunden worden waren. Von der Siedlung selbst
fehlt noch jede Spur. Vgl. *+ Monate*.

+ Aich:
Baravalle nennt einen Edelhof zu Aich, der in einer Urkunde aus 1297 erwähnt wird. Die
genaue Lage des Hofes zwischen *Knittelfeld* und *Flatschach*, vielleicht auch in *Aichdorf*, ist
unbekannt[18].
Etym.: Zu ahd. **eich**, mhd. **eiche** - „die Eiche".

+ Aichberg:
Berg im *Feeberggraben,* südlich von *Judenburg*: ein gut an dem Aichperg 1360, am
Aychperg 1405.
Etym. dt.: „Der Berg, wo Eichen wachsen". Vgl. *Sieding, Si(e)rning, Sirnich* und insbesondere die
Anmerkungen zu *Ingering*. Zu *-berg* siehe dort.

Aichbergbach:
Bach westlich von *St. Stefan ob Leoben*. Siehe *+ Aichberg* und *-bach*.

Aichdorf:
Ortschaft südwestlich von *Fohnsdorf*, VB *Judenburg*: villa ad Eichdorf 1074 und 1087, Aychdorff
1518[19].
Etym. Dt.: „das Dorf der Eichen". Vgl. *+Aich, + Aichberg, Aichfeld*.

Aichfeld:
Tal zwischen *Judenburg* und *Knittelfeld*: Beidseitig Undrimatale 935, Undrima uallis ca. 1055;
linksufrig das Aychuele 1389 .
Dt.: „Die eichenbestandene Niederung".
EA: Beachtlich erscheinen die zahlreichen ON rund um das *Aichfeld*, die ebenfalls Komposita
mit **Eich-** darstellen: *Eichberg, Sirning, Sieding, Sirnich . . .* Diese Namen kommen aus dem
Slaw. und unterstreichen die Bedeutung, welche in diesem Gebiet die Eiche als Lieferant
von *Knittel*holz, *Trem(m)eln* und Eicheln als Schweinemastfutter besessen hat. Zu *-feld* siehe dort.

Aiden:
Häuser in Streusiedlung in der OG *Kraubath*, VB *Leoben*: an der Ayden 1373.
Von mhd. **eiten** - „brennen, schmelzen".

Aigelsbrunnalm:
Alm in der OG *Wald am Schoberpass*, VB *Leoben*. Vom ahd. PN **Egili** „Brunnen des Egili" Der Name
stammt aus den Anfängen der Kolonisation. **Agil-** bedeutet „Schwertspitze"[20].

---

16 Brunner, St. Georgen ob Judenburg, S. 21ff.
17 Georg Tiefengraber, Archäologische Funde vom Fuße des Falkenberges bei Strettweg. In: Berichte des
   Museumsvereines Judenburg, 2007, Heft 40, S. 12.
18 BS, S. 288.
19 Brunner, Fohnsdorf, S. 467ff.
20 KVB, S. 205.

+ Ainhornhof:
Nach Baravalle nordwestlich von *Knittelfeld* gelegen, vermutlich Grundlage für den Weiler *Einhörn*. Der Wehrhof war im 12. und 13. Jh. im Besitz von Dienstmannen der *Liechtensteiner*[21].

+ Allach:
Nach L-H ein linker Zubringer zur *Paal* bei *St. Georgen ob Murau* : der hof Allachhof 1422. Dieser ON kann einen mit ahd. **uodal** (z. B. **Udalrich**) zusammengesetzten PN enthalten[22].
Baravalle erwähnt hier 3 km westlich von *Murau* nach Herwig Ebner einen Edelsitz.
So befindet sich im Engelmanngraben das Anwesen „Moar am *Pichl*", ein mit seinen wehrhaften Mauern auffallender Gebäudekomplex. Oberhalb dieses Anwesens liegt ein vulgo „*Burgstaller*", diesem gegenüber der vlg. Jans am oberen Lerchberg. Darüber springt ein Bergsporn vor, der im Volksmund „Schlossbichl" genannt wird und bei dem ein Halsgraben noch gut erkennbar ist[23].
Nach Prof. Jürgen Udolph (ehemals Universität Leipzig) stammen Wörter, die ein -al- oder -ol- enthalten, aus sehr frühen Sprachschichten und deuten auf fließendes Gewässer hin.
EA: Bei diesem ON dürfte es sich um die alte Bezeichung für den heute üblichen Namen *Olach*(gut) handeln.

Allersdorf:
KG Allersdorf, OG *Maria Buch-Feistritz*, VB *Judenburg*: Algersdorf 1220, Algasdorf 1300, Algarsdorf 1368.
Vom ahd. PN **Adalger** („Edel" und „Speer"). Baravalle vermutet hier einen Edelhof, für den jedoch keinerlei Beweis zu erbringen sei[24].

Allgau:
Flur westlich von *Murau*, mdal. auch „Allgäu": im Malnkein ca. 1300, in dem Malkein 1358, Alkay 1396, in dem Malkey 1406, in der Malkein 1420, Alka 2. H. 15. Jh.
Etym.: Vom slaw. PN ***Maluk(u)*? „die Gegend des Maluk(u)". Slow. **mal(i)** bedeutet „klein".

Alm, -alm -Namen, Alpe:
Ahd. Alba, mhd. **albe**, bezeichnet nicht immer hochgelegene Weideplätze. Das Appellativum **Alm** ist durch Assimilation des -b- aus mhd. **alben** (über **albm**) mit der mdal. Bedeutung „Bergweide" entstanden. Das Wort ist sicher frühidg., wenn nicht sogar voridg. Ursprungs (nichtidg. Wurzel (?) ***alb**– Berg) und bedeutet sicher „Höhe, Gebirge" und nicht „weiß". In dieser allgemeineren, ursprünglichen Bedeutung besteht der Begriff nur mehr als Eigenname weiter in „Alpen – alpes". Vgl. dazu das gälische **alpa** als Appellativ für „Berg"; das hochschottische Bergland heißt **Albanach**.Ähnlich wie diese ON klingen etruskische Bezeichnungen wie **Alba Longa, Albanerberge**. Einige Forscher meinen daher, das Appellativ stamme aus einer voridg. Sprache. Obermüller leitet das Wort vom latinisierten **alpes**, keltisch **al - bin** – „großer Berg oder Felsen - Berg" ab und stellt es zu **Apennin** [25]. Zu *Berg* siehe *-berg-Namen*.

+Alpsteig:
Weg in den *Seetaler Alpen*, VB *Judenburg*: der Albsteig 1487, Alpsteig 1823.
Etym.: Dieser dt. name ist eine der zahlreichen, zumeist örtlich gebundenen Benennungen einzelner Saumpfade im Ostalpenraum[26].

Altendorf nahe *Feistritz bei Knittelfeld*:
Altendorf capella s. Johannis evang. 1147, 1358; s. Johann, Veustritz 1360.
Dt.: „Das alte Dorf"- weist auf althergebrachte Siedlungstätigkeit hin (Römersteinfund im Jahr

---

[21] BS, S. 209.
[22] StGN, S. 54.
[23] BS, S.464.
[24] BS, S. 243.
[25] DKW I, S. 60.
[26] ONJ, S. 6.

1959). Möglicherweise liegt eine von den Slawen vorgenommene Neubenennung des damals schon „alten Dorfes" vor.
EA: Nahe *Altendorf* befinden sich zwei *Burgstellen*: Der Zuckenhut auf dem *Eichberg* und die Anlage *Sulzberg* in Richtung *Fentsch*. Auf dieser Linie könnte noch der Pirschbichl eine alte Befestigungsanlage darstellen. Der oben erwähnte Römerstein wurde am Zusammenfluss von Feistritz– und Töringbach (damals im Zuge einer Zusammenlegung offenbar im Umbau) gefunden. Er ist Teil einer stark beschädigten Grabara und trägt die Inschrift: „Ti(tio) Vibiano filio annorum X". Der Stein ist nach seiner Verbringung ins „Depot beim Amtshaus der Gemeinde *Knittelfeld*" verschollen. Ein weiterer Römerstein (Titulus, der Bononia geweiht). fand sich jüngst (2008) als Altarstufe in der Kirche zu *Feistritz bei Knittelfeld*. Obermaier leitet mit **alt** verbundene ON vom gälischen **alt, ailt** (Haus) ab und nimmt den dt. Begriff **alt** (im Gegensatz zu **neu**) nur an, wo sich in der Nähe ein „Neudorf" oder „Neuheim" befindet. Alt seien fast alle Dörfer; zu der Zeit, in der sie entstanden seien und ihre Namen erhielten, seien sie alle neu gewesen[27]. Zu *-dorf* siehe dort.

+ Alterstein:
Siehe *Entrichestanne*.

Althaus:
Name einer Ruine 500 m westlich des *Hörfeld*es, VB *Murau*.
EA: „Das alte Haus".

Ameringkogel:
Berg, 2187m/M, westlich von *Obdach*, VB *Judenburg*.
Der ON könnte mit der Bezeichnung für die Finkenart „Ammer" zusammenhängen. Da diese auf ahd. **amaro**, vermutlich aus ahd.***amarofogal** gekürzt, zurückgeht, bedeutet sie „Dinkelvogel". Ahd. **amar** - „Dinkel" (bei uns auch „Emmer"). Möglicherweise wurde in ahd. Zeit am Fuße des Berges Dinkel angebaut und der Name ist aufgewandert.
Im Landkreis Mühldorf am Inn (Bayern) besteht ein ON Amering, der in einer Urkunde aus dem Jahr 1251 als Avramingen aufscheint und auf den PN **Abraham** zurückgeführt wird[28].

Amesser:
Gehöft in der OG *Maria Buch-Feistritz*, VB *Judenburg*: od haist Amaisshub in der Feustricz ca. 1400. Mdal. „aumaßa".
Kessler leitet diesen Namen vom reichlichen Vorkommen der roten Waldameise ab. L-H geht bei diesem ON von bair. mdal. **maißen** - „(ab)hauen, (ab)schneiden" aus; mhd. **meizen**, bair. **maiß** bedeuten „Abholzung", mhd. **meiz** „Holzschlag"[29]. Nach Finsterwalder könnte der Name von kelt. ***ambis/e** - „Bach" herkommen[30]. Ca. 100 m nördlich des Gehöfts entspringt der Tanauerbach in Richtung Nordosten.

Apfelberg:
Ortschaft und OG bei *Knittelfeld*:
Nhdt. Kompositum: „Der Berg, auf dem viele Äpfel wachsen".
L-H führt den ON auf ahd. **apful**, mhd. **apfel** zurück[31]. E. Lukas hat in einem Vortrag anlässlich „120 Jahre Gemeinde Apfelberg" ausgeführt, dass am 25. 1. 1397 Christian Vischer zu *Landschach* und dessen Ehefrau Margret dem „erbarn knecht Hansen dem Holzapfel" und seinen Verwandten eine nach *Reifenstein* dienstbare Wiese unter *Landschach* verkauft hat. 1405 erwirbt dieser Hans einen Acker, gelegen „in dem Vorffeld pey Mariczen des Walter Stuckh und pey des obgenannten

---

27 DKW I, S. 64
28 Karl Puchner, Romanisch-germanische Mischnamen in Altbayern. In: Kärntner Museumsschriften Nr. 55, Aus dem Namensgut Mitteleuropas, Festgabe zum 75. Geburtstag von Eberhard Kranzmayer, Klagenfurt 1972, S. 62.
29 StON, S. 104.
30 TOK, S. 30.
31 StON, S. 151.

holczapfell akher". Aufzeichnungen von Alois Hammer und Dr. Heinrich Purkarthofer (verstorben, ehemals Steiermärkisches Landesarchiv) weisen darauf hin, dass mit diesem Grunderwerb auch der spätere Name „Apfelberg" für einen Teil des Gutes *Landschach* aufscheint. In den Taufbüchern der Pfarre *Knittelfeld* gibt es eine Aufzeichnung über eine Theresia von *Apfelberg* im gleichen Jahrhundert. Damit erscheint ein Zusammenhang von „Holzapfel" und „Apfelberg" nachgewiesen. Der Familienname **Holzapfel** bedeutet nach Bahlow „wilder Apfel"[32], nach Michael Schiestl „missmutiger Mensch"[33]. Zu *-berg* siehe *berg-Namen*.

+ (im) Arbaisreut:
Ried in unbekannter Lage, 1437 erwähnt; vom mhd. **er(a)we)iz** - „die wildwachsende Erbse; das gerodete Feld, auf dem Erbsen wachsen; die Rodung im Erbsenstaudenbach". Arbesbichl 1437, demnach Arbesser (Gehöft bei *Rottenmann*, VB *Murau*; Herrschaft auf Schloss *Spielberg*) - „Erbsenesser". Im Hof des Schlosses Spielberg gibt es einen Wappenstein mit Erbsen (persönliche Mitteilung von Dr. Elfi Lukas, Apfelberg). Zu *-reut* siehe *Greith*.

Arzberg:
a) Im *Pöllau*graben südwestlich von *Neumarkt*, VB *Murau*.
b) Nordwestlich von *Obdach*, VB *Judenburg*: der Arezperg 1434.
In beiden Fällen weist der ON auf Erzfundstätten hin. Mhd. **ärze**, ahd. **aruz(zi)** bedeutet im weiteren und ursprünglichen Sinn jedes metallhältige Gestein[34]. Zu *-berg* siehe *-berg-Namen*.

Assinger:
Gehöft nahe *Obdach*, VB *Judenburg*: Asang 1434.
Von ahd. **asanc** - „die durch Abbrennen der Baumstämme gerodete Landschaft". Absengen der Wurzeln im Gegensatz zu schwenden - Ausreißen der jungen Pflanzen", ahd. **swenden**.
Nach L-H muss es sich nicht immer um die Stelle einer Brandrodung handeln, es kann auch ein Ort sein, an dem durch einen Brand eine Siedlung, ein Gut oder ein Wald zerstört worden sind.[35]
EA: Ein Gehöft vlg. **Ossinger** liegt in *Strettweg*.

Au-, -au-Namen:
Ahd. **ouwia, ouwa**, urverwandt mit lat. **aqua**, bezeichnet den „bewachsenen Rand eines fließenden Gewässers" (wie bei Wach*au*) oder eine „nasse Wiese"[36], manchmal auch den „Wasserlauf"[37]

Auerling:
Fluren südöstlich von *St. Lambrecht*, VB *Murau*: 1271 Owernich, an dem Awernig 1397, Awrnig 1450, Awrning 1461.
Vom aslaw. **(j)avor(i)nik(u)* - „die Gegend, wo viele Ahornbäume stehen". Die Eindeutschung erfolgte im 10. Jh. Nach L-H leitet sich das Wort vom urslaw. ***avorь** – „Ahorn"-ab[38].
EA: Ein Ort dieses Namens liegt auch südlich von *Judenburg*.

Authal:
Schloss südlich von *Zeltweg*, VB *Judenburg*: Nach Baravalle war das Geschlecht von Ouwe (Aue) ein Dienstmannengeschlecht des Landesfürsten; ihr Wehrbau im Auland an der Mur war freies Eigen. 1188 scheint ein Rudolf auf. Der Wehrbau dürfte in der zweiten Hälfte des 14. Jh. verlassen worden und verfallen sein. Von ihm ist keine Spur mehr vorhanden. Das „neue" Schloss stammt aus dem 18. Jhd.[39]. Zur Etym. siehe *Au* und *Tal*. EA: Ein Autal gibt es auch in der OG *Bretstein*.

---

[32] DNL, S. 245.
[33] Schiestl, Pierpreu, Pichler, Pitterpos ..., S. 33.
[34] Duden Herkunftswörterbuch, S. 163.
[35] StON, S. 103.
[36] BÖN S. 50.
[37] StGN, S. 20.
[38] StON, S. 38.
[39] BS, S. 243.

Babenberg:
Verstreut liegende Häuser in der OG *Dürnstein, VB Murau.*
Ahd.: „Dorf des **Babo**" (PN, alter Lallname) [40].
EA: Dieser Name wird nicht erklärt; in slaw. Sprachen bedeutet **Baba** „alte Frau", nach Obermüller in orientalischen Sprachen „Vater". Das Wort komme von kelt. **abh** - „Vater", oder von kelt. **ba** als Abkürzung von **baoth** - „gut", gleich „Mama", das aus kelt. **ma, math, maith** entstand und ebenfalls „gut" bedeutet, denn **-b-** und **-m-** ersetzten einander häufig. Obermüller leitet aber den heutigen ON Bamberg (früher Babenberg, Deutschland) von kelt. **bi** - „klein"oder kelt. **bean** - „Berg" ab[41].
Zu *-berg* siehe dort.

Bach-, -bach-Namen:
Die Herkunft des altgermanischen Wortes ist unklar. Vielleicht sind ahd. **bah**, mhd. **bach, pach,** niederländisch **beek**, schwedisch (anders gebildet) **bäck**, verwandt mit mittelirisch **būal** „fließendes Gewässer"[42].
Die *-bach-Namen* zählen nach Kranzmayer zu den jüngsten dt. Leitformen. Sie stimmen zu slaw. **-ica** - „Bach". Die meisten Komposita mit **-bach** gehören anscheinend erst der mhd. Zeit an, sie verdrängen seit 1100 erfolgreich das ältere **-aha (-ach)**. Den ersten Kärntner Vorläufer hat Kranzmayer mit **Durrenbah** (jetzt die Zauchen, zu slaw. *****suh** - „trocken") östlich von Villach entdeckt[43].
EA: Da die bair. Landnahme wohl weitgehend von Norden nach Süden erfolgt sein dürfte, kann die dargestellte Meinung auch für die Steiermark gelten.

Baierdorf:
a) Nordöstlich von *Schöder,* VB *Murau: Baierdorf iuxta Chatse* ca. 1155, *Beiersdorf castrum* 1296, *Pairdorf turn* 1348.
Nach Baravalle wurde in *Baierdorf* bei *Schöder* um 1070 der erste Wehrbau errichtet und 1292 von Herzog Albrecht zerstört. Im Jahr 1296 dürfte der heutige Turm errichtet worden sein[44]. Dieser Turm wird heute als „Römerturm" bezeichnet. Zum Amthof von *Baierdorf* siehe + *Thurnegg.*
b) Bei *Maria Buch,* VB *Judenburg:* 1147 *ad Baierdorf mansum unum cum vinea,* um 1150 *Pairdorf*, 1287 *Paierdorf.*
Etym. dt.: „Dorf des/der Baiern". Zeuge bairischer Kolonisation. Zu *-dorf* siehe dort.
c) Bei *Neumarkt,* VB *Murau:* Nach Baravalle dürfte westlich von *Neumarkt* ein kleiner Edelsitz dieses Namens gestanden sein. 1181 ist in einer Urkunde ein „Peringer von Paierdorf" erwähnt[45].
Weitere Komposita: Baierdorfer *Feld*, Baierdorfer *Wald*, + *Baiersberg.*

+ Baiersberg:
Örtlichkeit südlich von *Baierdorf*, VB *Judenburg: Paerperg (berg)* 1308.
Dt.: „Der Berg des Baiern". Zu *-berg* siehe dort.

Baumkirchen:
Weiler in der OG *Maria Buch-Feistritz,*VB *Judenburg: Poumininachiricha in Undrimatale* 935, *Bomkirchen* 1103, *Paumkirchen* 1295.
Etym.: „Die aus Baumstämmen gebaute Kirche". Ahd. **poumina** - soviel wie „aus Holz gemacht".
Baravalle vermutet nahe der Maximiliankapelle den Standort eines alten Wehrhofes; bei der Andreaskirche am Fuße des Hügels sei ein Edelhof gelegen. Ein weiterer *Baumkirchnerhof* hat sich bei bei *St. Georgen ob Murau* befunden[46].

---

[40] DNL, S.48.
[41] DKW I, S. 203.
[42] Duden Herkunftswörterbuch, S. 57.
[43] ONK, S. 255.
[44] BS, S. 465ff.
[45] BS, S. 467.
[46] BS, S. 244.

Bei der Hand:
Wegzeichen im Verlauf des Alpensteiges (Kohlweges) vom *Kraubath*graben zur *Sandeben* und über das *Rannach*törl durch den *Rannach*graben nach *Mautern*, VB *Leoben* [47].

Benkenbach:
Auch Penkenbach, Benklbach: *Bach* westlich von Weißkirchen in der OG *Maria Buch-Feistritz*, VB *Judenburg*. Der Name beruht nach Kranzmayer auf dem Plural von **bank** in der Bedeutung von „Schwemm-, Sandbank", slaw.-slow.-mdal. ***poníkva** oder slow.-mdal. ***poníkev** - „Erdloch mit rauschendem Wasser", also „bei den Bänken"[48]. Kessler leitet den ON ebenfalls von ***ponikva** ab, mit der Bedeutung „die Stelle, an der sich das Wasser in der Erde verliert, Kesseltal, Becken".
Siehe auch *Bach* und *Penken*.

Benker:
Gehöft im *Sulzgraben* südlich von *Großlobming*, VB *Knittelfeld*. Beim dort bestehenden *Burgstall* handelt es sich um die die Altburg der *Lobminger*. Nach E. Lukas könnte der Hof schon vor dem 6. Jh. bestanden haben. Dies spricht dafür, dass die erwähnte Altburg zwischen einem Altsiedelgebiet und neueren Rodungen lag. Eine geschlossene slaw. Siedlung könnte sich bis zum Burgberg erstreckt haben[49]. Eine jüngst aufgefundende Keramikscherbe wurde als spätantik bestimmt. Zur Etym. siehe *Benkenbach* und *Großlobming*.

Berg-, -berg–Namen:
Berg wird manchmal auch **Perg** geschrieben und bedeutet „Erhebung im Gelände"[50]. Ahd. **berg**, mhd. **berc**, beruhen auf idg. **+bherĝos** - „Berg"[51]. Diese Namen gehören nach Kranzmayer wie die -*bach*-Namen zu den jüngsten deutschen Leitformen. Kranzmayer glaubt, dass an so benannten Orten die deutschsprachige Kolonisation erst um 1300 oder danach eingesetzt hat[52]. Trotzdem treten diese Komposita schon ab etwa dem 11. Jh. auf, wenn auch in wenigen Belegen. Nach L-H bedeutet „Berg" oft so viel wie „Burg", sodass man -**berg** häufig als Grundwort von Burgennamen findet[53].

Betzensee:
Auch *Petzensee* und *Fischegelsee* genannt, in den*Wölzer Tauern*, VB *Murau*.
Nach Kranzmayer vielleicht vom ahd. PN **Petzo** - „der kleine Bernhard"[54]. Der Name bedeutet „Bär - kühn". **Petzen** stellt aber auch die Koseform zu ahd. **Bercht** (Perhta), die Anführerin der Toten, dar[55].

Bichl-Namen:
Siehe *Pichl*.

Birk-Namen:
Siehe *Pirk-Namen*.

+ Bischofberg:
Nach Baravalle Name eines Wehrbaues oberhalb von *Neumarkt* in der Steiermark, VB *Murau*[56].
Zur Etym. siehe *Bischoffeld* und -*berg-Namen*.

---

[47] Lukas, Kraubath, S. 397
[48] ONK, S. 26.
[49] AW S. 26
[50] BÖN S. 51.
[51] Duden Herkunftswörterbuch, S. 74.
[52] ONK I, S. 142.
[53] StON, S.172.
[54] ONK II, S. 29.
[55] DNL, S. 62
[56] BS, S. 467.

Bischoffeld:
Dorf im *Gaal*graben, OG *Gaal*, VB *Knittelfeld*: Piscolffelde 2. H. 13. Jh. Pischofsveld 1285, Bischoffeld 1498.
Namen mit „Bischof" sind echte Komposita, teils schon aus ahd. Zeit. Es handelt sich dabei um Orte im damaligen Diözesangebiet des Salzburger Erzbistums, wie z. B. auch Bischofshofen im Land Salzburg. Der Familienname **Bischof** bezeichnet nach Bahlow jemanden, der im Dienste eines Bischofs stand, einen bischöflichen Zinsbauern u. ä. [57]. Zu *-feld* siehe dort.
Nach Baravalle dürfte der Hof zu *Bischoffeld* um das Jahr 900 ein Reichshof gewesen sein, den der Erzbischof von Salzburg 860 erhalten hatte. Der Siedlungsname scheint durch die Schenkung der Hofmark durch Markwart von *Eppenstein* an den Erzbischof von Salzburg im Jahr 930 entstanden zu sein[58].

Bichl-, -bichl-Namen:
Siehe *Pichl*.

Birk-, Pirk-Namen:
Nach Baravalle bedeuten diese Namensteile „Burg"[59].

Blahbach:
Bach in der OG Ober*zeiring*, VB *Judenburg*.
Nach L-H bedeutet ahd. **blâen** – „Eisen schmelzen"[60].
EA: Örtlich wird der ON damit erklärt, dass sich in kalten Wintern der Bach „aufbläst" (wegen der Bildung von Grundeis aufsteigt). An diesem Gewässer befanden sich im Mittelalter Schmelzstätten.
Vgl. *Zeiring* und *Rennstrazzen*. Zu *-bach* siehe dort.

Bleitratten:
Gasthaus in der OG *St. Peter ob Judenburg*: Die „**Bleiken**" bezeichnet die Stelle eines Hanges, an der sich die Erde losgerissen hat, es kommt nacktes Gestein zum Vorschein. Der Name hat nichts mit Blei (Pb) zu tun, sondern hängt zusammmen mit „blecken" - „Blankes, Weißes entblößen". Nach Kranzmayer auch „vegetationsloser Hang". M. Schiestl führt eine Ableitung dieses ON von „Blähtratten" an, was an den 1575 errichteten Eisenhammer erinnern soll. Er hält aber auch eine Zugehörigkeit zu „Bleiche" (der Leinenweber) für möglich[61].
Zu *-tratten* siehe dort. Vgl. *Blahbach*.
EA: Etwa 4 km grabeneinwärts des ehemaligen Gasthauses Bleitratten besteht an der Gemeindestraße (beim Hineinfahren links vom Weg, orografisch rechtsufrig des Baches) noch ein schliefbarer Zugang zu einem ehemaligen Stollen (eigene Wahrnehmung, Hinweis OAR Enko, *St. Peter ob Judenburg*).

Blümeltal:
Graben am Nordrand des *Aichfeld*es zwischen *Knittelfeld* und *Fohnsdorf*.
Von mhd. **bluoma** - „die Blume", „das Tal, wo viele Blumen wachsen", vom bair. **Bluembesuech**, **Blumsuch** - „Kuhwiese, -weide". Zu *-tal* siehe dort.
EA: Im Blümeltal befinden sich noch einige Stolleneingänge. Der Bergbau scheint spätestens zu Beginn des 17. Jh. aufgenommen worden zu sein. Es wurde nach Gold, aber auch nach Kupfer gegraben.

Bodendorf:
Bei *St. Georgen ob Murau*: Babindorf 1152, Pabendorf 1400, Badendorf.
Vom ahd. PN **Babo** „Dorf des Babo" (alter Lallname). Siehe *Boden* und *Babenberg*. Zu *-dorf* siehe dort.

---

[57] DNL, S. 67.
[58] BS, S. 288.
[59] BS, S. 481.
[60] StGN, S. 44.
[61] ONJ, S. 8.

Nach Baravalle liegen zwischen *Bodendorf* und dem *Zielberg* Riede mit den Namen „Unter- und Ober Purgstall, Purgstallacker, Hansl und Simerl im *Burgstall*, Burgacker, Burgwiesel und Gratzacker", alles ON, die auf das frühere Vorhandensein von Wehrbauten, insbesondere im Bereich der *Cäcilienkirche*, hinweisen[62].

Boden-, -boden -Namen:
Das Wort bezeichnet ein etwas höher gelegenes Plateau. Es beruht mit ahd. **bodam**, mhd. **bodem** auf idg. ***bhudhm(e)n** - „Boden"[63].

Bodenhütte:
Almhütte südwestlich von *St. Peter ob Judenburg*: die Sternhueb in der fewstricz ob Judenburg 1412, Sternhube 1893, Bodenhütte 1912.
EA: Eine Untere und Obere *Boden*hütte stehen im *Feistritz*graben bei *St. Marein bei Knittelfeld*.
Zu Stern siehe *Starrenberg*, zu Boden siehe dort.

Bösenstein:
Berg bei *Trieben* bzw. Hohen*tauern*, VB *Judenburg*; er spielte im Aberglauben der Bauern eine unheilbringende Rolle. Nach Kessler handelt es sich einem bei solchen Namen meist um einen Wetterberg.
EA: Eine Ableitung von „*Pölse*nstein" erscheint richtiger, zumal es südlich des *Bösensteins* eine Flur „in der Pölsen" gibt. Kessler widerspricht dieser Deutung sehr überzeugt, wohingegen L-H im Hinblick auf die mdal. Aussprache die Deutung „Pölsenstein" vertritt[64].

Brandner:
Oft aufscheinender **Rodungsname**, der mit Brandrodung zusammenhängt.

Brandnerhube:
Ein alter Hof am östlichen Rand des Geierleitengrabens in der OG *Rachau*, VB *Knittelfeld*, der heute als Ferienheim für Kinder verwendet wird. Etwas oberhalb dieser Hube befindet sich ein mittelalterlicher Turmhügel, das „Umadum", von dem man annimmt, es habe zur Brandnerhube gehört. Da ein Turm einen Prestigebau darstellte, den man nicht ohne weiteres errichten durfte, muss es sich bei der Hube um einen wichtigen Hof gehandelt haben[65]. Zur Etym. siehe *Brandner* und *Huber*.

Breitwiesen:
Streusiedlung in der OG *Rachau*, VB *Knittelfeld*: Prattenwiese 1271, Praitenwisen 1309.
Das Wort bedeutet neben einer breiten Ackerfläche auch ein mehrere Joch (mehr als 15 Morgen) umfassendes, fruchtbares Feld. Nach Benno Roth ist die Bezeichnung „in Praitwiesen" in den *Seckaue*r Urbaren von 1270 und 1301 – 1304 z. B. durch Erwähnung eines „pheudum Rudilini in Breitwiesen" sowie durch die Erwähnung einer Realität „in Praitwiesen" belegt[66]. Im Jahr 1270 wird auch eine „curia", ein größerer Hof, erwähnt. Die Breitwieser waren ein kleines Adelsgeschlecht, dessen Wappen in einem spitzen Schild einen auf einem Dreiberg aufgerichteten Hasen zeigt. Zwischen 1342 und 1359 scheint auf einem Rundsiegel ein Wilhalmus de Praitenwies auf[67]. Eine Urkunde aus 1359 erwähnt einen „Wilhelm von Praitwisen", der zusammen mit Sohn und Bruder „zwei Akher gelegen zu Muhr . . ." als Seelengerät stiftete[68]. Auch das älteste *Admonter* Urbar verzeichnet für das Jahr 1434 einen „Praytenwiser" und einen „Oswald zu Praytenwisenn"[69].

---

[62] BS, S. 468.
[63] Duden Herkunftswörterbuch, S. 90.
[64] StON, S. 142.
[65] Ra. S. 319ff, 327.
[66] B. Roth, Seckauer Geschichtsstudien, Heft 1, S. 17ff.
[67] Paul Roth, Die Adelswappen der westlichen Obersteiermark, phil. Diss. Graz 1965, S. 23, 67.
[68] B. Roth, Seckauer Geschichtsstudien, Heft 8, S. 99.
[69] Admonter Urbar aus 1434, Reutzehent bei Lobming, S. 323.

Bretstein:
OG im VB *Judenburg*: das dorfel in Vinsterpels ca. 1310, im P(r)ettstain 1417.
Von mhd. **bret** - „Brett, Schild", also die „Felsen, die wie Bretter aufragen". L-H nimmt dazu an, dass dieser Flurname nach einer Steinwand mit Grasbändern bezeichnet worden ist; im Ostalpenraum gibt es die Bezeichnung „Brett" als Name von horizontalen Grasbändern[70]. Vgl. *Präbichl* und *Prettach*.

Brodjäger:
Gasthaus in der OG Hohen*tauern*, VB *Judenburg*. Zur Deutung siehe *Frojach*.
EA: Der ON hat also nichts mit „Brot" zu tun, sondern bedeutet etwa „Jäger an der Furt".

Brodrinner:
Gehöft in der OG Hohen*tauern*, VB *Judenburg*.
Zur Etym. siehe *Brodjäger* und *Rinnofner*.
EA: Danach lautet die Übersetzung dieses ON „der (Siedler) an der Quelle bei der Furt". Die örtliche Legende, dass einem ungeschickten Menschen Brotlaibe ausgekommen und die Rinne hinabgekollert seien, stellt eine typische Volksetymologie dar, eine volkstümliche, aber unrichtige Worterklärung aus euner Zeit, zu der man den slaw. und mhd. Hintergrund dieses ON nicht mehr kannte.

Bromach:
Bei Raiming, OG Ober*wölz*, VB *Murau*.
Vom mhd. Kollektiv **bramach** zu mhd. **brâme** - „Brombeere, niedriges Gestrüpp beerentragender Waldpflanzen", also, „wo Brombeeren wachsen".

-buch:
Siehe *Maria Buch*.

Bühel, -bühel:
Siehe *Pichl*.

-burg- Namen:
Der Ausdruck **Burg** bezeichnete ursprünglich eine Fluchtburg, um die sich eine offene Siedlung entwickeln konnte. Seit karolingischer Zeit wurden damit auch Herren – und Gutshöfe bezeichnet, später auch Städte. Schließlich erhielt das Wort die Bedeutung „festes, aus Stein gebautes, größeres Gebäude"[71]. Ahd. **bur(u)g**, mhd. **burc** gehört zu *Berg* und bedeutet demnach ursprünglich „(befestigte) Höhe"[72].

+ Burgleiten:
Gegend in der *Gaal*, VB *Knittelfeld*, zwischen dem Staubgraben und dem Großen Ringkogel: die Purglewten in der Gael 1348, die Purgleiten in der Gal 1399.
Der Name bezieht sich auf höfische Einrichtungen (Besitzungen oder Burgen). Komposita scheinen nicht vor dem Jahr 1000 auf. Siehe *Burg* und *Leiten*.

Burgstall-Namen:
Mhd. **burestal**. Dieser ON bezeichnet eine Stätte, auf der einst eine Burg stand oder auf der man eine Burg bauen könnte. Manchmal bezeichnet dieser ON auch eine prähistorische Fundstätte.
Z. B.:
a) Rotte in der KG *Bodendorf*, Bez. *Murau*.
b) + die oeden Purckstal 1494: Flur östlich von *Murau* in der Probst?
c) + in Purchstal 1305, 1425 im Purgstal: bei *Feistritz* bei St. Peter am *Kammersberg*.
d) + das Purckstall 1494: Riedname in der *Karchau*?
e) + das Purgstal bey dem grossen wald bey O*bdach* ca. 1400: Waldleite am Großen *Prethal*.

---

[70] StON, S. 176.
[71] BÖN S. 51.
[72] Duden Herkunftswörterbuch, S. 106.

EA: Dabei könnte sich um die Anlage am Zusammenfluss von *Lavant* und *Rossbach* beim vlg. *Taxwirt* handeln.
f) Baravalle führt einen *Burgstall* am Nordabhang des *Hab(e)ring*, südlich von Oberzeiring, an[73].

Burgstaller:
Gehöft westlichvon *St. Peter ob Judenburg*: am Purkchstal 1425.
EA: Anlässlich einer Besichtigung des oberhalb des Gehöftes gelegenen Hügels mit OR Doz. Dr. Hebert, BDA, wurde festgestellt, dass sich nahe dem Bauernhof ein *Burgstall* befindet. Weitere Gehöfte dieses Namens stehen am westlichen Ende des *Puchschachens*, VB *Knittelfeld*, östlich des *Feistritz*grabens zwischen *Kohlplatz* und Klein*feistritz*, VB *Judenburg*, sowie nördlich der Ortschaft *Nußdorf*, OG *St. Georgen ob Judenburg*. Zur Etym. siehe *Burgstall*. Vgl. +*Münzach*.

Burgstallofen:
(Fels)kuppe westlich der B 114, südlich der Zufahrtsstraße nach *Oberzeiring*, VB *Judenburg*: der Purgkhstal in der Wasserleit im Zeiring 1424.
Eine Zeugenschaft im Ratsprotokoll von Judenburg aus 1623 sagt, der „Marchstein vnder dem Purkhstalofen sey noch vorhanden" und bilde das „Gschied beder Landgericht Frauenberg vnd Poels". Baravalle hatte von diesem Ort offenbar keine Kenntnis. Zur Etym. siehe *Burgstall* und –*ofen*.

Brunn-, -brunn - Namen:
Von ahd. **brunno**, mhd. **brunne** – „natürlich fließender Quellbrunnen"[74].

Brunn
Ried westlich von *St. Michael ob Leoben*: Prunne 1187,1188[75].

+ die Chartewsen:
Im Raum *Obdachegg*, VB *Judenburg*, vermutet und im Jahre 1437 urkundlich erwähnt. Es handelt sich dabei um eine ehemalige Einsiedlerklause („Karthause"), obwohl die *Obdacher* Ortschronik diesbezüglich nichts erwähnt. Allerdings wurde Kessler eine für den urkundlichen Beleg allzu junge Geschichte hinsichtlich der Örtlichkeit erzählt:
Die *Obdacher* Bürgerssöhne wären in dieses Gebiet ausgewichen, um der Stellungspflicht zu entgehen. Der *Lauslingbach*, an dessen jenseitigem Ufer jene Lokalität gelegen war, bildete nämlich die Gemeinde– und damit die Stellungspflichtgrenze. Die Flüchtlinge wurden in ihren Verstecken von ihren Familienangehörigen mit Lebensmitteln versorgt, bis die Militärs den Ort wieder verlassen hatten. Suchten Häscher nach ihnen, so begann sich - wie zur Warnung - auf einem Heuschober ein alter Hut zu drehen (zu „tanzen", wie es in der Chronik heißt), angeblich ohne jedes Zutun von Menschen oder Wind. Das Haus des letzten „Flüchtlings" war damals noch von dessen Nachkommen bewohnt (und ist es noch immer - Neuböck, Haupstr. 38).
EA: Der *Lauslingbach* bildet heute die Grenze zwischen den Gemeinden *Obdach* und *Amering* (früher OG *Obdachegg*). Die Karthause wird sich wohl am Wasser befunden haben, also entweder am Lauslingbach selbst oder an einem der vom Osthang des *Obdacher* Beckens herabfließenden Gerinne zwischen dem Tirolerwirt und dem Landwirt vlg. Sandner.

+ (die) Chlampfhueb in der Vinstern Pels:
OG *Bretstein*, VB *Judenburg*: im Autal 1414.
Von mhd. **klampfer** - „Klammer" - „die aus verklammerten Wänden gebaute Hube". Es handelte sich dabei um einen Blockbau, dessen einzelne Pfosten durch Eisenklampfen zusammengehalten wurden.

[73] BS, S. 245.
[74] StGN, S. 13.
[75] ADN, S. 168.

+ (die) Chnappengruobe:
Im Jahr 1294 erwähnt, bei oder in *Oberzeiring*, VB *Judenburg*.
Dt.: „Der Schacht der Bergknappen". Einer der wenigen Namen, die sich aus der Zeit des Zeiringer Silberbergbaues erhalten haben.
EA: Der Name stammt aus der hohen Zeit des Blei/Silberbergbaues nach der Mitte des 13. Jh. Der Abbau erstreckte sich insgesamt aber von *Winden* in den *Zugtal*graben, in die *Klum*, in den *Zeiring*graben und in Richtung *Lachtal*.

Chol-, K(hol)-, Kohl-, Koller- Namen:
Zumeist von slaw. **(c)holm** - „Berg", später aber eine Bezeichnung für „Köhler, Kohlort, Kohlweg"[76]. Dazu der folgende ON:

+ Cholmann:
Abgekommener Gehöftnamen in der OG *Rachau*, VB *Knittelfeld*. Siehe *Chol-*.

+ (an der) Chubseben:
Ca. 1400 erwähnt, östlich von *Eppenstein*, VB *Judenburg*.
Die Erklärung dieses ON ist mangels weiterer Belege unsicher. Vielleicht steht ein aslaw. PN, z. B. ***Chupaz** vom Verbum aslaw. ***chupati** dahinter, oder etwa das aslaw. Substantiv ***chyba** - „Mangel"; aslaw. **-y-** wird in unseren Gegenden zum langen -ü- bzw. **-ü**–hältig gesprochen.
EA: Östlich von Eppenstein liegen *Eberdorf* und *Mühldorf* mit dem Luitpoldkogel. Dass dort karger Boden vorhanden wäre, ist nicht bekannt. Dem Luitpoldkogel nach Südosten vorgelagert besteht eine auffällige, schalenartige Verebnung, die in einen kleinen Hügel ausläuft. Im Slow. bedeutet **kup** „Haufe(n)", aber auch „Kauf" und „Preis"; **kupa** bedeutet „Becher". Die letztere Bezeichnung scheint mir eher zuzutreffen, als eine Bezeichnung für eine karge Gegend. Nach Obermüller gibt es ein kelt. Wort **keab-** für „Berg"[77].

+ locus Cidelarn:
1103 erwähnt, westlich von *Knittelfeld* vermutet.
Etym.: Von ahd. **zidalari**, mhd. **zidelaere, zidler** (PN Zeidler) - „ein zur Bienenzucht im Walde Berechtigter, der Ort, wo Bienenzüchter wohnen" (bei Graz *Cidlarn* 1126).
EA: Der Name **Seidelbast** könnte mit diesem Wort zusammenhängen, da im Steirischen **Zeidler** ein Wort für „Imker" ist[78].

(+ alpis) Cirke:
„... quoddam predium Perendorf dictum cum adiacente alpe Cirke" 1114, auch Schirniz, Serawitz. Nach Brunner leitet sich der ON von vermutlich ahd. oder mhd. **zirke** - „Kreis, Kranz" her und soll auf die örtliche Gegebenheit einer weiten, kreisförmigen Alm Bezug nehmen. Sie lag nahe dem heutigen Berndorf in der OG *St. Georgen ob Judenburg;* mit diesem Namen dürfte die heute Hierzeckalm genannte Almfläche gemeint sein, von der man noch gegen Ende des 15. Jh. gewusst hat, dass sie einst **Zyrka** hieß. Diese wiederum ließe sich eingrenzen auf die Kammhöhe bzw. Wasserscheide zwischen dem Pusterwaldergraben und dem Hochegg. Der Name „Hierzeck" geht zurück auf ahd. **hirus**, mhd. **hirz** - „Hirsch"[79].
EA: Vgl. aber *Sieding, Si(e)rning, Zirbitzkogel* und *Zirnitz(bach)*.

+ Cirm:
Ca. 1300 erwähnter, abgekommener Name bei *Irnfriedshof* westlich von *Murau*.
Etym.: Seltene Kollektivbildung zu mhd. **zirben, zirm** - „Zirbelkiefer, Zirbenbaum, im Zirbenwald".
Siehe *Zirbitzkogel*.

---

[76] Ra. S. 327.
[77] DKW II, S. 204
[78] SWB, S. 255.
[79] Walter Brunner (2007): Die Almen Setal und Cirke von 1103/1114. In: BlfHK, 81. Jahrgang, Heft 4, Graz, S. 97ff.

21

+ Dannerstorf:
1449 erwähnt, in der Gegend von *Knittelfeld* vermutet.
Dt: „Das Dorf, woher der Donner kommt, wo die Gewitter aufsteigen".
Nach Kessler hat der Name vielleicht mit kultischen oder abergläubischen Vorgängen zu tun.
EA: Der ON bezeichnet offenbar ein „Wetterloch", eine Gegend, in der oder aus deren Richtung sich erfahrungsgemäß Gewitter einstellen. Im *Aichfeld* bieten sich zwei solche Richtungen an - entweder brauen sich die Gewitter im *Gaal*graben (in dieser Richtung lägen *Maßweg, Sachendorf, Einhörn*) oder im Süden (*Rachau*graben, *Glein*) zusammen. Von *Knittelfeld* aus in Richtung *Gaal* liegt die alte Kirche *St. Johann im Felde*. Da es nicht sehr wahrscheinlich ist, dass eine Kirche allein auf weiter Flur (ohne religiöses „Hinterland") errichtet wurde, könnte in ihrer Nähe (wenn auch nicht unmittelbar dabei, da die Kirche „im Felde" lag) das abgekommene Dorf bestanden haben.
Leider sind in den letzten 100 Jahren zwischen dem alten Stadtbereich von *Knittelfeld* und dem Ortsteil *Sachendorf* so umfangreiche und zumeist eilige Veränderungen vorgenommen worden (u. a. Errichtung eines Kriegsgefangenenlagers im 1.Weltkrieg), dass archäologisch kaum noch etwas zu erwarten sein dürfte. Weiters sei auf das Burgenländische Siedlungsnamenbuch hingewiesen, worin der ON **Donner**kirchen mit dem ahd. PN **Tundolt** in Verbindung gebracht wird[80]. Siehe auch *Dinsendorf.*

Deixelberg:
Verstreut stehende Häuser in der OG *Eppenstein,* VB *Judenburg:* am Deychselberg 1443, Deigsberg 1449, perg 1592. Aussprache: „taikselpärg".
Nach Kessler kommt dieser ON von mhd. **dihsel** - „Deichsel", „Berg, auf dem Bäume in der Höhe von Wagendeichseln wachsen".
EA: Ich glaube, dass Kessler hier irrt und der ON von **D(T)eixel** - „Teufel" herzuleiten ist. Der Graben, der zum Deixelberg hinführt, heißt „Höllgraben". Höhlen sind in dieser Gegend nicht bekannt. Möglicherweise hängt der Name mit Gerichtsbarkeit und/oder Hexenverfolgung zusammen (Hinrichtungsstätte). M. Schiestl erwähnt einen **Petter Texlberger** (1588)[81].
Auffällig erscheint, dass das *Hölltal* bereits im Jahre 1348, dieser Berg aber erst 1443, also 100 Jahre später, erwähnt wird. Es könnte sein, dass der Berg erst aufgrund des vielleicht nicht mehr richtig verstandenen Grabennamens zum „Teufelsberg" wurde.

Dertschen:
Ried bei St. Margarethen am Silberberg (*Noreia*), VB *Murau:* die dertschen ob s. Margarethen in der Freyung 1425.
Etym. nach Kessler unklar.
EA: Es gibt einen mdal. Ausdruck „(mous)dea(n)tsch´n", der eine nasse Wiese, ein moosiges Grundstück bezeichnet. Dieser ON scheint nach der Schreibung nicht nasal gesprochen worden zu sein. Er bezeichnet genau eine solche Geländestelle.

Diemersdorf:
Weiler in der OG *Mariahof,* KG *Adendorf,* VB *Murau:* Dyemmersdorf 1358, Dyemannstorf 1413, diemerstorf 1423. Aussprache: „deamrstorf".
Vom ahd. PN **Diomar,** wie **Dietmar** - „im Volke berühmt". Dieser ON stellt ein Musterbeispiel für die Veränderlichkeit alter PN in Siedlungsbezeichnungen dar, die meist aus dem Ahd. stammen, denn es wechseln **Diotheri, Diotrich** und **Diotmar** in den alten und neuen Belegen. Alle diese ON weisen auf die frühesten Tage der bairischen Kolonisation hin, wie auch der folgende ON *Dietersberg.*

Dietersberg:
Auch „Gietersberg" nordwestlich von *Murau* oder *Stadl* an der *Mur:* Dietersperg 1398.
Dt.: „Berg des Dieter, Dietmar". Der PN bedeutet nach Bahlow „Volk" und „berühmt"[82].
Siehe *Diemersdorf.*

---

[80] Kranzmayer/ Bürger, Burgenländisches Siedlungsnamenbuch, S. 47f.
[81] Schiestl, Pierpreu, Pichler, Pitterpos ..., S.25.
[82] DNL, S. 99.

Dietersdorf:
Westlicher Ortsteil von *Fohnsdorf,* VB *Judenburg:* ad Dietrichesdorf zwischen 1074 und 1087 erwähnt[83], in dem Dyetreichspach 1309[84].
Zur Etym. siehe *Dietersberg.*

Dinsendorf:
Bei *Fohnsdorf,*VB *Judenburg:* Tuncendorf 2. H. 12. Jh.
Vom ahd. PN **Tunzo** „Dorf des Tunzo". Nach Bahlow bedeutet **tuntz, tunt** „Kot"[85], was für einen PN wohl nicht anzuwenden sein wird.
EA: Vergl. + *Dannersdorf* (PN **Tundolt**). Es könnte sich um eine Kurzform dieses PN handeln.

Dirnsdorf:
Bei *Kammern,* VB *Leoben:* Duringesdorf ca. 1145, Duringstorf 2. H. 12. Jh. Dvrnsdorf 1267, Duernstorf 1370.
Vom ahd. PN **During** (der „Thüringer") „Dorf des Thüringers".
Der Stammesname der Thüringer dürfte mit dem der germ. Hermunduren zusammenhängen, der zusammengesetzt sein könnte aus dem germ. ***ermana, -ina, -una**, das der Verstärkung dient, und einem germ. ***-durōz**, einem Wort, das altindisch **turas** – „rasch, kräftig" bedeutet[86].

Doblhof:
Bei *Kulm* am *Zirbitz,* VB *Murau;* als Gegend: im Topel 1319, an dem Toppel 1398.
Von mhd. **tobel** - „Waldtal, -schlucht". Nach Baravalle liegt der *Doblhof* auf einem kleinen flachen Hügel südöstlich von *Neumarkt.* Er war einst ein Bauernhof, der 1556 von Niklas Wurmb erworben wurde[87].

Dobritschbach:
Auch Topritzbach, rechter Zubringer des *Trieben*talbaches, OG Hohen*tauern,* VB *Judenburg.*
Im Sinne von Kranzmayer entweder von slaw. ***dober** - „gut", slaw. **dêber**, südslaw. **dobr**, oder von slaw. **dob(r)** - „Eiche"[88]. L-H stellt den Bachnamen „Dobrein", ein rechter Zubringer zur *Mürz,* zu urslawisch **dъbrъ-** „Waldtal, Schlucht", was örtlich zutrifft[89]. Nach B. Maier lautet ein keltisches Wort für „Wasser" ***dubro**[90].

Dolzen:
Flur und Siedlung in der OG *St. Peter ob Judenburg:* Dolczen 1542 , in der Dolczen 1465, in der Dulzen 1603, in der Dölzen 1616, Oberdulzen 1770, Dolzen 1906.
Kranzmayer leitet den ON **Dolz** von slow. **dolec** - „Tälchen" ab[91]. Nach Kessler ist der Name, vom slaw. ***dolica** (Tal) kommend, bestimmt erst im Spätmittelalter eingedeutscht worden, denn vorher wäre ein Umlaut auf „Dölzen" eingetreten. Hier haben nach dem Jahr 1300 noch Slawen gewohnt. Die Gegend liegt unmittelbar nördlich des *Feistritz*grabens und des Ortsteils *Rothenthurm,* OG *St. Peter ob Judenburg,* im Bereich der sogenannten *Paik(g).* Kessler geht davon aus, dass der Name **Dolczen** abgekommen sei, jedoch wird eine Flur nördlich des Ortsteils *Rothenthurm* noch heute „Dolzen" genannt.

---

[83] W. Brunner, Fohnsdorf, S. 474.
[84] StGN, S. 66.
[85] DNL, S. 101.
[86] Ernst Schwarz (2009): Germanische Stammeskunde, Wiesbaden (Nachdruck der 1. Auflage):VMA Verlag, S. 176ff.
[87] BS, S. 469.
[88] ONK II; S. 51.
[89] StON, S. 51.
[90] KLN, S. 120.
[91] ONK II, S. 52.

<u>Donawitz:</u>
Ortsteil von *Leoben*: Tunuize 1149, Tunewize 1150, Tunwiz 1155, Donwiz 1220, Donewiz 1293,
Ober Danebizc auf der Lewben 1400, Donawicz 1410.
Etym.: Vom aslaw. ***t(u)nowica.** - „der „dünne Bach", d. h. der „Bach, der wenig Wasser führt"
(= Vordernbergerbach). Es war weder im Kelt. noch im Dt. oder im Slaw. üblich, Flüsse und Bäche
nach Siedlungen zu benennen. Hier handelt es sich um eine sehr frühe Eindeutschung, wobei
„D<u>ü</u>nawitz" zu erwarten wäre. Wahrscheinlich erfolgte die Eindeutschung zwischen 900 und 1000.
Der Wandel von **-u-** zu **-o-** in der ersten Silbe ist auffallend. L-H leitet den ON von einem ***Tońevica**,
von urslaw. ***tonja**, slow. **tonja** - „tiefe Stelle im Wasser" ab[92].
Baravalle vermutet einen Wehrbau am Steilhang des *Münzenberg*es. Die vollfreien Tunwitzer
scheinen vor 1155 ausgestorben zu sein[93].

<u>-dorf, -dörfel:</u>
Ahd., mhd. **dorf**. Häufiger Siedlungsname in steir. Obermurgebiet. Bereits Tacitus (Germania 16)
bezeugt, dass die Germanen außer Einzelhöfen auch Dörfer bewohnten. Die gemeingermanische
Grundbedeutung ***dhurpa** umfasst stets die Zusammenschließung mehrerer Gehöfte zu einem festen
Verband. Der ON tritt in der Steiermark ca. 30-mal auf; er zeugt vor allem von der Hochblüte der bair.
Binnenkolonisation. Nach L-H sind in der Steiermark aus dem 12. Jh. 119 -dorf-Namen bekannt, von
denen 81 mit einem Personennamen zusammengesetzt sind, elf sind slaw. Herkunft. Dt. Dorfnamen
ohne Bezug zu einem PN sind z. B.:
a) <u>Oberdorf:</u> Bei *Mariahof*, 1461, 1494.
b) <u>Eberdorf:</u> OG *Eppenstein*[94].

<u>Dornach:</u>
Früherer Name von *St. Peter ob Judenburg* [95]. Nach L-H stellt dieser Ortsname einen Hinweis auf
dornige Sträucher dar; mhd. **dorn** bedeutet „Dornbusch", **dornach** daher „Dorngebüsch"[96].
Zu *-ach* siehe *-ach-Namen*.

<u>Dristhaler:</u>
Gehöft nordöstlich von *Scheifling*, VB *Murau*: 1397 am Driestal, Driestaler 1469.
Die „Driesten" ist im bair. Sprachgebrauch ein Heu– oder Strohschober um eine Stange, der aus der
Ferne wie ein Kegel aussieht. Manchmal wird diese Bezeichnung auch auf Berge übertragen (z. B. die
Hohe Driesten in Kärnten). Der ON bedeutet also „Talgrund an einer Driesten", an einem
kegelförmigen Berg.
EA: Der Name wird heute „Tristaller" geschrieben.

+ <u>Drumsel:</u>
Gehöft südlich von St. Johann am *Tauern*, VB *Judenburg*: vber die Etz auf nach des Trumbs riedel
1411, das Drimisselveld auf den Tawrn 1432.
Der ON ist nach Kessler vielleicht aus einem slaw. PN ***(Vo)dromysl** entstanden. Die dazugehörige **j**-
Ableitung ergibt ein ***dromiselj** - „das Besitztum des (Vo)dromysl". Der Umlaut würde auf eine
Entlehnung dieses possessiven ON spätestens im 13. Jh. hinweisen. Slaw. ***drag/droh** bedeuten
„kostbar, geliebt", slaw. **mysl** – „Gedanke"[97].
EA: In diesem Bereich (ehemals Österr. Bundesforste) existiert heute noch ein „Trumsel - Teich".
Zu Etz siehe *Eitz*.

---

[92] StON, S. 45.
[93] BS, S. 370f.
[94] StON, S. 114.
[95] ONJ, S. 9.
[96] StON, S. 155.
[97] http://de.wikipedia.org/wiki/Slawische_Vornamen, S. 3; Stand: 30.1.2011.

+ Duringestorf:
Die genaue Lage des Ortes zwischen *Leoben* und *Trofaiach* ist unbekannt. Nach Baravalle scheint
1261 als Zeuge ein Gotfrido de Duringstorf auf. Zur Etym. siehe *Dirnsdorf*[98].

Dürnberg:
KG und OG *Seckau*, VB *Knittelfeld*: Durrenperc 2. H. 12. Jh. Verbrüderungsbuch des Stiftes *Seckau*;
-perge 1290,-perch 1310, Duerrenperg 1399.
Etym. dt.: „Berg in der dürren, wasserarmen Gegend".
Nach E. Lukas finden sich Tyrnperger oder Dürnberger ab 1175 in Urkunden. Der spätere *Seckau*er
Propst Johann Dürnberger wurde 1447 hier geboren[99].
Nach Baravalle dürfte auf dem „Hausberg" nördlich des Ortes ein Wehrbau mit einem Turm
gestanden sein, wovon der Ort seinen Namen haben könnte. Der Hof *Dürnberg* kann aus dem
Maierhof dieser Burg entstanden sein. Er war bereits im 12. Jh. ein kleiner Wehrbau und im Besitz des
vollfreien Geschlechtes der *Feistritzer*[100].
EA: Zweifellos besteht ein Zusammenhang des ON mit dem einst dort vorhanden gewesenen Gehöft
mit Turm. Letzte Reste der Anlage, die in einem Stadel eingebaut gewesen waren, mussten vor einigen
Jahren einem Garagenbau weichen.

Dürnstein:
OG und restaurierte Ruine nördlich von Friesach, VB *Murau*: Dirnensteine 1128, castrum Dierenstain
1144, die purch Dyrenstayn 1336, gsloss Tierstein 1478.
Etym.: Höfischer Wunschname von ahd. **dierne** - „Jungfrau, Mädchen" + **stain** - „Fels",
also der „Fels, auf dem die Jungfrau sicher wohnen möge". Die Verwechslung von mhd. **-ie** mit **-ue**
(nhd. **ü**) bedingt durch die mdal. gleiche Lautung **-ia** die heutige Schreibweise „Dürnstein" statt
„Diernstein".
Nach Baravalle dürfte die Burg im 11. Jh. entstanden sein. Sie wurde 1610 verlassen und dem Verfall
preisgegeben[101]. Zu *-stein* siehe dort.

-eben, -ebner, Ebner:
Dt.: „Ebene, auch kleine, ebene Fläche am Berg und Berghang; flache Wiese zwischen Felsen im
Hochgebirge" [102]; auch nach L-H von mhd. **ëbene** – „gleichmäßig verlaufende Bodenfläche, ebenes
Gelände", abzuleiten[103]. Dieses Wort kommt in zahlreichen Komposita und als Vulgoname **Ebner**
vor.

Eberdorf:
Teil der OG *Eppenstein*, VB *Judenburg*, oberhalb von *Allersdorf* gelegen: Oberndorf 1220,
Oberendorf 1250, Oberndorf 1332.
Etym.: ze demo oberin dorffe - es handelt sich um eine Gründung vor 1100, welche Annahme
angesichts des hohen Alters des entscheidenden ON *Allersdorf* gerechtfertigt erscheint. Der ON bringt
die Lage dieser Siedlung als „oberes" Dorf zum Ausdruck.
EA: Vgl. die Deutung Kranzmayers zu **Obir** von slm. **obêr** - „Riese, eigentlich Aware"[104].
Baravalle nennt einen Hof zu *Eber(s)dorf* als Sitz eines mit den Al(g)ersdorfern (*Allersdorfern*)
verwandten Geschlechts, der zum Ende des 12. Jh. errichtet worden sein dürfte[105].

---

[98] BS, S. 371.
[99] AEA, S. 66f.
[100] BS, S. 288.
[101] BS, S. 469ff.
[102] SWB, S.48.
[103] StON, S. 158.
[104] ONK II, S. 167
[105] BS, S. 245.

-eck -egg - Namen:

Ahd. **egga**, mhd. **ecke.**

Das Wort bezeichnet einen Gebirgsgrat; einen schmalen abfallenden Berghang oder vorragenden Teil eines Bergrückens und kommt in zahlreichen Komposita vor[106]. E. Lukas nennt-*egg-Namen* „wehrbauverdächtig"[107]

Edling:

Dorf und vermutlich Edelsitz südlich von *Trofaiach*, VB *Leoben*. L-H führt den ON auf ahd.**ediling** - „freier Bauer" zurück[108].

Der Hof der Vollfreien von *Trofaiach* dürfte Baravalle zufolge nach 1384 zum Bauerngut geworden sein[109]. Weitere Orte dieses Namens liegen bei *St. Georgen ob Judenburg* (Edelingin 1384) und nordöstlich von *Neumarkt* (Edling 1461). Siehe auch *Edlinger.*

Edlinger:

Gehöft bei *Fressenberg*, OG *St. Marein* bei *Knittelfeld.*

Die Etym. aller Edlinger ist dt.; es ist von spätahd. **edelingi** in der Sonderbedeutung „bevorrechteter Bauer/Großbauer mit wehrhafter Gefolgschaft" abzuleiten.

Zum Begriff der **Edlinger** führt Kranzmayer aus: „Es mag sein, dass etliche unserer Kärntner *Edling*-Orte gar nicht allzu alt sind und über die Karolingerzeit nicht zurückgehen - die ältesten Belege dieses Namens finden wir leider erst im 12. Jahrhundert. Dass aber die Edlinger selbst eine uralte Einrichtung sind, darüber sind sich alle Forscher . . . einig. . . Unsere Edlinge mit ihren Edeltümern gab es namentlich im Isonzogebiet, strichweise in ganz Slowenien, in Kärnten und, was man bisher vielleicht zu wenig beachtet hat, in der ganzen Steiermark. Das Wort *Edling* scheint urkundlich in unserer Sonderbedeutung „bevorrechteter Bauer" nur auf einstmals ostgermanisch besiedeltem Boden vorzukommen . . .“

Kranzmayer meint, dass nur das Theoderich'sche Gotenreich noch knapp das Mürz- und das steirische Ennstal und mit ihnen die nördlichsten *Edling*-Orte erreicht haben dürfte[110]:
Siehe auch *Edling.*

Egartner/E(h)garten:

Das -e- in der ersten Silbe steht hier in der Bedeutung von „ehemals". Es handelt sich um einen Grund, der, wenn er gegenwärtig nicht als Acker benützt wird, wohl als solcher von rechtswegen wieder bebaut werden kann, weil er ehemals eine gepflügte Feldfläche gewesen war, die später zu einer Wiese, einem Gehölz oder sonstigem Ödland liegen blieb.

In der *Rachau* erscheint dieser Name zweimal - am Fuße des *Grafenberg*es und nordwestlich davon an den dem Grafenberg gegenüberliegenden Hängen. Der Name könnte nach E. Lukas auch eine Allmende bezeichnen oder mit der „Egartwirtschaft" (Dreifelderwirtschaft), einer Bewirtschaftungsform, bei der sich Bebauung, Grasland und Brache abwechselten, zu tun haben[111].

Ein abgekommener *Egarten* lag in der *Paig* nordwestlich von *Judenburg* (Egarten in der Pewg 1452). In diesem Fall definiert M. Schiestl den Namen als „Erdfläche, die alle drei Jahre umgeackert und drei Jahre lang als Wiese genutzt wird"[112].

Eichberg:

EA: Höhenrücken westlich von *Fentsch*, VB *Knittelfeld*. Darauf befindet sich eine Erdaufschüttung, der „Zucken(r)hut", bei dem es sich um einen mittelalterlichen Turmhügel handelt.
Zur Etym. siehe *Aichberg, Sieding.*

---

[106] SWB, S. 48.

[107] Ra. S. 328.

[108] StON, S. 111.

[109] BS, S. 371.

[110] ONK I, S. 66ff.

[111] Ra. S. 327, 568.

[112] ONJ, S. 10.

Eichhübler:
Gehöft am Fuße des Kalvarienberges in *St. Margarethen bei Knittelfeld*. Mdal."aixhiabla".
Etym. dt.: „der am Eichenhügel". Der Vulgoname steht im Zusammenhang mit dem alten Namen des
Höhenrückens „Sirning". Vgl. *Gleinberg*.

Einach:
Dorf bei *Predlitz*, VB *Murau*: Junach 1190, Evnach 1300, Aevnach 1305, Ewnach pei der Mur 1310,
Eynach 1445, Einach ca. 1450.
Aufgrund der ältesten Schreibung ist nach Kessler ein slaw. Lokativ pluralis *junjah(u), d. i.„bei den
Leuten aus Jun", aslaw. *jun(u) - „jung" anzunehmen. Dies gäbe formell eine gute Etym., scheitert
aber an semantischen Bedenken. Es muss also an einen vorslawischen Stamm gedacht werden.
L-H führt den ON über *Juńachъ zu urslaw. *juńъ – „jung, jugendlich, junges Tier", slow.junec –
junger Stier, junges Rind", Lokativ Plural zu *Juńane [113].
EA: Das kärntnerische Jauntal wird in ahd. Zeit **Juna** genannt, im Latinokeltischen der Spätantike
Juenna[114]. Dann bedeutet die aslaw. Form *juniah(u) „bei den Jauntalern". Damit liegt eine slaw.
Namensbildung mit vorslaw. Stamm vor. Zur Etym. von **Jaun** führt Kranzmayer aus, dass sich auf
dem Hemmaberg, dem alten „Jaunberg", ein röm.-kelt. Heiligtum des **Augustus Jovenat** befand; im
Jauntal lag auch der Kelten- und Römerort **Juenna, Jovenna**. Alle diese Orte sind nach der gleichen
keltischen Gottheit, nach **Ioven**, benannt. Eine sprachliche Nähe zum lat. Jupiter, Genetiv **Iov-is,**
erscheint unübersehbar.

Einasbachgraben:
Siehe *Schüttgraben*.

Einhörn:
Bei *Knittelfeld*: Anhoern 1393, Anhorn 1432, Ainhorn 1449.
Der ON weist nmach Kessler in seiner Lautgestaltung einwandfrei auf dt. Ursprung hin. Vielleicht
handelt es sich um einen Spottnamen.
EA: Es gibt einen ahd. PN **Eginant, Einant,** ahd. *Egino* – „Schwertspitze", ein typischer
Schmiedename[115]. Nach der mdal. Aussprache „a:hean" ist hier aber doch am ehesten auf „eichern"
oder „Ahorn" zu schließen. Siehe auch + *Ainhornhof.*

(Wildbad) Einöd:
Flur und Anwesen im VB *Murau* nahe der Grenze zu Kärnten.
Als Flur: solitudo uersus Friesach 1066, Ainode 1130, die Ainoded 1356, die Ayned 1357.
Als Bad bzw. Gut: gutl und tafern Ainod ob Tiernstein gelegen an der strassen.
Nach Kranzmayer ist der ON abzuleiten von mhd. **einôte** - „Einöde"[116].
EA: In der OG *St. Georgen ob Judenburg* gibt es eine Obere und Untere *Einöd*. Die beiden Fluren
werden 1492 und 1356 urkundlich erwähnt.

Einödhof:
Ruine eines Wehrhofes 3 km südlich von *Knittelfeld*, OG *Apfelberg*: Es sind nur mehr die Reste des
ehemals 4 - geschossigen Turmes zu sehen. Bis 1122 im Besitz der *Eppenstein*er, kam diese Sperre
zwischen Hangfuß und *Mur* an die Traungauer; 1150 Stift Admont'scher Zehenthof[117]. Siehe *Einöd.*

---

[113] StON, S. 51.
[114] ONK II, S. 23.
[115] ONK II, S. 61.
[116] ONK II, S. 61.
[117] BS, S. 289.

27

Einötzenalpe:
Bei *Einach*, VB *Murau*.
Das bair. Appellativ **einitzen, ainiz** adjektivisch und adverbiell gebraucht; mhd. **einaz** - „einzeln, vereinzelt". Das Wort bezeichnet eine einzelne, einsam liegende Örtlichkeit, auch einen verkehrsarmen Hof. Zu-*alpe* siehe -*alm*.

Eitz:
Ried nordöstlich von *St. Peter ob Judenburg*: Chygck 1465, die Eytz pey der Murpruggen zu Thalhaym 1475, die Eitz bey der Murprugken 1476.
Mhd. **atzen** - „abweiden"; **etz** - „umzäunte Weide, Weideplatz".
Zur Nennung von 1465: Kranzmayer erwähnt slow.-mdal. **kûk** - „Aussichtspunkt"[118].
Vgl. *Guggamoar*.

+ Eisengarten:
Flur südwestlich von *Judenburg*: pey dem Eysengarten . . . zw der mezz hincz sand Merten ze Judenburg 1385, Eisengarten 1388, an dem Eysengarten bey der Prukchen 1427.
Das Ried lag ursprünglich bei der Brücke über den *Purbach* unweit der ma. Mautstätte, danach wurde die Örtlichkeit in die Nähe der Mündung des *Oberweg*baches verlegt.
Wortbedeutung: Es handelt sich um einen eingezäunten Sammelplatz für Roheisen. In *Judenburg* bestand bis 1406 eine Niederlage für Roheisen[119].
Ein weiterer Ort dieses Namens lag in *Kathal* zwischen Katharinenkirche und dem *Arzberg* (persönliche Mitteilung von Frau Dr. Elfi Lukas).

Eiwegger, Oberer, Unterer:
Gehöfte in den OG *Pusterwald* und *Obdach* (hier Eybek 1434), VB *Judenburg*.
Von mhd. **iwe** - „Eibe". Das Holz der Eibe wurde für die Herstellung von Armbrüsten und Wagenbestandteilen verwendet und spielte auch als dämonenabwehrender Friedhofsbaum eine Rolle.

Ehrnau:
Schloss westlich von *Mautern*, VB *Leoben*. Reste weisen auf einen alten Wehrbau hin, der nach Baravalle zu Anfang des 13. Jh. errichtet worden sein dürfte[120].
Etym. dt.: „Ehre" und „Au". Zu -*au* siehe dort.

+ Elm:
Früherer Name des Bereichs an der Ostseite des Kalvarienberges in Ober*zeiring*, VB *Judenburg*: am Elm 1493, der Elm 1498. Mhd. **ëlm(e)** - „Ulme" kann wie bei den anderen Baumnamen auch ein altes Kollektiv **elm** - „Ulmenwald" bilden. L-H nennt dazu auch ein mhd. **ëlm** - „gelbe Tonerde"[121].

+ Entrichestanne:
Die Lage dieser Örtlichkeit ist unklar.
989, Entrihstanne 1043, Antrihstanne 2. H. 12. Jh. von Alterstein ... in die Herbakhen 1525, Altarstain 1615.
Kessler leitet diesen ON vom ahd. PN **Antarich** ab; er würde demnach „Tannenwald des Antarich" bedeuten. Kessler hält ihn für einen Punkt an der Südseite der *Grebenzen*.
Franz Pichler interpretiert den ON als „Alter Stein" oder „Altarstein" und führt sehr überzeugend aus, dass es sich dabei um einen Grenzpunkt aus der Arnulfurkunde vom 4. 9. 898 handelt, der sich auf der Streitwiesenalm im äußersten Südwesten des Bezirkes Judenburg befindet. Der Stein könnte im Zuge einer Grenzstreitigkeit im 18. Jh. vernichtet worden sein. Angeblich ist von ihm nichts mehr vorhanden; eine Realprobe wurde meines Wissens nicht durchgeführt. Franz Pichler verließ sich hier

---

[118] ONK, S. 94.
[119] ONJ, S. 25.
[120] BS, S. 372.
[121] StON, S. 142.

auf die Aussage des verstorbenen Vermessungsingenieurs Dipl. Ing. Kurt Noe, der damals in *Judenburg* tätig war[122].
Baravalle und Hans Pirchegger vermuten Ort und Wehrbau östlich von *Dürnstein* in der sogenannten Albl oder Eibl[123].

Enzenbach:
Flur zwischen *Fohnsdorf* und *Sillweg*, VB *Judenburg*: Aentzenpach 1354, Encznpach 1493. Etym. dt.: „Bach des Enzo (Anzi)". In einer Urkunde aus dem Jahr 955, ausgestellt in Maria Saal, kommt unter 33 Zeugen ein Mann dieses Namens vor. Siehe *Enzersdorf*.

Enzersdorf:
Dorf in der OG *Pöls*, VB *Judenburg*: Enzinesdorf 1170, Enzensdorf 1329.
Vom ahd. PN **Anzi** „das Dorf des Anzi, nach Bahlow eine Kurzform zu **Arnold** („Adler" und „hold" von „walten")[124].
W. Brunner zufolge ist der Ort mit seinen 10 Urhöfen nach 955 entstanden[125].
Zu diesem PN führt E. Lukas aus, dass ein Edler **Enzi** im Jahr 1005 vom Erzbischof Hartwich von Salzburg im Tausch für 19 Joch (entspricht heute 11 ha) in Lausach bei *Neumarkt* ebensoviel Joch Grundes auf dem **Mons Clina** (*Glein*berg) erhielt Der steirische Historiker Hans Pirchegger vermute, dass das Geschlecht der Edelfreien aus der *Glein* von einem „Edlen Enzi" abstamme. Die ersten Ritter von der *Glein* würden erst um die Mitte des 12. Jh. erwähnt. Wenn, wie Kessler meint, der Zusatz „-dorf" zwei bis drei Jahrhunderte jünger sei als die Verwendung des PN, lasse dies den Schluss zu, dass ein namengebender Enzi/Anzi noch vor dem Jahr 1000 dort gelebt habe[126].
EA: Ich halte den PN für eine Kurzform von **Engelbrecht** oder **Engelschalk**, wie Kranzmayer zu dem Kärntner ON „Enzelsdorf" ausführt[127]. Diese PN setzen sich aus dem Erstelement **Engel-** und einem zweiten Namensteil wie **-hart** zusammen. Das Erstelement gehört ursprünglich wohl zum Stammesnamen der Angeln, die im Raum Schleswig-Holstein siedelten und später zusammen mit den Sachsen England eroberten. Namensteile wie **Ag(h)il** werden meist zu ahd. **ekka-**„Schwert, Schneide einer Waffe" gestellt[128]. Dass der Siedlungsgründer mit dem Edlen Enzi aus der *Glein* identisch ist, bezweifle ich. Letzterer war wohl eher im Bereich *Glein* begütert, hatte aber auch Besitzungen bei Wildbad *Einöd* (die *Lausach*) inne, die er mit dem Erzbischof von Salzburg gegen (weiteren) Besitz in der *Glein* tauschte. Während der Salzburger am Erwerb eines leicht sperrbaren Bereiches nördlich von Friesach (*Neudeck!*) interessiert gewesen sein dürfte, wird dem Edlen Enzi eine Arrondierung seins Besitzes in der *Glein* am Herzen gelegen sein. Dies legt wiederum den Schluss nahe, dass Enzi in diesem Bereich gesessen sein dürfte.

Eppenstein:
Weiler, Burg und OG südlich von *Judenburg*: Eppenstein ca. 1135, Eppenstain 1140, Epingsteine 1141.
Etym.: Vom ahd. PN **Eppo** (Eberhard) „Fels des Eppo". Der Name bedeutet „kühn, stark wie ein Eber". Zu *-stein* siehe dort.
EA: Es erscheint notwendig, darauf hinzuweisen, dass die Burg ursprünglich durchaus (und wahrscheinlich) anders geheißen haben kann. Im Herbst 2007 hat sich anlässlich einer Begehung, an der Dr. Diether Kramer vom Landesmuseum Joanneum, Dr. Elfi Lukas, Apfelberg, Fam. Diethard vlg. Fallmoar, Eppenstein, und ich teilgenommen haben, herausgestellt, dass sich oberhalb der Burg eine weitere Befestigungsanlage befindet.

---

122 ZHVSt 59/1968, S. 118ff.
123 BS, S. 472.
124 DNL, S. 40.
125 Brunner, Pöls, S. 51f.
126 Ra. S. 37, 186f; vgl. auch Kessler Nr. 352.
127 ONK II, S. 62.
128 KVB, S. 260, 205.

Eselsberg:
Bei Winklern, OG Oberwölz, VB *Murau*: das wasser, das da zwischen Hinderekk rynnt vnd am Eslperg ca. 1480.
Die Etym. dieses ON leitet sich von der Gestalt der jeweiligen Bodenerhebungen her: „Der Berg, der aussieht wie ein Eselsrücken". Ein weiterer *Eselsberg* befindet sich bei Irdning. L-H führt den ON auf die Beliebtheit von Esel (ahd. **esil**, mhd. **esel**) und Maultier, die man nicht immer unterschieden hat, zurück. Es scheint sich um einen jungen Namen zu handeln, da von 15 Notierungen in Zahns Ortsnamenbuch elf aus dem 15. Jh. und zwei aus dem 14. Jh. stammen[129]. Zu Winklern vgl. + *Winckhl*.

Etrachbach, -see:
Bei *Krakau*hintermühlen, VB *Murau*: am Oettreich 1415, am Moetreich 1145, am Ottrach 1450, das Ottreich 1464, Jetrich im 18. Jh.
Es liegt eine Kollektivbildung auf -**ach** zum mhd. **eter** - „geflochtener Zaun um Hof oder Ortschaft (Ortsmark)" vor. L-H führt den ON auf einen PN **Audericus, Autharich** zurück[130].
EA: Hier könnte eine sprachliche Verwandschaft zum Wort „Estrich" bestehen, der ursprünglich auch geflochten war. Dieses Wort wird abgeleitet vom mhd. **esterich**, ahd. **ersterih**, zurückgehend auf mittellatein. **astracum** - „Pflaster"[131].

+ Etschtal:
Siehe + *Ötztal*.

Falbenalm:
In *Bretstein*, VB *Judenburg*.
Dt.: „Die Alm, wo die Falbenochsen weiden". Der „Falb" ist entweder ein Pferd oder ein Ochse von graugelber Farbe. Mhd. **val, valwer** – „fahl, hellgelblich", jedoch sind Falmbach und Falmteich, nördlich des *Schönberg*es nahe Niederwölz nach einem PN bezeichnet[132].
Es gibt in *Pusterwald* die Höfe vlg. „*Zistl*falb" - ursprünglich „zwischen den Wässern" und den vlg. „Kirchenfalb"[133]. Vermutlich wurden auf diesen Höfen falbe Tiere eingestellt oder gezüchtet.

Falkenberg:
Gebirgsstock zwischen *Judenburg* und *Pöls*: Stredwiger perg 1351, Valchenperg 1612, Strettweger Berg 1614, Falckhenperg 1663, Stretweger perg und Falckenberg 1774, Falkenberg 1885.
Etym.: Zu mhd. **valke** - „Falke" als Jagdvogel[134].
Die Herkunft des Vogelnamens selbst ist nicht sicher geklärt, aber wahrscheinlich germ. Ursprungs.Er wäre mit einem **k**-Suffix zum Stamm des Farbadjektivs **fahl** gebildet. Der Falke wäre daher nach seinem graubraunen Gefieder benannt. Dafür scheint auch das Vorkommen des PN **Falco** bei den Westgoten, Langobarden und Franken zu sprechen[135]. Vgl. *Falkendorf*.

Falkendorf:
Bei *Stadl an der Mur*, VB *Murau*: Valchendorf 1233, Falchendorf 1441."
Nach Kessler von mhd. **valke** - „Falke" das „Dorf, wo Falken sind". Der ON enthält nach L-H eher den PN **Valcho** als die Bezeichnung des Vogels[136]. Baravalle vermutet hier einen gleichnamigen Wehrbau. Zwischen 1350 und 1354 wird Konrad, der Sohn Rudolfs von Valchendorf, mehrfach genannt[137]. Vgl. *Falkenberg*.

---

[129] StON, S. 160.
[130] StON, S. 125; StGN, S. 55.
[131] Duden Herkunftswörterbuch, S. 165.
[132] StGN, S. 27.
[133] Pusterwald, S. 323.
[134] ONJ, S. 11.
[135] Duden Herkunftswörterbuch, S. 173.
[136] StON, S. 115, 166.
[137] BS, S. 472.

Fallmoar:
Gehöft im Schatten der Burgruine *Eppenstein*, VB *Judenburg*.
E. Lukas hat folgende Möglichkeiten einer Ableitung dieses Vulgarnamens aufgezeigt:
„Veitmoar" vom deutschen Vornamen scheide aus sprachlichen Gepflogenheiten aus. Mhd. **vei(e)l**
bedeutet „Veilchen". Diese Variante, wonach der Hof inmitten von Veilchen stand, sei wenig
überzeugend. Wahrscheinlicher sei eine Ableitung von mhd. **feile**, das auf **feili** „käuflich" zurückgehe.
Der Name könne besagen, dass der Hof schon früh zum Kauf stand. 1496 sei ein „Feyelmaer"
zehentpflichtig. Aber auch das mhd. **vallen**, ahd. **fallen** sei einer Überlegung wert, da dieses Wort
„Einsturz" bedeute und implizieren könne, dass das oder die Hofgebäude ganz oder teilweise
eingestürzt waren und neu errichtet oder ergänzt worden seien. Eine weitere Deutung nach
Kluge/Götze ergebe sich aus dem vorgermanischen **pello**, woraus **vele** „verkaufen, dienen" entstanden
sei. Das russische Wort **polón** „Beute" hänge mit dieser Wortwurzel zusammen, woraus sich **prine**
mit der Bedeutung „Verkauf, feilschen" entwickelt habe. Damit schließe sich ein Kreis mit der
Überlegung zu germ. **feile**. Der Wortstamm **pello** und **vele** sei aber auch für „Wette" und heran zu
ziehen[138]. Vgl. *Feitelofner*.

Farrach:
a) Ortschaft bei *Kobenz*, VB *Knittelfeld*: Vorhah (superius) 1239, Voerhacum 1288, Vorhach 1309,
Vorchach 1321.
Vom mhd. Kollektiv **vorhach** - „im Föhrenwald". Nach L-H bedeutet ahd.**forha**, mhd. **vorhe**
„Föhre"[139].
b) Schloss und Dorf bei *Zeltweg*, VB *Judenburg*: Forhah 2. H. 12. Jh. Vorhach 1197, Foerch
enhalbder Pels 1410, Varh 1462, Vorch 1462.
Nach Baravalle ist das Schloss nicht vor dem 14. Jh. entstanden[140].

Feeberg:
Heute Flur und KG in der OG *Reifling*, VB *Judenburg*.
Als Berg: der Vedigust 1134, Fedegust 1345, Vehberg 1455, Vekperg 1457, am fegberg neben der stat
Judenburg 1531, eysenperkhwerch am fehberg 1559.
Etym.: Vom aslaw. PN *B(u)degost etwa *B(u)degosci - „die Siedlung des Budegost". Der slaw. PN
wurde im Laufe der Zeit nicht mehr verstanden und so lange verballhornt, bis er eine neue sprachliche
Bedeutung gewann (Volksetymologie).
M. Schiestl erwähnt, dass an eine zweite Gegend dieses Namens in der Nähe der *Schmelz* gedacht
werde[141].
EA: Slow. **buden** - „wach(sam)", **budeti** - „wachen", **gost** - „Gast".

Feistritz:
Häufig vorkommender Bach-, Hof- und Ortsname. Von aslaw. *bystrica. - „Wildbach, -wasser,
weißschäumend". Vgl. idg. *bhel - „hell, weiß" wie *albh in *Lavant*.
Möglicherweise ist dieses aslaw. Wort in den Ostalpenländern ins Deutsche entlehnt worden und zwar
als Sachbezeichnung und nicht als bloß örtlich gebundener Eigenname. Das häufige Auftreten dieses
ON - in der Steiermark ca. 40mal, in Kärnten etwa 15mal - weist in diese Richtung. Die Entlehnung ist
bestimmt schon im 9. oder 10. Jh. erfolgt. Man vergleiche die Substitution (Ersetzung) von slaw. -b-
als - v - und die Wiedergabe des aslaw. -y- ahd. -ü-.
a) *Feistritz* bei *Knittelfeld*: Als Flur Fiustrize 1075, Vustrice 1120, Viustriza 1130 uallis Feustrice
1147, Vewstriz 1310, die Feystriz ob Prankh 1402; als Dorf: in loco Feustrice 1147, Feustrizt 1158,
Feistritz bey Chnutelveld 1430.
Baravalle führt in *Feistritz bei Knittelfeld* einen Wehrhof an, dessen Standort unbekannt ist. Er war im
Besitz der vollfreien Aribonen und dürfte schon um 860 entstanden sein. Der Stifter des Klosters von
St. Marein, Adalram (von Waldeck) stammte aus diesem Geschlecht[142].

---

[138] Lukas, Familienchronik Diethardt, S. 30f.
[139] StON, S. 112.
[140] BS, S. 249.
[141] ONJ, S. 11.

<u>b) Bach südwestlich von *Judenburg*</u>: Pach in der Feustritz ob Judenburg 1443.
Ein Hof zu *Feistritz ob Judenburg* war nach Baravalle bis 1505 mit dem „Thurn" verbunden, jedoch glaubt Baravalle nicht, dass das Schloss *Rothenthurm* der Nachfolger des alten Wehrhofes ist[143].
<u>c) Hof *Feistritz* im *Katsch*tal, VB *Murau*</u>: Nach Baravalle wurde der Wehrhof auf salzburgischem Besitz errichtet; im Jahr 1074 zahlte dieser Besitz Zehent an das Stift *Admont*. Ein *Burgstall* könnte sich auf dem Wachenberg befunden haben[144].

<u>Feistritzwald:</u>
Südlich von *Rothenthurm*, VB *Judenburg*: der Walde . . . ze Feistricz 1277, fewstricz vorst 1433, welden, genant in der Feystricz 1436, der wald . . . in Veistritz 1476, im feisteizwald 1619, feystrizwaldt 1718 [145].
Zur Etym. siehe *Feistritz*.

<u>Feitelofner:</u>
Gehöft in der OG *Mariahof,* VB *Murau*.
Nach Kessler von mhd. **veiel (viol, viole)** - „Veilchen, der Hügel, wo viele Veilchen wachsen".
EA: Ich kann mir nicht vorstellen, dass man in mhd. Zeit Gehöfte so romantisch benannt hat. Der Vulgoname könnte eher vom PN *Veit* - „Vitus, Vitalis" stammen, also „*Ofen* des Veit".
Zu -*ofen* siehe dort; vgl. *Fallmoar*.

<u>Felber:</u>
Gehöft südöstlich von *Obdach* in Klein*prethal*, VB *Judenburg*.
Siehe *Feldbaumer.*

<u>Feldbaumer:</u>
Gehöft bei *St. Oswald*, VB *Judenburg*: Velpavm ca. 1450.
Von mhd. **velber, velwer** - „die Bachweide". **Velpavm** wurde in moderner Zeit zu „Feldbaumer" umgedeutet.

<u>-feld, Feld:</u>
Nach L-H von mhd. **vëlt**. Häufige Bezeichnung im steirischen Obermurgebiet. Selten bezeichnet es den Einzelacker, meist wird es in der Bedeutung einer weit gedehnten Niederung verwendet.
Urkundlich lautet die Erwähnung „im/am Feld". Mehrmals ist der ON auch in Komposita und kompositorischen Lagebezeichnungen vorhanden[146].
Z. B.: Mitterfeld bei *St. Marein bei Knittelfeld:* Mitterfelde 1288, Mitterveld 1365, Miterueld 1428, Mitterfeld 1493.

<u>Feldern:</u>
Bei *St. Georgen ob Murau:* Feldarn ca. 1450.
Mhd. **feldaren** - „bei den Leuten im *Feld*". Siehe -*feld.*

<u>Felfer:</u>
Siehe *Felber.*

<u>Fentsch:</u>
Ortschaft im (*St.) Mareiner Boden*, VB *Knittelfeld:* Venc, Venx 1171, Uentsce 2. H. 12. Jh. , Vencz 1288, Ventsch 1428.

---

[142] BS, S. 291.
[143] BS, S. 291.
[144] BS, S. 472.
[145] ONJ, S. 11.
[146] StON, S. 158.

Nach Kessler vom aslow. ***benisce** als ON, Bildung vom slaw. PN Bena „Dorf des Bena". Die Entlehnung erfolgte vor dem Jahr 1100. Das ADN leitet den ON vom slaw. PN ***Beneč**, **Benec** aus „Benedikt" ab mit poss. **-j-** Suffix ab[147].

Feßnach:
Bach und Flur bei *Scheifling*, VB *Murau*: de Veztnach 1154, de Uenzach um 1170, Venzach ca. 1180, Veznach 2. H. 12. Jh. Vesnach 1365, Vessnach 1424.
Nach Kessler vom aslw. ***be(i)njah(u)** - „bei den dämonischen Leuten". Vgl. aslw. ***bes(i)n(u)** - „besessen", ***bes(u)** - „Dämon". Kessler geht von einem „sagengebundenen" Namen aus, also davon, dass dieser ON mit einer örtlichen Sage zusammenhängt. Die Entlehnung erfolgte im 11. Jhd.
L-H leitet den ON vom urslawischen ***běsъ**- „Teufel" über ***běsъnъ** - „Teufels-, slow. **bes** „Wut, Raserei" zum slow. Adjektiv **besen** - „wütend, rasend, toll" ab und meint, dass dies die Grundbedeutung des dem Bachnamen zu Grunde liegenden Wortes ist; die *Feßnach* sei ein sehr reißender Bach, der oft große Schäden angerichtet habe[148].

Fiegler:
Bei *Krakau*dorf, 4 Höfe auf halber Höhe des *Preber*, VB *Murau*: Figlaer 1414, am Foegler in Grakow 1451, Fidler 1473.
Vom PN **Figl**, einer mdal. Form von **Virgilius**, dem PN des Salzburger Bischofs. Unter dem Iren Virgil (Feirgil-„über, hoch" und „Geisel") begann die Missionierung der Slawen[149]. Die *Krakau* gehörte lange Zeit zum Bistum Salzburg. Um 1473 wurde die Hofbezeichnung auf „Fiedler - Geiger" umgedeutet, wohl, weil man die usprüngliche Bezeichnung mit ihrer Herleitung von einem alten PN nicht mehr verstand.

Fisching:
Dorf bei *Zeltweg*, VB *Judenburg*: Uissarn 2. H. 12. Jh. , auch Viscaern, Uischarn 1172, Vischarn ca. 1300.
Vom mhd. **viscaren** - „bei den Fischern". Nach L-H ein unechter *-ing-Name*[150].

+ ym Flatoch:
Ried bei *Landschach*, VB *Knittelfeld*: 1398 erwähnt.
Von aslaw. ***blacah(u)** - „bei den Leuten im *Moos*". Slow. **blato** - „Moor".
Hier liegt die ältere Lehnform vor - aslaw. **ĉ** (slaw. **-tj-**) wird zu ahd. **-t-**. Der folgende ON *Flatschach* ist jünger (slaw. **-t-** wird zu **-tsch-**):

Flatschach:
Ortschaft und OG bei *Knittelfeld*: Flatscach 1172, Flachsacha 1179, Flasach 1209.
Slow. **blato** - „Moor". L-H führt den ON auf urslaw. **bolto** – „Sumpf, Morast, sumpfiger Wald" zurück.
Hier, westlich von *Knittelfeld*, lag nach Baravalle der Landschreiberhof, den die Landschreiber im 13. Jh. innehatten. 1424 scheint er bereits zum Bauernhof geworden zu sein[151].

+ Fleischhackeralm:
Almgegend in den *Seetaler Alpen*, VB *Judenburg*: die Judenburger alben, swo die fleischhakcher von Judenburg ir vich Halten 1433, die Fleischakheralbm 1478. Heute ist die Flur als Fleischhacker*boden* bekannt[152]. Zu *-alm* siehe dort.

---

[147] ADN, S. 351.
[148] StON, S. 53.
[149] Julius Pokorny (2002): Indogermanisches etymologisches Wörterbuch, I. Band. Tübingen: Francke verlag, S. 426.
[150] StON, S. 113.
[151] BS, S. 249, 291.
[152] ONJ, S. 12.

+ Fleischhackerberg:
Heute Kalvarienberg in *Judenburg*, weiterer Name *Teuppelstein*. Fleischakherperg 1571.
Der Berg gehörte den Judenburger Fleischhackern. Zu -*berg* siehe dort.

Fohnsdorf:
Ortschaft und OG im VB *Judenburg*: Fanesdorf 1141, Vanstorf 1147, Vanestorf 1150, Vonstorf 1174.
Nach Kessler von aslow. *banja ves - „Dorf des (awar.) Ban". Der Name weise also auf die Awaren
hin.
EA: Eine zeitlang wurde ein „Vonzins" von den Fohnsdorfern an die Kirche *St. Johann im Felde*,
Knittelfeld, entrichtet, weshalb man glaubte, dass sein Name mit *Fohnsdorf* selbst oder mit den
Slawonen zusammen hinge. Allerdings muss man dazu anmerken, dass wan, won „leer" bedeutet,
sodass der Vonzins einen pauschalierten Zehent darstellt, der niedriger war als der normale Zehent,
also keinen Ertrag als Berechnungsgrundlage hatte. E. Lukas definiert diese Abgabe als einen
„Leerzehent, eine Abgabe ohne Relation zum Ertragsaufkommen, einen pauschalierten Anteil des
Zehents"[153]. Auch Pfannsdorf in Kärnten wird von Kranzmayer vom Ban - awarisch „Fürst"
abgeleitet[154]. Ob der Name der Fanes(Fanis-)alpe in Südtirol (sehr alter Steinwall, vorgeschichtliche
Funde) mit diesem Wort verwandt ist, bleibt offen. Das ADN stellt den ON Pfons (Südtirol) zu idg.
*pen – „Sumpf"[155].
Nach Kranzmayer wird der bairische Ursprung aller ves-Namen dadurch erklärbar, dass im
ehemaligen Jugoslawien die Komposita mit ves nur dort auftreten, wo alter bairisch - österreichischer
Einfluss zu spüren ist; sie überschreiten kaum den äußersten Bereich der deutschsprachigen
Burgennamen und gehen über Slowenien und Nordkroatien nach Süden und Osten nicht hinaus. In
Dalmatien, Bosnien, Serbien und im Banat gibt es keine ves-Namen; an deren Stelle treten die
Zusammensetzungen mit selo[156].
In jüngster Zeit hat allerdings Brunner den ON von einem ahd. PN Fano abgeleitet.
Dieser Name soll auf got. fana zurückgehen, ahd. fano - „Tuch". Eine Erklärung für den PN Fano
selbst bleibt der Autor leider schuldig. Nach Brunner wird im Verzeichnis des Klosters St. Peter in
Salzburg in einer Handschrift zwischen 1104 und 1116 ein Zehenthof „Phanisdorf" erwähnt. Eine
weitere Erwähnung erfolgt in einer *St. Lambrecht* ausgestellten Urkunde, worin ein „Totilus de
Fanestorf" als Zeuge angeführt sei. 1147 wird der ON als Vanstorf und Vanestorf genannt, zwölf
Jahre später bringt eine Urkunde den ON Vanesdorf. Mit dem Nachweis des ahd. PN Fano (von
Fagan) reiht sich der ON zwanglos in die Deutung der übrigen Siedlungsnamen auf -dorf in der
unmittelbaren Umgebung ein. Hieraus ergibt sich, dass Fohnsdorf zwischen 900 und 1000 gegründet
worden sein muss. Im Jahre 860 hat der Ort offensichtlich noch nicht bestanden[157].
Baravalle vermutet, dass die Burgstelle schon im 9. Jh. an den Salzburger Erzbischof kam[158].

Foirach:
Bei *Niklasdorf*, VB *Leoben*: Voiriach 1271, Foriaech 1353, Feuriach 1318.
Von aslow. *b(i)brjah(u) - „bei den Leuten im Bibergebiet". Vgl. aslow.* b(i)br(u) - „der Biber".
Die Entlehnung fand in ahd. Zeit statt und ergab zunächst die Lautung ahd. vib(u)riach; durch die
Zusammenziehung wurde -ib(u)- zu -iu- verändert.
Nach Baravalle befand sich am Steilabfall eines von der *Mugl* nach Norden ziehenden Rückens, etwas
oberhalb des Ortes, ein Wehrbau, dessen Lage noch heute durch den Riednamen „Burgleitenfeld"
bezeichnet ist[159]. Zu *Burg*- und -*leiten* siehe dort.

---

[153] Lukas, Familienchronik Diethardt, S. 33.
[154] ONK II, S. 30.
[155] ADN, S. 93.
[156] ONK I, S. 64.
[157] Brunner, Fohnsdorf, S. 36ff.
[158] BS, S. 219ff.
[159] BS, S. 372f.

Forchtenstein:
Burg oberhalb von *Neumarkt*, VB *Murau*: Vorthenstein 1202, vest Newmarkcht 2. H. 13. Jh.
Vorchtenstein1454.
Ein typischer Burgname: „Die Burg, die du fürchten sollst, auf dem Felsen". Nach L-H bedeutet ahd.
forhten „fürchten"[160]. Zu –*stein* siehe dort.
Nach Baravalle hieß die Burg vorher *Neumarkt*; 1224 scheint erstmals ein „Heinricus de Novo castro"
auf (die „alte Burg" stand in *Grazlupp*)[161].

Forst:
a) Bei *Mariahof*, VB *Murau*: am Varst 1461, am Vorst 1494.
b) Bei *Kobenz*. VB *Knittelfeld*: Vorst 1245, an dem Vorst 1259, gut der Forst 1457.
Unter **Forst** verstand man in älterer Zeit stets einen herrschaftlichen, gepflegten Hochwald, ein vom
König durch Bann geschütztes Gebiet, innerhalb dessen der Grundherr im Namen des Königs das
Bannrecht hatte und in dem die Bauern der Umgebung, inbes. des Forstherrn, zunächst Weide- und
Forstrechte genossen, wofür der Forstherr Hafergaben, die sog. Forst-oder Holzhafer, empfing.

Fötschach:
Dorf bei *St. Lorenzen bei Knittelfeld*: Voitschei 1292, Fetsch, Voetsch 1500.
Wenn wir die älteste urkundl. Form zu **Voitschach** korrigieren, so ergibt sich ein aslaw.
*bogat(u)ča(u) - „bei den Leuten des **Bogat(u)k(u)*, d. h., des kleinen, reichen Mannes".
Die Kontraktion der Lautgruppe -oga- zu mhd. -oi- liegt auch im ahd. vogat zu mhd. **voit** - „der
Vogt" vor. Da dieses **-oi-** eine seltene mhd. Lautgruppe darstellt, konnte es, etwas willkürlich, zu
mhd. **-ö-** verändert werden. L-H hält den ON ohne Zweifel für slaw., bezeichnet ihn aber in seiner
Deutung als unklar[162].
EA: Wenn man diesen Namen in der Fassung von 1500 nasal ausspricht, ergibt sich „föntsch(ax)",
eine Lautung, die an *Fentsch* erinnert.

Frauenburg:
Ortsteil der OG *Unzmarkt-Frauenburg* nördlich der *Mur* und Ruine des Sitzes des Otto bzw. des
Ulrich von *Liechtenstein*, VB *Judenburg*: Frowenburc 1248, castrum Frowenburch 1260, burg
Frauenburg 1304, Frawenburch 1316.
Ein typischer Burgname: „Die Burg der Frauen". Nach L-H bedeutet mhd. **vrouwe** „Herrin, Frau von
Stande"[163].
EA: Ein Name im Sinne des mittelalterlichen Minnedienstes. Nach Baravalle ist die Burg kaum vor
dem 13. Jh. entstanden[164].

+ Frauenstraße:
Frawenstrassen 1534, wahrscheinlich ein Stück der Weißkirchnerstraße im VB *Judenburg*, die als
Wallfahrtsweg nach *Maria Buch* führte.
Siehe *Frauenburg*.

Fresen:
KG Seebach, VB *Murau*: der Fresen 1360, an dem Fresen 1449, am Fresen ca. 1450.
Von einem substantivierten slaw. ***brez(i)n(u)** - „reich an Birken". Die Entlehnung ist nicht sicher zu
datieren, weil slaw. **-br-** wegen der folgenden **-r-** oder **-l-** oft noch im 14. und 15. Jh. zu mhd. **-fr-**
verändert werden konnte, wie z. B. im ON *Fressenberg*. Nach L-H durch Metathese aus urslaw.
*berza - „Birke" entstanden[165].

---

[160] StON, S. 180.
[161] BS, S. 473ff.
[162] StON, S. 34.
[163] StON, S. 180.
[164] BS, S. 252.
[165] StON, S. 36.

Fressenberg:
Nahe *St. Marein bei Knittelfeld.*
Als Berg: alpis Frezen 1147, mons pasqualis Vrezen 1202, mons Vroezen 1288.
Als Flur: Vresen 1288, die Fresen 1385.
Der ON bedeutet „Berg, wo viele Birken wachsen". Vgl. dazu die oft vorkommenden Bezeichnungen wie Birkach, Pirkach usw. Zur Etym. siehe *Fresen* und *-berg.*
EA: In diesem Gebiet steht das als „Geisterhaus" verrufene „Zodlhaus", die Ruine eines Bauernhauses, in dem es gespukt haben soll, sodass es verlassen wurde und verfiel.

Frojach:
Ortschaft im VB *Murau* westlich von *Teufenbach*: Froiach 1145, s. Andre in dem Froyachtal 1366, Freuach 1373, Froyach 2. H. 15. Jh. .
Vom aslaw. ***brodjah(u)** - „bei den Leuten an der Furt". Die Entlehnung ist wegen der Ersetzung des **-b-** vor folgendem **-r-** zu **-f-** nicht sicher datierbar.
Nach Baravalle wird ein Arnold von Frojach 1147 urkundlich erwähnt[166].

Furt:
(Furtner Teich) bei *Mariahof.* VB *Murau:* Furti 930, Fvrte 1294, Furt 1454, Furt bein weiern 1494.
Dt.: „An der Furt". Nach L-H von ahd. **furt**, mhd. **vurt** abzuleiten. Dieses Wort bezeichnet nicht nur einen Übergang über ein Gewässer, sondern auch einen Sattel[167].

Furth:
Teil der OG *St. Peter ob Judenburg*: am Furtt 1478.
Nach Baravalle wird Furth bereits in einer Urkunde vom 30. 3. 930 erwähnt, in welcher der Vollfreie Markwart vom Erzbischof von Salzburg auf Lebenszeit ein Gut zu Furth samt Zugehör erhält. Demnach muss zum Schutz der Furt (über die *Mur*, Verf.)ein Wehrbau nahe dem Übergang bestanden haben[168]. Zur Etym. siehe *Furt.*
EA: Die Schmiede beim Gasthaus Stocker spricht für einen autarken Edelsitz in diesem Bereich.

Gaal:
Fluss und Flur nördlich von *Knittelfeld.*
Als Fluss: fluvius Gewl 1218, fluvius Gaewel 1218, aqua Geula 1318, die Gaell 1349, Gael 1478.
Als Tal: Ga(e)ula 1274, Gevl 1281, Gaevl 1307, die Geul 1317, Gayla 2. H. 14. Jh.
Nach dem ältesten Archivverzeichnis des Bistums *Seckau:* Gaell 1349, Gal 1385.
Die urkundlichen Belege sind offenbar identisch mit 1174 . . . silua . . . Trigowle 1202, „Trigevl" ...
Wenn wir die beiden später unterschiedlichen Örtlichkeiten halten, so gelangen wir zu einer aslaw. Grundform ***trig(l)avlja** - „der Bach, der zum Triglav, zum Dreikopf gehört". Der Name Triglav weist auf einen dreiköpfigen Gipfel in den Julischen Alpen hin.
Der Abfall des anlautenden **tri-** in den modernen Formen erklärt sich aus der Entwicklung von mhd. **trigöule** (dies durch Pernassimilation, eine besondere Art der Sprachanpassung, aus **triglöule**) unter Abschwächung des vortonigen **-tri-** zu **-tr-** und **dr-**; die letzte Lautung kann als bestimmter Artikel missverstanden worden und deshalb abgetrennt worden sein, sodass sich schließlich mhd. **göule** und unser Wort *Ga(a)l* ergab. Der Wandel von mhd. **-öu** zu mdal. **-a-** entspricht den Lautgesetzen.
L-H führt silua Wazerberc siue Trigowle 1174, Trigevl 1202, die Triga(e)llm da die Ga(e)ll in die Vndring rinnet 1349, zu urslaw. **tri** – „drei" und slow. **glava**, urslaw. ***golva** – „Haupt, Kopf" an, was für den *Seckau*er Zinken als „Namensgeber" spricht[169].
EA: Eine solche Bezeichnung kann sehr gut auf den *Seckau*er Zinken angewendet werden, der zumindest „dreibuckelig" genannt werden muß. Kessler kennt ihn anscheinend nicht von dieser Seite aus (etwa *Gaal*er Höhe), denn er führt aus, dass im Bereich der *Gaal* eine solche Bergform nicht

---

[166] BS, S. 476.
[167] StON, S. 140f.
[168] BS, S. 254.
[169] StON, S. 91.

auffalle. Da aber **Triglav** der slaw. Wetter - und Sonnengott war, könnte man auch an diesen denken. Im Sommer geht die Sonne genau im hintersten *Gaal*graben unter.

Um die Mitte des Jahres 1990 wurden im Hintertal einige Schalensteine entdeckt.

Nicht unerwähnt darf bleiben, dass sich auf der *Taubenplan*, einem Höhenrücken zwischen Sandkogel und Ringkogel, eine Steinsetzung befindet. Steinblöcke sind so aufeinander gestellt, dass eine Art von „Visierluke" genau in Ost – West - Richtung gebildet wird (Begehung durch den Verf. zusammen mit Dr. Elfi Lukas im Sommer 2007). Zu -*plan* siehe *Steinplan*.

Nach E. Lukas dürfte sich der Stammsitz der Galler, als deren bedeutendster Vertreter der „Steirische Reimchronist" Ot(t)akar (Otacher) aus der Gaal (1265 - um 1320) zu nennen ist, im Bereiche des heutigen Anwesens vulgo Veitl befunden haben. Der Wehrbau soll im Jahr 1318 noch existiert haben; Otacher war der zweitälteste Sohn des Dietmar de Stretwich (*Strettweg*), dessen Nachfahren sich ab 1243 „Geuler", also Gaaler (Galler) nannten[170].

Gabelhofen (Gabelkhoven, Riegersdorf):
Schloss und Edelhof in der KG *Hetzendorf*, OG *Fohnsdorf*, VB *Judenburg*: Rukerstorff 1350, hoff zu Ruekerstarff 1423, Rieckersdorf 1542, ze Ruekerstorff pey der Pelssen 1445, hof zu Rukherstorff bey der Pelßen ob Henntzendorf 1490, Gablkhouen 1653, Gablkhoven 1711.
Etym.: Der alte Name des Schlosses gehört zum PN **Ruotker** oder **Ruodger**. germ. **hroth** - „Ruhm, Ehre", ahd. **ger** - „Speer"[171].
Die Anlage war ab 1696 im Besitz der Gabelkover und hat ihren heutigen Namen von diesem Geschlecht. Nach Baravalle war das Schloss bis in das 16. Jh. ein Bauernhof, der den *Liechtenstein*ern gehörte. Er lag am Rande des Ortes „Ruckersdorf bei der Pellsen, und stosst an an den Neydegker hof"[172].

Gaberl:
Der Name „Gaberl" für den Sattel, über den die *Reisstraße* vom *Mur*tal in den VB Voitsberg führt, soll vom Namen eines Hirten stammen, der „Gabriel" hieß und „Gaberl" gerufen wurde und dem besondere Heilkräfte für Mensch und Tier zugeschrieben wurden. Auch L-H geht von einer Koseform für „Gabriel" aus und meint, es handle sich um einen Besitzernamen[173]. Die Bezeichnung **Gabel** steht für „Weg-, Tal-, Gabelung"[174].
EA: Nördlich des Gaberls entspringen der Stüblergrabenbach und der Grabenbach. Zum Namen „Gaberl" glaube ich, dass es sich hier um die deutsche Form einer Geländebezeichnung handelt, die alpenromanisch „forca" lautet, also „Gabel". In der zweizinkigen Gabel ist die für einen Übergang zwischen zwei Höhen typische Geländeform zu erkennen.
Folgt man der alten Trasse des „Römerweges", so kann man immer wieder „Spurrillen" erkennen, die in den felsigen Boden eingeschlagen sind. An der Straße selbst liegen Gehöfte mit typischen Namen: Der vlg. Mautner und der vlg. Samer (Säumer); dazu gibt es noch die Riedbezeichnung „Tabor", die „Heerhaufen, Heerlager" bedeutet. Zu den „Radspuren" ist fest zu halten, dass diese - durchaus in „römischer Breite" - auch noch im Mittelalter eingeschlagen wurden. Es ist also nicht wissenschaftlich belegt, dass die erkennbaren Spurrillen aus der Römerzeit stammen[175].
„Tabor - Orte" gibt es an der *Gaberl*straße offenbar zwei - den „Mautner Tabor" und den „Lackner Tabor" jeweils im Nahbereich der betreffenden Gehöfte. Der Verf. selbst hat in einem trockenen Sommer im Bereich des „Mautner Tabor" Verfärbungen in der Wiese fotografiert, die auf Mauerzüge im Boden schließen lassen. „Taber, Tabor" bedeutet im Steirischen einen „Schutzbau um eine Kirche, der aus einer diese Kirche umschließenden Gebäudereihe besteht"[176].
Siehe *Reisstraße*.

---

[170] AEA, S. 68ff.
[171] KVB, S. 385.
[172] BS, S. 255f.
[173] StON, S. 143.
[174] Pohl, Die Bergnamen der Hohen Tauern, S. 23.
[175] AW, Tour 1 und 2.
[176] SWB, S. 219.

Gai:
Ort westlich von *Trofaiach*, VB *Leoben*: Gaydorf 1461.
Nach L-H von mhd. **göu** – „freies Land". Diese Bezeichnung ist noch heute in im Wort „Gau" erhalten[177].
EA: Der Ausdruck „Gai" wird in der Jägersprache für die Bezeichnung „Jagdrevier" verwendet. Handwerker, die außerhalb von Städten und Märkten wohnten, wurden „Gaihandwerker" genannt.

Gaishorn:
Ortschaft östlich von *Trieben* im VB *Leoben*: villa Gaizarn 1174 - „bei den Leuten, die Ziegen hüten". Nach L-H kommt das Wort von ahd. **geizâri** (Dativ/Lokativ Plural) - „Geißhirten"[178].

Galgen:
Das gemeingerm. Wort ahd. **galgo,** mhd. **galge** geht zurück auf idg. ***ĝhalg(h)** – „Rute, Stange, Pfahl". In der Rühzeit der Christianisierung der Germanen wurde „Galgen" auch als Bezeichnung für das Kreuz Christi gebraucht und in dieser Bedeutung erst durch das dem lat. **crux** entlehnte „Kreuz" allmählich ersetzt[179].

Galgenberg:
Westlich von *Leoben*: Purkhspergskogel 1424 und 1459, heute „Burgberg"[180]. Hier dürfte sich eine Burgstelle befinden, von der weder Name noch Besitzer bekannt sind. Vielleicht bestand hier schon eine vorgeschichtliche Siedlung. Siehe auch *Leber*(feld). Zu *Galgen* und *-berg* siehe dort.

Galgentratten:
Flur westlich von *Judenburg*. Hier handelt es sich um die Bezeichnung für einen Ort, an dem im Mittelalter Gerichtssitzungen unter freiem Himmel statt fanden[181]. Siehe *Galgen* und *Trattner*. Vgl. *Malstatt.*

Gamskogel:
Berg in den Niederen *Tauern*, 2000m/M.
Etym.: Mdald. Für „Gämse", ahd. **gamiza**, aus lat. **camox**[182].
Zu *-kogel* siehe dort. Die Gamskögel sind Felsspitzen südöstlich des Gamskogels.

Garges:
Bach und Weiler in der OG *Unzmarkt–Frauenburg*, VB *Judenburg*, mdal. „g'oagas".
Als Flur: garguest 1319, am Gargast 1418, am Gorgaz 1428, der Gargasperg 1428, am Gorgas1494. Kessler führt das Wort auf einen slaw. PN zurück, der mit einer Sage zusammenhinge, nämlich von aslaw. ***karogost(i)** - „der scheltende Gast". L-H leitet den ON von einem rein slaw. PN **Garigostъ** ab[183].
EA: Eine Sage zu diesem ON ist mir nicht bekannt. Da kelt. **gorg** „Würger" [184] und englisch **gorge** „enge Schlucht" bedeutet und darüber hinaus der Ortsteil *Garges* am nördlichen Ausgang einer Schlucht liegt, halte ich in Anbetracht des mdal. „goªgas" den ON für eine sehr alte Bezeichnung der erwähnten Engstelle (Schlucht). Dazu fügen sich noch lat. **gurges** - „Strudel, Schlund, Tiefe" und ahd. **kele** - „Hohlweg, Schlucht". Vgl. auch mdal. „Gurgel" für „Kehle", „gurgeln" für das Brausen, „Gurgeln" des Baches durch eine Schlucht; und den Bergnamen „Gargellen" in Vorarlberg.

---

[177] StON, S. 123.
[178] StON, S. 108.
[179] Duden Herkunftswörterbuch, S. 215.
[180] BS, S. 375.
[181] ONJ, S. 13.
[182] Pohl, Die Bergnamen der Hohen Tauern, S. 62.
[183] StON, S. 96.
[184] DKW I, S. 549.

Gaschbach:
Flur und Wildbach in der OG *Pusterwald*, VB *Judenburg*: im Gaerespach ca. 1310, der Geryzpach in dem Pusterwald 1371, im Garischbach 1459.
Nach Kessler kommt der ON vom ahd. **PN Garin** „der Bach des Garin". J. Tomaschek interpretiert diesen Namen als „Gischtbach", was gelegentlich auf den dort in den *Pusterwald*bach mündenden *Bach* zutrifft[185]. Im Steirischen bedeutet **Ga(t)sch** „schaumartiges Gerinnsel von gestockter Milch" oder „Wasser, mit Sand oder Erde vermischt"[186].
EA: Das Wort „Gischt" lautet mhd. **jest**, kann also kaum für die Beutung des ON herangezogen werden[187]; „Garin" könnte eine Form von **„Warin"** (Weremund) sein - „wehren" und „Schutz"[188]. Die Lautfolge -**schb**- lässt sich in gleicher Weise erklären wie beim ON *Kreischberg*.

Gasselsdorf:
Ortschaft nordwestlich von *Judenburg*. Gaselstorf 1299.
Der ON ist nach Kessler sicher von einem PN abzuleiten, sonst wäre der Genetiv mit -s- nicht möglich, jedoch läßt sich weder im Dt. noch im Slaw. ein entsprechender PN finden.
Bei Bahlow wird allerdings ein slaw. PN Gaczko (1328 Breslau), der auch **Gatz, Gatzke** lautete sowie ein dt. PN **Gade** (niederdt. - **a** - für urspr. -**o**-, **Gode** wie Godefrid, Hamburg 13. Jhd.) erwähnt[189]. L-H geht von einer Siedlung an wohl besonders wichtigen Verbindungswegen aus (mhd. **gazze**)[190].
EA: Die Anlage des Dorfes selbst lässt nicht den Schluss darauf zu, dass es entlang einer „Gasse" (siehe *Gassen*) errichtet worden wäre. Jedoch verläuft am Ostrand des *Falkenberg*es ein Weg, der in fast gerader Linie die Orte *Strettweg*, *Waltersdorf* und *Ritzersdorf* verbindet. Nördlich von Gasselsdorf, das etwas westlich der heutigen Straßentrasse liegt, quert bei *Passhammer* der Weg den *Pöls*fluss. Wie bei *Gaschbach* lässt der ON auch an den dt. **PN Garin** denken, dessen Koseform **Gazzo, Gazzilo** gelautet haben könnte.

Gassen:
Mehrmals als Weg - und Flurname im steirischen Obermurgebiet und in Kärnten anzutreffen, und zwar meist als „an der Gazzen". Die Grundbedeutung von mhd. **gazze** ist eigentlich „Weg zwischen zwei Zäunen".
Z. B.: Gassen, *Bretstein*gassen, *Gassen*hube (das ehemalige Gasthaus Ferner in *Murau*).

Gausendorf:
Bei *Leoben*: Guzendorf 1147, Guzindorf 1155, Gawsendorf 1394, Gawtzendorf 1434, Gausendorf 1440.
Sitz des Freien **Gotto** (Kurzform zu Gottfried) von *Leoben*. L-H nennt dazu den PN **Gûso**[191].

Gefler:
Gehöft in der *Glein* (Haus Nr. 5) OG *Rachau*, VB *Knittelfeld*.
Der Name gehört etym. vermutlich zu mhd. **gevelle** und bezeichnet eine Lage an einem abschüssigen Hang[192].

(+ albm gen. das) Gefuerb:
Östlich der Ruine *Steinschloss* im VB *Murau*, erstmals erwähnt im Jahre 1464, Gefuerb 1467.
Der ON kommt von einer substantivischen Bildung zum mhd. Zeitwort **vürben** - „reinigen, säubern, putzen", also der „von Sträuchern und Unterholz gereinigte *Alm*boden, die ausgeschlagene *Alm*".

---

185 Tomaschek, Pusterwald, S. 35.
186 SWB, S.71.
187 Duden Herkunftswörterbuch, S. 243.
188 KVB, S. 279, 416, 418.
189 DNL, S.156.
190 StON, S. 123.
191 StON, S. 115.
192 Ra. S. 327.

(die) Gegend:
Bei St. Veit in der Gegend, VB *Murau*: in der Gegent 1395, 1488.
Von mhd. **gegenote, gegende, gegent** - „die Gegend". Dieses Appellativum erscheint im
Obersteirischen mehrmals und kennzeichnet meist einen lieblichen, fruchtbaren Landstrich.
Vgl. auch *Feld*.

(+ im) Gehag:
Ehemalige Judensiedlung (bis 1496) im nordöstlichen Teil von *Judenburg*: in dem Gehag 1375, in
dem Gehaeg 1435, im Ghag 1474, das Ghah 1515, Khach 1524, im Ghach 1600, im Judengassl oder
Gehaag 1660.
Mhd. **gehage** - „Einfriedung" stellt eine Verstärkung von **hag** (umzäuntes Grundstück) dar. Die
Wurzel **kagh** bedeutet ursprünglich „(ein)fassen"[193]. Das Wort wird heute noch in den Begriffen
„hegen", Wild(ge)hege, Hagestolz" gebraucht.

Geißrücken:
Höhenzug südwestlich von *St. Peter ob Judenburg*: von dem Gaizzrukk 1277, Gasrucken 1894.
Zu mhd. **geiz(z)** - „Geiß, Ziege; der Berg, auf dem Ziegen weiden". L-H geht hier von einer
Ähnlichkeit des Geländes mit einem Ziegenrücken aus[194].

+ (im) Gern:
Flur bei *Rothenthurm*, OG *St. Peter ob Judenburg*: im Gern 1465.
Mhd. **ger, gêre** - „keilförmiges Stück"; ehemals häufige Bezeichnung für keilförmig zugespitzte,
langgestreckte Grundstücke; möglicherweise aber auch von mhd. **gern** - „Jagdfalke"[195].

G(e)sengachwald:
Gebiet bei *St. Georgen ob Judenburg*.
Mdal. „gsengax". Späte Kollektivbildung zu mhd. **sengen** - „ansengen, anbrennen", also „der durch
Brandrodung entfernte Wald". Vgl. *Assinger*.

+ Geysslitzerguet:
Abgekommenes Gehöft in der OG *Rachau*, VB *Knittelfeld*.
E. Lukas erwähnt dazu die Ansicht einiger Etymologen, wonach **ges-, geis-, geys-, goess-** Wörter
altirischen Ursprungs seien, die ein Tabu, ein ungeschriebenes Gesetz ausdrückten. Es habe sich meist
um in einem romantischen Talwinkel gelegene Kultorte gehandelt. Stift *Göss* z. B. sei „in schauriger
Einsamkeit auf einem von Wasser umflossenen Geländesporn" errichtet worden[196]. Obermüller setzt
die Wurzel „geis" zu kelt. **gais** - „Bach".Vgl. *Giesshübel*[197].

Gföllgraben:
Graben in der OG *Oberzeiring*, VB *Judenburg*: im Geuell 1367, im Gefell 1417.
Von mhd. **gevelle** - „Absturz, Sturz". Bezeichnet entweder ein abschüssiges, tiefes Tal, eine von
Wasserfällen durchbrauste Schlucht oder den steilabfallenden, oft felsendurchsetzten Hang eines
Berges. Diese Wortwurzel zeigt sich auch in den Gehöftnamen *Gefler* und *Gföller*.

Gföller:
Gehöft in der OG Groß*lobming*, VB *Knittelfeld*[198]: am Gefell in der Lobming 1426.
Zur Etym. siehe *Gföllgraben*.

---

[193] ONJ, S. 13.
[194] StON, S. 161.
[195] ONJ, S. 13; StGN, S. 45.
[196] Ra. S. 327.
[197] DKW, S. 121.
[198] AW, S. 26.

Giesshübel:
Gehöft in *Bretstein*, VB *Judenburg:* am Giessübel in Pretstain 1432, gut gen. Gissubl im Thawrn 1493.
Kessler sieht nach Wallner in dieser uralten Bezeichnung den Namen für einen Aussichtsberg.
Bahlow verweist zum Wortteil **gis** auf ein „Wasserwort"[199], eine andere Quelle auf mhd. **gieze**
„fließendes Wasser, schmaler und tiefer Flussarm, Bach"[200]. Obermüller leitet „Gieselwerden" (Ort an der Weser) und „Giessen" von kelt. **gais, gaisin** – „Bach" ab[201]. L-H nennt zwei Wurzeln für den ON - entweder mhd.***gizzübel** - „gerundete Kuppe, Hügel" oder mhd.***gizan** - „gießen" für einen Ort, der zeitweise überflutet wird[202].

Gietersberg:
Siehe *Dietersberg.*

Gimplach:
Dorf nahe *Leoben:* Mdal. „geampla, gimplox".Gomplach 1155, Gomplarn 1175, Guenplach 1371, Gomplach 1372, Guemplach 1456.
Eine ahd.Entlehnung aus aslow. ***kom(l)jah(u)** - „bei den Leuten im Brombeergesträuch" (vgl. aslaw. ***kompina**, slaw. **kopina** - „Brombeergesträuch"). Der Name ist offenbar im 11. Jh. eingedeutscht worden. L-H stellt den ON zu slow, **goba** - „Schwamm, Pilz"[203]. Nach einer anderen Deutung hängt der ON mit dem aslaw. ***gọgbl´ach**, slaw. ***gọgba** – „Maul, Mündung" oder mit slaw. ***gomil´achъ** zu slaw. ***gomila** – „Hügel", entstanden aus ***mogyla** mit p-Einschub, zusammen[204].
EA: In *Götzendorf,* OG Ober*kurzheim,* gibt es einen **Gimpel**bach.

Gindisch-
-bach, -sattel, -joch, -alm zwischen *Seckauer Zinken* und *Gaal*, VB *Knittelfeld:* Gunthartestorf in ualle Undrima ca. 1055, Guntheresdorf 1298.
Die ältesten urkundlichen Formen weisen auf den ahd. PN **Gunthart** („Kämpfer im Heer"). Dazu ist eine Koseform **Gunti** (Gen. **Guntines-**) gebildet worden - „Berg, Bach, Sattel, die Alm des Gunti".

Glanz -, Glanzer - Namen:
Name mehrerer Gehöfte und Ortschaften bei *Peterdorf*-Althofen und *St. Peter am Kammersberg* sowie eines Hügels bei Nieder*wölz*, alle VB *Murau:*
Als Hügel und Flur bei *Niederwölz:* an dem Glantz 1316 und 1338, in dem Glanz 1345, im Glancz 1434.
Die meistens verwendete urkundliche Schreibung lautet „in dem(r) Glancz".
Etym.:Von slaw. **klanec** - „der steile Hohlweg". Das slaw. Wort ist begrifflich mit dem dt. **gasteig,** mhd. **gesteige,** (ahd. **gahsteige**) identisch. Die Entlehnung erfolgte vor 1050, weil das aslaw. -i- (kla̲nica) eine Tonverlegung auf die erste Silbe bewirkte (a: ae, mdal. „a, au").

Glarsdorf:
Bei *Leoben:* mansum ad Gladisdorf um 1130, Gladisdorf ca. 1080, Cladistorf 1187, Gladistorf mansum 13. Jh. Glarsdorf 1. H. 14. Jh. Glasdorf ca. 1500.
Nach Kessler gewiss auf einen slaw. PN zurück zu führen, der zum slaw. Stamm **glad** - „glatt" gehören dürfte. Bahlow erwähnt einen obd. PN **Glatt(e)**, der „Glatthaar" bedeutet.[205], L-H leitet den ON vom slaw. PN **Gladъ** ab[206].
EA: Im Slow. bedeuten **glad** „Hunger", **gladek** „glatt, einfach" und **gladež** „Hauhechel, Stachelkraut".

---

[199] DNL, S. 172.
[200] Duden Familiennamen, S.273.
[201] DKW I, S. 536.
[202] StON, S. 198.
[203] StON, S. 171.
[204] ADN, S. 413.
[205] DNL, S. 174.
[206] StON, S. 90.

Glaslbremse:

Rotte bei Vordernberg, VB *Leoben*.

Um den Pferden die Steigungen des *Präbichl* zu ersparen, wurde früher das Erz auf eigenen Erzrutschen zu Tal gebracht. An diesem Ort bremste man die Säcke ab und transportierte sie weiter nach Vordernberg. Einer der Arbeiter hieß mit dem Vornamen **Nikolaus**, mdal. „Glas, Klas". Die Liquida geht auf eine Verkleinungsbildung „Glaserl, Kla(u)serl" zurück.

Glasner:

Gehöft in *Götzendorf*, OG Ober*kurzheim*, VB *Judenburg*: An der Glasen 1425. Die mdal. Aussprache „kxlóasna" weist eindeutig auf das bair. - mhd. **klôse** - „Klause, Talsperre". Nach M. Schiestl auch ein abgekommenes Gehöft im *Möschitzgraben*, OG *St. Peter ob Judenburg*: an der Glasen in der Muschniczen bey s. Peter ob Judenburg 1425, Glaeßner 1758, Glasner 1893[207].

Glein:

Flur, Bach und OG nahe *St. Margarethen bei Knittelfeld*: Cliene 1140, Glin 1150, Cline 2. H. 12. Jh. Clyn 1225, Cleyn 1267, die Klein 1333, vallis sub alpibus dictis Glein 1398, doerffel in der Glein 1398.

Nach Kessler von slaw. ***glina*** - „Töpfererde, Lehm".

Interessant ist die dt. gleichlautende Übersetzungsform von 1310: die Laymgrvwe der Clein.

E. Lukas führt noch die idg. Wurzel **gl(i)** - „schleimig, klebrig" an. **Glanna** habe bei den Kelten auch „Flussufer, Grenze, Mark, Rand" bedeutet, **gleivo** „glänzend". Der Gleinalmzug sei immer schon eine Grenze gewesen, zwischen Grundherrschaften wie zwischen dem karantanischen und dem pannonischen Teilgebiet. Weiters wird noch eine Ableitung von slaw. **klein** in der Bedeutung „Keil" (bezogen auf ein Landstück) zitiert[208].

Baravalle vermutet einen Wehrhof am Austritt des *Glein*tales in das *Mur*tal beim Gehöft vlg. *Glein*mayer. Im 12. Jh. wird mit Walt de Glin, Adelbrecht und ein Huch (Hugo) de Glin ein vollfreies Rittergeschlecht erwähnt[209]. Siehe auch *Enzersdorf*.

Gleinberg:

Höhenrücken östlich von *St. Margarethen bei Knittelfeld*: Sirning 1358, perg der sirning 1387, Seyering genannt der Gleynperg 1472.

Etym.: Slaw. ***zirnik(u)*** - „Berg der Eichelmast". Siehe *Glein*. Vgl. *Sieding, Si(e)rning, + Zirknitz(bach)*.

EA: Das Gehöft am Nordwestabfall des heutigen Kalvarienberges im Bereiche des Zuganges zur Kapelle trägt den Vulgonamen „*Eichhübler*", mdal. „oachhiebler".

+ Glogthurn:

Abgekommene Burganlage im VB *Murau*, nach Baravalle auch „Hof Gregelburg" genannt, lag bei der Kirche St. Lorenzen im *Katsch*tal am Ostabfall der Stolzalpe, VB *Murau*. Nach der Überlieferung soll fünf Minuten westlich der Kirche ein Schloss gestanden sein, das erstürmt und zerstört wurde. Der Josephinische Kataster weist hier eine „Burgweide" und „Burgwiese" und einen „Glogthurnwald" aus, der anschließende Teil der OG *Katsch* heisst „Goglburg". 1469 wird die „Kol- oder Goglburg" erwähnt. Vielleicht ist diese Burg während der Baumkirchnerfehde zerstört worden[210]. Eine Etym. für diesen ON ist nicht bekannt, jedoch lässt sich der erste Teil des Namens von aslaw. ***klokošь***, slaw. ***klok*** zu ***klokati*** - sprudeln stellen[211]. Vgl. *Chol*-.

Gobernitz:

Teil der OG *Knittelfeld* und *St. Margarethen*, VB *Knittelfeld*: Gouerniz 1080, Goberniz 1208, die Gobernitz 1401.

---

[207] ONJ, S. 13.

[208] Ra. S. 327, u. a. nach Benno Roth, Seckau-Geschichte und Kultur, S. 24, und Kessler.

[209] BS, S. 292.

[210] BS, S. 477.

[211] ADN, S. 420.

42

Von aslaw. ***k(r)opr(u)** - „Dillkraut", ***kopr(i)nica.** - „die Gegend, wo Dill wächst". Wegen des Aussprachewandels von **p** zu **b** ist die Entlehnung sicher vor dem Jahr 1000 anzunehmen, wegen des Wandels von **g** zu **k** vielleicht auch schon vor 800.
L-H führt den ON auf die slawische Bezeichnung der Hain- oder Weißbuche (Carpinus betulus) zurück: **gaber**[212]. Das ADN deutet den ON gleich, führt ihn aber über ***gabrьnica** zu slaw. ***gabrъ**[213]. W. Brunner erwähnt ein abgekommenes Gehöft in der *Schütt*, OG *St. Georgen ob Judenburg*, mit dem Namen „Gobernigl" (1658). Diesen ON leitet er von slaw. **koprivu** - „die (Brenn)nessel" ab[214]. Kranzmayer hingegen führt den Kärntner ON „Gobertal" auf slaw. ***koperni dol** - „das Tal, wo viel Dillenkrautwächst" (slow. **koper**) zurück[215].

Godritzberg:
Bei *Predlitz*, VB *Murau*: Gadritzberg, Godritzperg ca. 1450, Godritzberg 2. H. 15. Jhd..
Mdal. „In da goudritsn".
Etym.: Vielleicht vom slaw. ***godrica, *godrinica.** (vgl. slow. **godrnjati** - „brummen, murren"),
EA: Der ON bedeutet also „dumpftosender Bach".

+ Goggendorf:
Alter Name von *St. Stefan ob Leoben*. Etym. siehe dort.

Goldlacke:
Kleiner See westlich des *Seckauer Zinkens*, VB *Knittelfeld*.
Nach einer Sage haben gutmütige Zwerge Gold in unerschöpflicher Menge aus dem See geholt, bis infolge menschlicher Unersättlichkeit Zwerge und Gold aus dem See verschwanden. Später soll ein Goldbergbau betrieben worden sein; jedoch war das Erz giftig - wohl arsenhaltig - sodass die Goldsucher starben und der Bergbau unterging[216]. Zu -*lacke* siehe dort.
Nach anderer deutung soll der See seinen Namen von dem goldenen Glanz haben, der sich im Sonnenschein auf dem Seeboden zeigt.
EA: Als ich vor vielen Jahren den Ort aufgesucht habe, waren noch schwach ausgeprägte Pingen erkennbar. Die Lacke selbst ist mittlerweile ausgetrocknet.

+ Goldwascher:
Gehöft südöstlich von *St. Lorenzen/Knittelfeld* nächst dem Gehöft *Birker*. Mdal. „da guldwoscha in goutspox".
Von ahd. gold, mhd. **golt** - „Gold" + **stat(e)** – „Ort, Lage" - „die Stätte, wo Gold gewaschen (gefunden) wird".
Einstmals wurde aus dem kleinen, zur Mur fließenden Bach tatsächlich Gold gewaschen.
EA: Das Gehöft ist angeblich mittlerweile abgekommen, jedoch heißt der hintere Teil des *Gottsbach*es heute „Goldwascherbach".

+ Göltlhof:
Abgekommener Hof südlich von *Judenburg* in der OG *Oberweg*: ain hof, genant der Goldlhof 1461, Goeltelhoff 1542, Goldlhoff 1566, das Pranckher Gschlössl am Goltlhoff 1596, der burger holz beim Göltlhof 1644, bey dem Göltlhoff 1720, Göttelhof 1843, Geltlhof 1894.
Etym.: Nach dem *Judenburg*er Bürger Hanns der Göldel, der im 14. Jh. an der Vermünzung des *Judenburg*er Goldguldens beteiligt war. Das Haus wurde im Jahr 1971 abgetragen[217].

---

[212] StON, S. 93.
[213] ADN, S. 423.
[214] Brunner, St. Georgen ob Judenburg, S. 31.
[215] ONK II, S. 84.
[216] Brauner (Hg.), Steirische Heimathefte, Heft 5, Graz 1950, S. 116.
[217] ONJ, S. 14.

Gopitz:
Wald, Bach und Gegend bei *Weißkirchen* bzw. *Eppenstein*, VB *Judenburg*: am Gopanz 1422.
Verhältnismäßig junge Entlehnung aus slaw. *kopnec als Ableitung zu *kopno mit 2 Bedeutungen,
die beide sachlich möglich wären: Entweder „schneelos, aper" oder „bebautes, gerodetes Land".

Goppelsbach:
Schloss nahe *Stadl an der Mur*, VB *Murau*: am Gopelbach 1445[218].
Etym.: Vom mhd. PN **Gotbald** -"Gott" oder "gut, kühn". Nach Baravalle begann Wilhelm von
*Moos*heim 1530 mit dem Bau[219].

Göss:
Kloster und heute Ortsteil der OG *Leoben*: uilla Costica. 904, locus Gossia 1020, Gossa 1070, Goes,
Gusse 1258, Goss 1296, Goess, Goezz 1349.
Für eine Deutung liegen drei Etyma vor, die alle philologisch möglich wären:
Aslaw. *kosćića. - „die Knochengegend, Schädelstätte" (vgl. slow. kosćica. - „Knöchelchen",
aslaw. *goscica. - „die gastfreundliche Gegend, Herbergsstätte" vom aslaw. *gost - „Gast",
aslaw. *gvozdíca. - „die waldige Gegend", zu aslaw. *gvozdi - „der Wald".
In allen drei Fällen wäre über frühahd. *göstiza durch Mittelsilbenschwund zwischen Konsonanten
gleicher Artikulation im 11. Jh. **Gössa** (1020 Gossia) und schließlich **Göss** entstanden.
Die Eindeutschung ist nach Ausweis der ältesten urkundlichen Belege gewiß vor 900 erfolgt, jedoch
nicht vor 800. Bei einer frühslaw. Vorlage wäre das aslaw. -o- als deutscher Ersatzlaut -a-
wiedergegeben worden.
L-H stellt den ON zu der Kurzform eines slaw. PN wie *Gostirad[220]. Eine andere Deutung führt den
ON auf slaw. *koza – „Ziege" oder slaw.*koša – „Bergmahd" zurück[221].
Nach Baravalle lag in der Nähe des Stiftes vermutlich ein Wehrbau, der bei der Erweiterung des
Klosters in den Klostergebäuden aufgegangen ist. 904 erhielt Arbo, der Sohn des Markgrafen
Ot(t)acher, neben anderen Besitzungen bei *Leoben* von König Ludwig auch Güter im Orte „Costiza".
Vermutlich hatten er oder seine Dienstmannen hier einen kleinen befestigten Hof errichtet. 1020 ist
die Gründung des Stiftes *Göss* von Adala, der Witwe Aribos, begonnen worden[222].

Gotschidl:
Siehe *Kotschidl*.

Gottsbach:
Bach und Tal zwischen *St. Margarethen* und *St. Lorenzen bei Knittelfeld*: Gotsbach 1141, Gotespach
1175, Gozpach 1302, Gotspach 1470.
Vgl. **Gotstalalpe**. Da beide Orte im alten Besitzbereich des Klosters *Seckau* liegen, scheint Kessler die
Benennung religiös fundiert; mhd. **got** - „Gott".
Nach Kranzmayer kann der Name „Gottesbichl" (Kärnten) von ahd. **Gunzo** - „der kleine Gunther"
abgeleitet werden. **Gund-hari** bedeutet „Kämpfer im Heer". Wilhelm Obermüller zufolge könnte der
ON von kelt. **coed** - „Wald" stammen[223]. Das ADN führt den Namen auf –*bach* in Verbindung mit
dem dt. PN **Got** - „Gott" oder „gut" zurück[224].
Baravalle vermutet einen Edelhof „Gozspach" im *Aichfeld*. 1302 ist Ortel der Gozspach Zeuge einer
Rechtshandlung[225].
EA: Die Frage, ob sich ein Wort wie **cot** oder **coed** so lange und trotz römischer, slaw., vielleicht aw.
und schließlich bair. Besiedelung erhalten kann, muss offen bleiben.

---

[218] StGN, S. 56.
[219] BS, S. 478.
[220] StON, S. 58.
[221] ADN, S.428f.
[222] BS, S. 375.
[223] DKW I, S. 533
[224] ADN, S. 431.
[225] BS, S. 256.

Göttschach:

Siedlung östlich von *Fohnsdorf*, VB *Judenburg*: Goetschach 1260, Gortschach, Gorschah 1285, Gortschach 1295, Goertschach 1432, Gotschach ob Knuetlfeld 1488.
Vom aslaw. ***goričah(u)*** - „bei den Leuten auf dem kleinen Berg, Hügel, bei den Bichlern". Aufgrund des -tsch- Lautes darf angenommen werden, dass die Eindeutschung erst im 11. Jh. erfolgt ist.
Bestimmt aber ging die Entlehnung vor 1100 vor sich, weil die Betonung auf die erste Silbe verlegt wurde. Damit liegt eine genaue Datierung vor. Die heutige Aussprache ohne -r- beruht wohl auf Dissimilation aus einem lautgesetzlich zu erwartenden „geišttšach".
Nach Baravalle hatten die Gortschacher, Dienstmannen der *Stuben*berger, ihren Edelhof an diesem Ort. Sie scheinen urkundlich zwischen 1330 und 1353 auf[226].
EA: Der heute „Lambrechtbichl" genannte Hügel nordwestlich der Ortschaft *Rattenberg* könnte jener Bichl sein, der dem Ort seinen Namen gegeben hat.

Götzendorf:

Ortschaft nördlich von *Pöls* in der OG Ober*kurzheim*, VB *Judenburg*: uilla Gezindorf ca. 1080, Gecindorf ca. 1150, Gezendorf ca. 1180, Gezzendorf 1321, Goczen 1323, Getzendorf 1. H. 14. Jh.
Vom ahd. PN **Gezi** - „Dorf des kleinen Gebhard". Der Name bedeutet nach Bahlow „gebefreudig, freigebig"[227]. L-H legt dem ON den ahd. PN **Gôzî** zu Grunde[228].
EA: Dieser PN könnte eine Kurzform zu Got(t)hart, Go(t)fried usw. bilden.
Baravalle vermutet beim Ort einen Wehrbau, der auch „Puchelhof" genannt wurde[229].
Vgl. + *Werfenstain*.

Graberg:

Volkstümlicher Name des *Burgstalles*, 800 m/M, südöstlich des Anwesens vlg. *Guggamoar*, VB *Knittelfeld* (pers. Mitteilung von stud. phil. Nicole Sommer, Graz).
EA: In der Silbe „Gra" könnte ein verschliffenes slaw. **grad** - „Burg" enthalten sein.

Grabmaier:

Gehöft in der KG *Rachau*, VB *Knittelfeld*. Der Name wird etym. zu ahd. **grabo** - „Graben" gestellt und könnte auf eine alte, benachbarte Wehranlage hinweisen[230].

Graden:

Gegend und Bach in der KG *Gaal*, VB *Knittelfeld*: fluvius Gradna 1173, Grada 1270, die Graden in Gael 1379, die Graden enhalb der Vndrynn 1409. Mdal. „grod´n".
Von slaw. **gradna** - „die Gegend beim Schloss, bei der Burg". Die Entlehnung ist wohl erst im 11. Jh. erfolgt, weil die aslw. Lautung des fem. Adjektivs **grad(i)na** und ihr ahd. Reflex **graednia** mit Umlaut nicht aus der mdal. Form zu entnehmen ist. Mdal. „Grod´n" hat keinen Umlaut.
EA: Interessant ist die dt. Entsprechung „Burgstaller", der Vulgoname eines Gehöftes in der *Graden*. Siehe dazu die Anmerkungen unter *Puchschachen*.
Baravalle erwähnt, dass 1860 der Besitzer des Anwesens vlg. *Burgstaller* beim Neubau des Stadels starke Mauern, wohl vom alten Maierhof, vorfand. Er nimmt an, dass hier der Stammsitz der Gradener gelegen war, eines Geschlechtes, das schon im 13. Jh. im Kainachtal saß und vielleicht den Wehrbau in der *Graden* bei Seckau an die Galler verkaufte (siehe dazu *Gaal*)[231].

Grafenberg:

Berg in der OG *Rachau* südwestlich des Ortes *Rachau* zwischen *Racha*ugraben und *Rößler*graben, VB *Knittelfeld*.

---

[226] BS, S. 256.
[227] DNL, S.161.
[228] StON, S. 116.
[229] BS, S. 256.
[230] Flucher, Burgställe, S. 15f.
[231] BS, S. 292.

45

Nach E. Lukas deutet eine Herleitung aus dem Keltischen auf **cra - vas** - „Stall" hin; die im Kataster aufscheinende Unterscheidung zwischen „Unterbergen" und „Oberbergen" spräche auch für „Grabenberg". Belegt ist der ON seit 1348[232]. L-H leitet einen ON „Grafendorf" südöstlich von Stainz von ahd. **grâvo** - „Graf" ab[233]. Dieses Adelsprädikat war früher eine Amtsbezeichnung: Mittellat. **graphio**, das auf den byzantinischen Hoftitel **grapheús** – „Schreiber" zurückgeht, bezeichnete in frühmerowingischer Zeit (6./7. Jhd.) einen Polizei- und Vollstreckungsbeamten, später einen Bamten mit administrativen und richterlichen Befugnissen. Aus dieser Bezeichnung entwickelten sich sehr wahrscheinlich die westgerm. Wörter ahd. **grâfio**, mhd. **grâvo**, nhd. **Graf**[234].

+ (die) Gramadell:
Bei *Schöder*, VB *Murau*, 1427 erwähnt.
Zur Etym. siehe + *im Gramatlach*.

+ (im) Gramatlach
Nordöstlich von *Kraubath*, VB *Leoben*, ca.1500 erwähnt.
Mdal „gromatn" ist nicht nur der Holzstoß (Scheiterhaufen) im Backofen, sondern auch der Glutstock im Erzschmelzofen, der durch das abwechselnde Aufeinanderlegen von Brennmaterial und Erz entstand. Das Lehnwort geht auf slaw. *gromada zurück. *Gramadell* stellt eine Diminuitivbildung dar, *Gramatlach* eine Kollektivbildung zu dieser Verkleinerungsform.
EA: Im Steirischen bezeichnet der Ausdruck **Gramatel** eine Erzröststätte für eine alte Art des Erzröstens[235]. Der Umstand, dass an diesem Ort Erz verhüttet wurde, gibt der Vermutung Auftrieb, dass auf der nahen, westlich gelegenen *Gulsen* und weiter westlich auf dem *Ramberg* Erz abgebaut wurde. Auf dem *Ramberg* habe ich Stücke von Spateisenstein und kupferhaltigem Gestein gesehen. An seinem südwestlichen Abhang weist der Berg Anzeichen von Bergbau auf. Stolleneingänge wurden anscheinend erst gegen Ende des 20. Jh. endgültig zugeschüttet.

(die) Granitzen:
Flur und Bach in der OG *Obdach*, VB *Judenburg*: Chrenize ca. 1160, Chraednicz 1184, Gradniz ca. 1190.
Vom slaw. **gradnica**. - „die Gegend, der Bach (an) der Burg". M. Schiestl führt zur Deutung noch slaw. **granica** - „Grenze, Grenzbach" an[236]. Zur Etym. siehe *Graden*.
EA: Welche Burg gemeint ist, wäre noch zu prüfen, da Eppenstein vor dem Jahr 1000 gegründet worden sein dürfte und auch in *Obdach* auf der Anhöhe südlich der Pfarrkirche eine Burg gestanden sein soll. Im Herbst 2007 fand eine Begehung einer Anlage oberhalb der Ruine *Eppenstein* statt, wobei sich Anhaltspunkte für eine vermutlich ältere Burganlage fanden – vgl. *Eppenstein*. Schließlich sollte auch nicht übersehen werden, dass der ON *Warbach* - das Gewässer mündet in die *Granitzen* - sich von **Wartbach** herleitet. Vielleicht stand die namengebende Anlage nordwestlich von *Obdach*.

Grasser:
Gehöft in der *Winterleiten* südlich von *Obdach*, VB *Judenburg*: im grass 1424; mhd. **graz(z)** - „junge Zweige von Nadelholz". Als „Grass"werden auch Fichten- und Tannennadeln bzw. das Reisig dieser Bäume als Einstreu in Stallungen bezeichnet.

Grassegger:
Gehöft in der OG *Rachau*, VB *Knittelfeld*.
Der ON ist noch heute als Flurname südlich des *Thalberges* als **Großeck** erhalten.
Nach E. Lukas 1174 erwähnt als „... vom Mitterberge bis zum Berg Grasekke ...", 1483 als „das Grasegk am perg ob Lontschach". Als *-egg*-Name könnte dieser auf eine alte Wehranlage zurückzuführen sein[237]. Eine sprachliche Verbindung mit *Grasser* ist nicht auszuschließen.

---

[232] Ra. S. 328, nach Kessler.
[233] StON, S. 128.
[234] Duden Herkunftswörterbuch, S. 250.
[235] SWB, S.85.
[236] ONJ, S. 14.

Das ADN leitet die obige Erwähnung („... a Mittherberge usque per montem Grasekke descendendo sicut aqua descendit pluuialis in fluvium Vaeustriz... " aus dem Jahr 1174 auf ahd. **egga** – „Geländevorsprung, Eck" und ahd. **gras** „Gras(fläche), Wiese" zurück[238].

Gras(s)lupp/Grazlupp:
Landschaft bei *Mariahof,* VB *Murau:* Crazulpa, Crazluppa 890, Grazluppa 927, Grazlub 1103, 1140, Graslup 1227, Grazlab 1287, der Turmhold daselbst: castrum Grazlup 1265, turris 1266, der turn 1347.
Nach Kranzmayer vom spätlangobardischen **grassa(h)lauffia** über aslaw. ***gras(u)lup(l)je** und frühslow. ***grasulaupja** - „wilde Bachschnelle" [239].
Nach Baravalle lag in diesem Ort westlich von *Neumarkt* im 9./10. Jh. der Verwaltungsmittelpunkt der *Neumark*ter Senke. Hier stand ein mit einem adeligen Hof verbundener Turm, nach dem der ganze Bezirk seinen Namen erhalten hat. Der größte Teil der Besitzungen gehörte den *Eppenstein*ern. Im Jahr 1066 erwarben Markwart, Sohn Herzog Adalberts von Kärnten, und seine Frau Liutpirc sowie ihre Kinder vom Erzbischof von Salzburg Pfarrrechte für ihre Kirche „ad Grazluppa". Reste des Turmes bestanden noch 1750, sie wurden 1820 abgetragen[240].

+ (mons) Grauenwart:
Bei Obdach, VB *Judenburg,* vermutet, im Jahre 1207 erwähnt.
Wohl ein Burgname - „die Warte des Grafen". Zu Graf siehe *Grafenberg.*
EA: Vgl. *Granitzen* und *Burgstall.* Es könnte sich um die Burganlage beim vlg. *Taxwirt* an der Grenze zu Kärnten handeln - oder um den in *Warbach* vermuteten *Burgstall.* Immerhin lautet der Vulgarname des Gehöftes nahe dem Anwesen vlg. *Taxwirt* „*Stein*er", im Volksmund „Katzensteiner".

+ Graviacae:
Antiker Name von *Stadl an der Mur.*
Das Anhängsel **-acum, -aca-** weist auf keltische Namensgebung hin. Kelt. ***grava** - „grober Sand, Kies". Vgl. idg. ***ger(e)no** - „reiben; Zerriebenes, Kleingemahlenes" (cymr. **grawn** - „Kern, Korn").
EA: Tatsächlich bringt dort die *Paal* ständig Geschiebe in die *Mur* ein. Meines Wissens wurde die Poststation oder die Siedlung noch nicht gefunden.

Grebenzen:
Berg bei *St. Lambrecht,* VB *Murau:* die alwen Grabenzen ca. 1400, die Grebenzc 1465, die Grabenzen 1494.
Von slaw. **kravenica** - der „Kuhberg".
EA: Noch heute schließt gegen Westen die „Kuhalm" (auch „Kuhkogel") an diesen Gebirgsstock an. Nach Kranzmayer scheint in den urkundlichen Belegen des 9. Jh. die „Grebenzen-Alpe" als *Entrichestanne* auf. Kranzmayer bleibt eine Übersetzung hier schuldig und führt nur aus, dieser ON bezeichne einen Punkt der Grenze zwischen Steiermark und Kärnten[241]. Vgl. dazu + *entrichestanne.*

Greim:
Berg bei *St. Peter am Kammersberg,* 2474 m/M, VB *Murau:* der Greim 1400.
Von mhd. **grim** - der „Kopf, Helm", nach der Gestalt des Berges. L-H führt den Bergnamen auf den altdt. PN **Greinmuot** zurück, der als Hofname mit der Almnutzung aufgewandert ist[242].
Das ADN stellt den ON Greimsberg nahe Bischofshofen, Salzburg, (1160) zu ahd. **grim** - „verderblich, heftig".
EA: Zu bemerken ist allerdings noch, dass aslow. ***gr(i)meti** „donnern" bedeuteten soll. Da sich auf dem *Greim* einige, aufgrund eines Hinweises des verstorbenen Prof. Hable, *Mariahof,* von mir

---

[237] Ra. S. 328.
[238] ADN, S.440.
[239] ONK II, S. 52.
[240] BS, S. 478.
[241] ONK, II, S. 92.
[242] StON, S. 143.

entdeckte Schalensteine befinden, erscheint der Gedanke an einen (heiligen) Donner- oder Wetterberg reizvoll.

Greith - Namen:
Auch *Greut(h), Kreith, Kreuth*: Weit verbreiteter dt. Rodungsname in verschiedenen Schreibungen.
Etym.: Mhd. **geriute** - „durch Roden - Ausgraben von Baumstämmen - (riuten) urbar gemachtes Land". Die slaw. Bezeichnung dafür lautet *Laas.*
EA: *Greith* - Orte gibt es bei *St. Marein bei Knittelfeld, bei Neumarkt* sowie bei *Pöls (Kreuth).*

Greith nahe *St. Marein bei Knittelfeld:* im Gerewt 1360, am Gerewt 1437, in Greuwt 1490.
Zur Etym. siehe *Greith - Namen.*

Gries:
Flurname nach dem Flußschotter, der mdal. „Grieß" heißt, wie z. B. ein Stadtteil in Graz.
M. Schiestl erwähnt den ON als abgekommenen Flurnamen bei der Magdalenenkirche in *Judenburg:* bey unnser lieben frauen am Griess bey der Prugkhen ausser der Statt Judenburg, am Griess 1465[243]. Zur Deutung siehe *Griesmoar.*

Griesmoar:
Anwesen in der OG *St. Margarethen bei Knittelfeld.* Ein Hof dieses Namens wird schon im Jahr 1080 genannt.
Etym.: Von ahd. **grioz,** mhd. **griez** - „Sand, Kies, lehmhaltige Erde"[244].
EA: Ein weiteres Gehöft dieses Namens liegt in der OG *Maria Buch - Feistritz.*

Grill(en)berg:
Höhenrücken südlich der Vorderen *Glein,* VB *Knittelfeld.* Weitere Namen dieses Rückens sind „Karougskogel, Karfuskogel". Um 1543 scheint in diesem Bereich ein Hof „Grillpuhl" auf. -puhl (-bichl)–Namen sind oft mit Wehranlagen verbunden[245].
Nach L-H enthält dieser ON entweder die Tierbezeichnung „Grille", mhd.**grille** oder, und dies wäre für die meisten Fälle anzunehmen, den PN **Grillo,** eventuell auch einen Übernamen für einen kleinen, schwächlichen Menschen[246]. Das AHD leitet einen gleich lautenden ON in Niederösterreich vom ahd. **grillo** –„Grille" ab[247].
EA: Rudolf Flucher hat einen Zusammenhang zwischen „Grill - Namen" und Wehranlagen gefunden[248]. Sprachlich besteht ein solcher zwischen dem Wort **Grill** und lat. **cratis** - „kleiner Rost", **craticulum** - „Geflecht"[249]. Dieser Zusammenhang lässt an eine Geländesicherung wie einen geflochtenen Zaun, eine Hürde oder Palisadenkostruktion von fortifikatorischem Charakter denken. Siehe auch Grill*pass* und *Prankh.*

+ Gröblach:
Gegend westlich der Magdalenenkirche in *Mur*dorf, dem nordöstlichen Stadtteil von *Judenburg:* das Greblach 1433, das Groblach (enhalb der Murprukken) 1441, Gröblach 1534.
Slaw. ***groblja** - „der Steinhaufen"; mdal. die **greibl, greiwl** - „Steinmoräne".
EA: Es gibt auch einen vlg. Gröbler oder Greibler im *Prethal,* OG *Amering.*

Größenberg:
Nordöstlich von *Obdach,* VB *Judenburg:* Grossenberg ca. 1400, der Grassenperg bey Eppenstain 1499.

[243] ONJ, S. 14.
[244] Ra. S. 328.
[245] Ra. S. 328, nach Kessler 177.
[246] StON, S. 169.
[247] ADN, S. 450.
[248] Flucher, Grillnamen, S. 32ff.
[249] Hermann, Knaurs Etym. Lexikon, S. 183.

Etym. dt.: „Der große (mächtige) Berg".

Der Dativumlaut in der modernen Vertretung weist auf eine Benennung aus der Zeit vor 1100.

Nach L-H enthält der Name mdal. „gressing" als Bezeichnung einer Ansammlung von jungen Waldbäumen, meist von Nadelholz[250].

Als „Gressing" bezeichnete man aber auch ein mit Bändern geschmücktes Fichtenbäumchen vor dem Stalleingang; dieses war der Voläufer des Weihnachtsbaumes. „Grass" heisst auch die Einstreu im Stall[251].

EA: Im vorliegenden Fall müsste der ON aufgewandert sein, da dieser Gebirgsstock oberhalb der Waldgrenze umfangreiche Almen aufweist. Vgl. *Grasser.*

Großlobming:

Ortschaft und OG südlich von *Knittelfeld:* Villa lomnicha 1050 (Zahn, ONB), castrum lobnich 1242, 1248; 1135 wird ein Wehrbau zu Lobming als freies Eigentum erwähnt. Die Anlage befand sich auf dem „mons castri" im *Sulzbachgraben* hinter dem Gehöft vulgo *Benker*[252]. Zur Etym. siehe *Lobming-Namen.* Vgl. dazu die ON *Lobming, Sulzgraben* und *Benker.*

Grottenhof:

Gut südwestlich von *Weißkirchen*, VB *Judenburg:* Chrotendorf 1310, Krottendorff 1400.

Von mhd. **krot(e)** - „Kröte, Frosch - das Dorf, der Hof, wo viele Kröten sind". Solche Bezeichnungen sind in der Steiermark und in Kärnten häufig, meist wurden diese heute durch amtliche, „elegantere" Schreibformen wie die vorliegende abgelöst.

+ Grubacker:

Flur nördlich von *Judenburg* in den *Strettweg*er *Feld*ern: Grubackher 1653.

Kompositum mit mhd. **gruobe** - „Bodensenke, Vertiefung, auch Steinbruch"[253].

Grubhof:

Gehöft im *Feeberg*graben südöstlich von *Judenburg:* Grubhoff 1423, des herren Bertelme Grubhof 1470, Griesshof 1477, Gruebhof 1638.

Der Name kommt nach M. Schiestl vom ehemaligen Besitzer Lienhart Grueber[254].

Nach Baravalle wird das Haus noch 1422 als zinspflichtiges Bauerngut genannt. Das schlossartige Gebäude wurde 1652 von Johann Ernst, Freiherr v. Pranckh, als Edelsitz errichtet[255]. Zur Bezeichnung von 1477 vgl. *Gries.*

+ Grund:

Flur bei *Judenburg:* in dem obern Purbach im Grunt pey Judenburg 1460.

Mhd. **grunt** in der Bedeutung von „niedere Lage, Talgrund, auch Geländevertiefung"[256].

Das ADN definiert ahd. **grund** als „Grund, Boden,eingeschüttetes Tal, Schlucht".

Ein abgekommener Gewässername *Purbach* bestand auch westlich des *Steinmetzgrabens*[257].

Grünfels:

Burg nahe *Murau:* purg Grueuels 1393, vest Gruenfels 1433, gesloss Gruenfels 1449.

Ein höfischer Name: „der (efeu-hoffnungs-) grüne Fels".

Die Burg wurde vermutlich zusammen mit der Bestigung von *Murau* errichtet. Sie könnte früher ein voll ausgebauter Wehrbau gewesen sein. 1269 wurde sie von König Ottokar (Premyzl) dem Otto v. *Liechtenstein* entzogen und zerstört; als Otto von Liechtenstein 1276 sie zurückgewann, stand nur

---

[250] StON, S. 143; StGN, S. 41, zitiert nach Schmeller, 1996 I: 1008, 1013.

[251] Pers. Mitteilung von Frau Dr. Elfi Lukas, Apfelberg.

[252] AEA, S. 16, BS, S. 295f; H. Ebner,Burgen und Schlösser . . , S. 55.

[253] ONJ, S. 15.

[254] ONJ, S. 15.

[255] BS, S. 256.

[256] ONJ, S. 15.

[257] Brunner, Geschichte von Pöls, S. 340.

mehr der vermutlich halb zerstörte Bergfried. Zu einem Wiederaufbau kam es erst, als als Otto v. *Liechtenstein* und sein gleichnamiger Sohn den „neuen Markt" in *Murau* am rechten *Mur*ufer errichteten und das gesamte Gebiet des Leonhardiberges in die Stadtbefestigungen einbezogen[258].

Grünhübl:

Siedlung im Bereich des ehemaligen *Watzenbichls* am Westrand der Stadtterrasse von *Judenburg*: Krennhuebl 1649, Krenhiebl 1708, Krennhübel 1822.
Dt.: **Hübel** - „gerundete Kuppe, flachrunder Hügel". Die Gegend hat ihren Namen nach dem ehem. Stadtrichter und Zechmeister der Vereinigten Bruderschaften St. Nikolaus, Hans Khrenn[259]. Dieser Familienname hängt mit dem mhd. **krên** - „Meerrettich", Lehnwort aus dem Slaw. – Tschechischen, zusammen.

Gschwend:

Flur bei *Feßnach*, VB *Murau*: in der Swandt 1462.
Von mhd. **(ge)swant** - „Rodung durch Schwenden". Ahd. **swend(j)an** - „mit der Hacke, mit dem Messer die Baumrinde schwinden machen, abschälen". Hierzu kommt in der Steiermark noch der Name **Gschwand(t)ner**.

Gsal:

Einschicht in der KG *Frauenburg*, OG *Unzmarkt-Frauenburg*, VB *Judenburg*, 1252 m/M: im gsoll (?).
Von mhd. **gesôl** - „Pfütze, Kot". L-H führt den ON „Gsollbach" auf mhd. **sol** - „Salzwasser" zurück[260]. Eine „Gsöll" gibt es auch bei Eisenerz[261].

Gstoder:

Berg im *Allgau* westlich von *Murau*: der Stoder 1375.
Von aslaw. ***stodor(i)ć(i)** - „der felsige Berg".

Gugelwaitalm:

Alm auf dem *Grafenberg* in der OG *Rachau*, VB *Knittelfeld*.
Etym.: Mhd. **gugel** - „Kapuze"[262], ahd. weida, mhd. **weide** „Jagd, Fischfang; Nahrungserwerb; Futter, Speise; Weideplatz, Unternehmung, Fahrt, Tagesreise, Weg"[263].
F. Hörburger leitet die Bezeichnung „Kogel" von ahd. **chugula**, dieses von lat. **cuculla** „Kapuze" ab, den ON **Guggenthal** aber von mhd. **gouch** - „Kuckuck"[264]. L-H führt den ON „Guckenbüchel" unweit Strechau auf einen altdeutschen PN **Gukko** zurück[265]. Kanzmayer stellt den ON **Gugg** bei Malborget zu slow. **kûk** - „Aussichtspunkt", ein Name, der in Slowenien häufig zum Bergnamen geworden sei[266]. Vgl. *Guggamoar*.

Guggamoar (Guggumoar):

Anwesen südlich von *St. Lorenzen/Knittelfeld*. Der Hof scheint 1437 als Kukan ze san Laurenzen auf[267]. Zur Etym. siehe *Gugelwaitalm*.
EA: Oberhalb (südwestlich) des Anwesens besteht ein Burgstall („Schlossberg"), den E. Lukas und ich im Jahr 2007 aufgesucht haben. Obermüller leitet den ON **Guggisberg** (Schweiz) von kelt. **coiche**

---

[258] BS, S. 479.
[259] ONJ, S. 15
[260] StON, S. 139, StGN, S. 24.
[261] Diesen Hinweis verdanke ich Frau Dr. Elfi Lukas, Apfelberg.
[262] Ra. S. 328.
[263] Duden Herkunftswörterbuch, S. 805.
[264] Hörburger, Salzburger Ortsnamenbuch, S. 36, 135.
[265] StON, S. 167.
[266] ONK II, S. 94.
[267] AW, S. 101, Tour 13.

- „Berg" ab und erwähnt einige weitere „Gugel" mit der Beutung „Berg"[268]. Die Verwandtschaft dieses Wortes mit „Kogel" ist unübersehbar. Der Berg südöstlich des Anwesens wird Graberg, mdal. „gra:berg", genannt[269]. Nordöstlich des Anwesens, also nordöstlich von Pichl, besteht ein weiterer Burgstall, der „Schlosskogel", von dem aus sich eine gute Fernsicht über das Murtal und den „Mareiner Boden" nördlich der Mur bietet. Ich glaube daher, dass der Gehöftname ungefähr „Meierhof beim Aussichtsberg/bei der Burg mit Aussicht" bedeutet.

Guldendorf:
Bei Dürnstein, VB Murau.
Zu ahd. guldin - „gülden, aus Gold", siehe auch Goldacker, Goldberg, -hügel, -bichl. In der bäuerlichen Ausdrucksweise meist ein „gutes", d. h., ein in irgendeiner Hinsicht sehr nutzbringendes und ertragreiches Grundstück. Weniger spielen tatsächliche Goldfunde oder Sagen herein; diese sind erst nachträglich entstanden.
Nach Kranzmayer wäre auch ein „Dorf des Goldo" oder „des (Slawen) Gola" möglich[270]. Nach Bahlow bedeuten wend. gola „die Heide", wend. golik - „Kahlkopf"[271]. L-H führt den ON auf den ahd. PN Goldo zurück[272]. Vgl. Goldlacke.

Gulsen:
Berg westlich von Kraubath, VB Leoben: Gulssen ca. 1500. Mdal. „die guisn".
Obwohl die moderne Aussprache mit der urkundlichen Schreibung nicht zusammenstimmt und eine sichere Deutung nicht gegeben werden kann, hängt der Name vielleicht doch mit slow. golica. - „der kahle Berg, die kahle Gegend" zusammen. Angeblich enthält der Gulsenberg Magneteisenerz, das schon von den Norikern abgebaut und geschmolzen wurde; der Bergbau soll bis ins Mittelalter hinein bestanden haben. Hieran erinnern auch die Kraubather Riedbezeichnungen Gramatlfelder und Gramatlach.

Gusterheim:
Weiler und Schloss nahe Pöls, VB Judenburg: Gurzhaim juxta flumen Pelsa ca. 1140, Gurzheim 1224, Nider Gurtzheim 1358, Ober Gurtzhaim 1384. Mdal. „gustahaim, khuatsham".
Zur ahd. Nebenform gurz für kurz - „kurz, gering an Länge" „das kurze, kleine Haus". Die heutige amtliche Schreibweise geht von einer Umdeutung von Guster - „Küster, Mesner", einem Wort aus der Reformationszeit, aus.
EA: Besser passt eine Zuordnung zu slow. gorica. - „Bichl" oder slow. gora - „Wald, Berg"; das Schloss stammt aus dem 17. Jh. und war ursprünglich der Meierhof der Offenburg.

Haarlacke:
Siehe Harlacken.

Hab(e)ring(stein):
Berg, 1497 m/M, nordöstlich von Unzmarkt, VB Judenburg: Haiweigstein 1461, Habichstain, Hadweigstain an oeden am Wetzlsperg 1494.
Vom ahd. PN Hed(e)wîch - „der Fels der Hedwig". Ahd. hadu, wig - „Kampf" (Tautologie). Nach Baravalle (siehe Burgstall) heißt der Nordabhang des Berges „Burgstallried"[273].
EA: Nördlich von Nußdorf gibt es ein Anwesen vlg.Burgstaller. Im Jahr 2006 wurde im oberen Teil des Südhanges des Hab(e)ring auf etwa 1310 m Seehöhe ein Schalenstein gefunden.

---

268 DKW I, S. 570.
269 Diesen Hinweis verdanke ich Frau stud. phil. Nicole Sommer, Graz.
270 ONK, S. 95.
271 DNL, S. 179.
272 StON, S. 116.
273 BS, S. 245.

Hafning:

Bei *Trofaiach*, VB *Leoben*: Hauenaren 1155, Hafnarn 1267, Hafnern 1273, Hafning 1440, Hafnern 1480.
Von mhd. und ahd. **havenaere** - „Töpfer" also „bei den Hafnern, Töpfern".

Hammergraben, Hammer:

Örtlichkeiten bei *Schönberg bei Knittelfeld* bzw. *Neumarkt*, VB *Murau*.
Diese beiden ON gehen auf den alten Kulturnamen ahd. **hamar**, mhd. **hamer** - der „Hammer" als Werkzeug zurück. Es handelt sich meistens um alte Hammerwerke bzw. um Bäche, die solche antrieben. Das Wort, das in die frühesten Tage der Menschheit weist, ist in zahlreichen ON und PN in der Steiermark verbreitet. Es bezeichnete ursprünglich den „Stein" selbst, dann „Werkzeug aus Stein, Steinhammer".Das altnordische **hamarr** bedeutet nicht nur „Hammer", sondern auch „Stein, Fels(absturz)" und kommt in ON wie „Hammerfest, Hammarby, Osthammar" vor[274].

+ Handlhof:

Westlich von *Baierdorf*, VB *Murau*, 1476 als „die Handlhube zu Pyrdorff vnnder Purch" bei Baravalle angeführt. Der ON dürfte auf einen *Burgstall* hinweisen[275].

Hanfelden:

Siehe *Heinfelden*.

+ Hangunderstein:

Südlich von *Judenburg*: akcher ob dem Hangunden Stain (nach Zahn bei Weißkirchen gelegen) 1406, der Hangunderstein 1437.
Zu mhd. **hahen** - „der überhängende Fels" [276].
EA: Es könnte sich bei dieser Örtlichkeit um den + *stain* handeln.

+ Hangunder Weg:

Am Übergang vom *Feeberggraben* nach *Eppenstein*, VB *Judenburg*: Hangunder Weg prope Judenburgam 1318, ain gut in Hangunden Weg, der Hangunde Weg 1393, in Hangunden Weg im Reisnik 1400, im hangunden Weg under dem Chienperg 1427[277].
Siehe *Hangunderstein*. Die Gegend Reisnik ist nicht lokalisiert. Vgl. *Reising*.

Harlacken:

See westlich der Wenzelalpe, VB *Judenburg*: Horlachen 1288, Harlakchen 1434.
Von mhd. **hôrlache** - „die Sumpffläche" bzw. spätahd. **hôrlôh** - „Sumpfwald". Mhd. **hôr** - „kotiger Boden, Schmutz, Sumpf". In heutigen Karten als „Haarlacke" angeführt.

Hart:

Waldgebiet bei *Seckau*, VB *Knittelfeld*: Harde prope Vndringe 1287, Hard in der Gael prope Graden 1380, am Hard 1499. Dt.: Von ahd. **hard** - „Sumpfwald".
EA: Diese Bezeichnung trifft heute noch auf den Hartwald zwischen *St. Marein bei Knittelfeld* und *Dürnberg* zu.

Hartler:

Gehöft bei *Prankh*, VB *Knittelfeld*: Hard 1304, in dem Hard 1414. Mdal. „hoschtla":
Zum Wandel von -r- vor -t- bei lingualer Aussprache siehe Kranzmayer[278]. Zur Etym. siehe *Hart*.

---

[274] Drosdowski, Duden Herkunftswörterbuch, S. 266.
[275] BS, S. 258.
[276] ONJ, S. 15.
[277] ONJ, S. 15.
[278] ONK II, S. 125, § 30 e3.

Hartwald:
Siehe *Hart*.

Haselbach:
Bei *Frojach*, VB *Murau*.
Von ahd. **hasal(a)** - „Haselnussstaude"; eventuell **hasalipach**.
Baravalle nennt die Örtlichkeit auch „Hasenbach" und hält es für möglich, dass der Turm (bei *Scheifling*) identisch ist mit *Tschakathurn*. Ein Chunz am Hasenpach erscheint urkundlich zwischen 1305 und 1331[279].

Haslob:
Weiler bei *Neumarkt*, VB *Murau*.
Gehöft Haslober: Haslar 1181, Haslarn, Hasley 1233, Haslach 1432, 1494, Haslaw 1461.
Vom ahd. **hasalaren** - „bei den den Haslern, den Leuten im Haselgebüsch". Die späteren urkundlichen Formen sind falsche Umdeutungen der mdal. Aussprache „hosla" für die alte Kollektivbildung „Haslach". Die heutige amtliche Schreibweise entbehrt des mdal. Rückhaltes. Sie geht auf eine papierene Zusammenziehung von „Haslarn ob Neumarkt" zu „Hasl(arn) ob N." und „Haslarn o. N." zu „Haslob" zurück.

Haug:
Gehöft in der OG *Rachau*, VB *Knittelfeld*. Vermutlich von mhd. **houk** - „Hügel"[280].

-haus, Haus - Namen:
Dieses gemeingerm.Wort (ahd., mhd. **hūs**) gehört zu der weitverästelten Wortgruppe der idg. Wurzel ***(s)keu** - „bedecken, umhüllen" (vgl. **Scheune**). Eng verwandt damit sind im germ. Sprachbereich **Hose** und **Hort**[281].

+Haus:
Nach Baravalle südlich von *Neumarkt*, nordnordöstlich. von St. Veit i. d. *Gegend, VB* Murau[282]. Zur Etym. siehe -*haus*.Vgl. *Althaus*.

Häus(e)lberg:
Bei *Leoben*: das Halsel 1371, das Helsel 1451, das Halsel ob Lewben 1491.
Von einer Verkleinerungsbildung zu mhd. **hälsel** abzuleiten. Der Name bedeutet im Bair. soviel wie „Hügel, Bichl" und kommt mehrmals als ON vor. Das Schwinden des inlautenden -i- beruht auf Dissimilation. L-H führt den ON auf „Hälsl", eine Bezeichnung für einen schmalen Bergsattel, zurück[283]. Vgl. auch *Pölshals*.
Baravalle meint, den ON von einer dort vorhandenen Burgstelle ableiten zu können („Hausberg")[284].

Hautzenbichl:
Ortsteil der OG *Kobenz* und Schloss bei *Knittelfeld*: Huzingpuchli 1080, Huzinpuhele, predium Huzenpuhel 12. Jh. Hucenpuehel 1242, Hatzenpuchil 1290, Havcenpuhel 1306. Dieser ON geht auf den ahd. PN **Hu(t)zo** zurück, also „Bichl des Hutzo". Auch Kranzmayer leitet den Kärntner ON Hautzendorf vom PN **Hûtzo** - „der kleine Hugo" ab[285]. Ahd. **hugu** bedeutet „Geist, Sinn, Gesinnung, Mut".

---

[279] BS, S. 480.
[280] Ra. S. 328.
[281] Drosdowski, Duden Herkunftswörterbuch, S. 272.
[282] BS, S. 480.
[283] StON, S. 143.
[284] BS, S. 376.
[285] ONK II; S. 100.

1086 überließ Markgraf Adalbero seinen Besitz „apud Huzinpuchli" dem Erzbischof Gebhard von Salzburg, um sich von einem Bann zu lösen[286]. Baravalle geht von einem Wehrbau aus, der um 1150 einem vollfreien Geschlecht, vielleicht Verwandten der Aribonen, gehörte. Meginhalm von Hucenpuhelen und seine Frau Elisa tauschten in diesem Jahr Güter zu Groß*lobming* gegen solche bei *Hautzenbichl* ein[287].

Hebalm:
Höhenzug nördlich von Graz. Nach L-H gibt es eine solche im Gebiet der Pack (1625 Höbalben) und eine abgekommene Bezeichnung auf der Stubalpe (1437 Hebstatt)[288]. Obwohl dieser Bereich nicht im Oberen Murtal gelegen ist, wird der ON unter Hinweis auf *Höbstatt* erwähnt. Hier befand sich vermutlich ein Umladeplatz für Säumergut, die einzige in den Landkarten noch erhaltene Bezeichnung für einen solchen Ort, deren es viele gegeben hat.

Heide, -heide:
Ahd. **heida**, mhd. **heide** gehen auf gemeingerm. *haiþiō – „unbebautes, wildgrünendes Land, Waldgegend" zurüvk und sind mit der kelt. Wortgruppe von altkymrisch **coit** – „Wald" verwandt. Auch der Pflanzenname „Heidekraut" (Erika) ist identisch mit „Heide"[289].

Heiligenstadt:
Bei *St. Lambrecht*, VB *Murau*: Heiligenstat 1315, Hailigenstat 1376, s. Locus 1395, die Heiligenstat 1398.
Religiöser Name für „heilige Stätte". Nach der Sage kamen die Türken bis hierher, wurden aber auf wunderbare Weise zurückgeschlagen. Auf dem Kirchturm befindet sich noch heute ein Halbmond. L-H leitet den Namen dieser „geheiligten Stätte" von einer wundertätigen Heilquelle bei der Filialkirche „Zum Hl. Blut" ab[290].
EA: Im Bereich dieses Ortes liegen die „Haller Hütten", wohl nach dem seinerzeitigen Arsenkiesabbau so genannt. Als kirchlicher Brauch wurde angeblich beim Eintritt in die Kirche statt Weihwasser Salz genommen, daher der Spottname „Salzlecker" (persönliche Mitteilung von Mag. P. Benedikt Plank OSB, Stiftsarchivar von *St. Lambrecht*). Da das Wort „Hall" aber alt ist, scheint mir die Auslegung des ON *Heiligenstadt* im Sinne Kesslers zu harmlos. Mhd. **halle** - „Halle", wird auch für Hochwald gebraucht. Andererseits haben nach deutschen Sprachforschen (z. B. Prof. Udolph, ehemals Universität Leipzig) die voridg. Laute **al**, **ol** etwas mit „fließen" zu tun. Vgl. +*Allach*.

Heinfelden/Hanfelden:
Schloss(ruine) im Besitze von DI Alfred Neuper am Nordostrand von Unter*zeiring*, VB *Judenburg*. Trotz des ins Althochdeutsche weisenden Grundwortes **-felden** liegt nach Kessler, da ältere Nennungen fehlen, eine junge Namensgebung vor: „Das in den Parkgefilden liegende Schloss". Nach Herwig Ebner wurde das Schloss um 1500 vom landesfürstlichen Mautpächter Hans **Han** aus dem öden Hof an der *Zeiring* unmittelbar hinter dem Mauthaus erbaut und nach ihm „Hanfelden" genannt[291]. Demnach würde sich eine Suche nach alten Belegen erübrigen.
Elfi Lukas zufolge handelt es sich um einen Vierflügelbau aus dem 15./16. Jh. mit mauerumschlossenem Zwinger, Ecktürmen, Arkadenhof und Kaiserzimmer. Das Schloss befindet sich in einem sehr desolaten Zustand. Unweit davon steht noch der alte Hammerhof mit dem Gebläsehaus und dem Francisci - Hochofen[292].
EA: Im Raum Unter*zeiring*-*Möderbrugg* wird die römische Poststation *Viscellae* angenommen. Das Fehlen einer älteren urkundlichen Nennung kann durchaus in der Tücke des Umstandes gelegen sein, dass keine ältere Urkunde mit einer Nennung dieser Örtlichkeit gefunden wurde.

---

[286] AEA, S. 24f.
[287] BS, S. 292f.
[288] StON, S. 199.
[289] Drosdowski, Duden Herkunftswörterbuch, S. 275.
[290] StON, S. 179.
[291] Ebner, Burgen und Schlösser ..., S. 64f.
[292] AW-CD, S. 185.

Wenige Kilometer nördlich liegt westlich der Bundesstraße die Richtstätte (das „Hochgericht vom Birkachwald") mit seinen gemauerten Galgensäulen aus der Renaissancezeit, das zur Herrschaft *Reifenstein* gehörte.

+ (das) helmprechtslehen zu Swraw:

Bei *Saurau*, VB *Murau*.
Vom ahd. PN **Helmprecht** das „Lehen des Helmprecht". Der PN bedeutet „Helm" und „prächtig"[293].

+ Herbach:

Bach in der Oberen *Feßnach* südöstlich von *Scheifling*, VB *Murau*: der Herpach 1449.
EA: Die Herleitung von mhd. **her(e)** - „Heer, Kriegsvolk", „der Bach, an dem Kriegsvolk lagert", dürfte nicht zutreffen. Mhd.**hor** – „Kot, Schlamm"[294].
Vgl. + *Hermuel, Harlacken* und *Hörfeld*.

+ (die) Hermuel:

bei *Obdach*, VB *Judenburg*, 1429 erwähnt.
Nach Kessler von mhd. **here** - „Kriegsvolk". Vielleicht hatte diese Mühle im Kriegsfall eine Verpflegungspflicht. Nach L-H von mhd. **hor** – „Kot, Schlamm".
Vgl. + *Herbach,Harlacken* und *Hörfeld*.

+ Heerstraße:

Straße von *Knittelfeld* über *Judenburg, St. Peter* in Richtung *Unzmarkt*: Herstrass 1408, die herstrasse 1413.
Der Name könnte nach M. Schiestl auf eine alte Vorgängerstraße aus der Römerzeit hinweisen[295].
Siehe +*Herbach* und +*Hermuel*.

+ Helltar:

Nach M. Schiestl südöstlich von *Judenburg* bei *Radstatt*[296]: im Helltar an der Rastatt bey Judenburg 1478. Nähere Lage unbekannt; keine Etym.
EA: Vgl. *Höll*. Bei einer mdal. Aussprache „hölltoa" könnte ein „Tor in oder bei der *Höll*", einem hinter dem Rathaus gelegenenen Stadtteil von *Judenburg*, gemeint sein.

Hessenberg:

Bei *Leoben*: Hessinperge 1160, Hessenperg 1. H. 16. Jh.
Vom ahd. PN **Hesso** „Berg des Hesso".
Der PN Hesso bezeichnet nach Bahlow den Angehörigen des Stammes der Hessen (**Hesso miles,** um 1100)[297].
EA: Ich halte es für unwahrscheinlich, dass ein Hesse im 12. Jhd.dem Berg seinen (Stammes)namen gegeben haben soll. Vgl. *Hetzendorf.*

Hetzendorf:

Bei *Fohnsdorf.*, VB *Judenburg*: Ca. 1055 Hezindorf, 1140 Hecindorf, Hecendorf 1159, Hezendorf 1190.
Vom ahd. PN **He(t)zo** „Dorf des He(t)zo". Bahlow kennt diesen PN als Kurzform **Hetzold** zu „Hermann"[298]. L-H nennt als Wurzel den PN **Hatzo**[299]. Siehe dazu *Hessenberg.*
Nach Baravalle lag hier der Edelhof des Sigihart von Hetzendorf, der um 1140 anlässlich des

[293] DNL, S. 225.
[294] StGN, S. 25.
[295] ONJ, S. 16.
[296] ONJ, S. 17.
[297] DNL, S.234.
[298] DNL, S. 235.
[299] StON, S. 116.

Eintrittes seines Sohnes Sizo in das Kloster *Admont* diesem ein Gut bei *Hautzenbichl* schenkte. Noch 1399 wird eine Kunigund als Geltynn von Hetzendorf erwähnt, jedoch war der Hof damals schon ein Bauernhof, der in der Folge verschwand und in der Dorfflur unterging[300].

Hetzengraben:
Gebiet unterhalb der Ruine *Stein* in der Nähe von *Teufenbach*, VB *Murau*.
Von mhd. **hecze** - „Hexe".
Die zahlreichen ON mit diesem Dämonennamen sind meist jüngeren Datums und beziehen sich, wie auch in diesem Falle, auf Brand- und Richtstätten der Hexenprozesse. Die heutige Volksetymologie bringt jedoch diese Namen meist mit gespenstischen, geisterhaften Umtrieben in Verbindung.

+ Himblerhof:
Dieser Hof lag nach Baravalle südlich des Krottenhofes, der südöstlich von *Judenburg* in der OG Weißkirchen, VB *Judenburg*, besteht. 1746 erwarb ihn Anton Freiherr von Moshart, der ihn als Edelsitz benützte. Danach wurde er wieder zum Bauernhof. Seine Lage ist unbekannt[301].

Hinterburg:
Flur und Graben nordwestlich von *Katsch*, VB *Murau*: Hinterpurch 1310, purg pey Chaetsch 1375, Hintirburg 1387, 1469, 1490.

Hirschfeld:
Westlich von *Unzmarkt:*, VB *Judenburg*: das Irsfeld 1378, am Hirschfeld 1386, Irsveld 1423.
Nach Ausweis des ältesten urkundlichen Beleges (unter Wegfall des anlautenden **h-**) von mhd. **hirse, hirs** - „Hirse (Winterhirse)", also „das Feld, auf dem Hirse angebaut wird". Später trat eine Umdeutung auf „Hirsch" ein, weil der alte Ausdruck nicht mehr verstanden wurde („Volksetymologie").

Hitzmannsdorf:
Bei Jakobsberg/*Neumarkt*, VB *Murau*: Hintzmannsdorf 1434, Hiczmannsdorf bey Neumarkt 1477.
Vom ahd. PN **Hizimann** „Dorf des Hizimann". L-H führt hier den PN **Hinzmann** als namengebend an[302]. „Hinz" stellt eine Kurzform zu „Heinrich" dar – „Heim" und „reich"[303].

Hocheck:
Höhenrücken südlich der *Brandnerhube*, OG *Rachau*,VB *Knittelfeld*.
Dieser ON ist als „*-egg*– Name" „wehrbauverdächtig". Östlich der *Brandnerhube* befindet sich ein *Burgstall*, der mdal. „das umadum" genannt wird[304].

Hochreichart:
Berg nördlich von *Knittelfeld*, 2414 m/M.
Vom ahd. PN **Rîchart**. Ahd. **rihhi, hard** - „stark, fest, mächtig" (Tautologie). Nach L-H lautet der PN **Ricohard**[305].

Hof-, -hof(en)- Namen:
Diese ON weisen nach Kessler in die ahd. Siedlungsperiode. Die Vorgeschichte dieses altgerm. Wortes, ahd., mhd. **hof**, ist nicht sicher geklärt. Wahrscheinlich gehört es zur idg. Wurzel ***keu** - „biegen", entweder im Sinne von „Erhebung, Anhöhe", da sich in alter Zeit der Hof vielfach auf einer Anhöhe befand (vgl. norwegisch **hov** – „Anhöhe, heidnischer Tempel"), oder aber im Sinne von

---

[300] BS, S. 258.
[301] BS, S. 258.
[302] StON, S. 117.
[303] KVB, S. 304.
[304] Ra, S. 328.
[305] StON, S. 144.

„eingehegter Raum". Im letzeren Falle wäre von einem Bedeutungswandel von „biegen" zu „winden, flechten; Geflecht, Zaun" auszugehen[306].

Hof(er):
Dieses Wort ist aus ahd. **hu(o)ba** entstanden und bezeichnete im Ahd. und Mhd. einen eingezäunten Raum mit Gehöft. Steht der ON „Hof" alleine, handelt es sich durchwegs um eine sehr frühe Benennung[307]. Siehe *Hof-Namen*, *Huber* und *Neuhofen*.

Hohensinn, Hohe Sinn:
OG *Rachau*, VB *Knittelfeld*: Verbindung zwischen *Glein* und *Glein*almsattel: am Hohensinn 1437. Von mhd. **sint**, **sin** - „Weg" also „am hochgelegenen Reiseweg".

+ Hohenstain:
*Liechtenstein*berg südöstlich von *Judenburg*: der hinder tail an der vest ze Liechtenstain der gegen dem hohenstain leyt 1383. „Bei der Burg Liechtenstein am aufragenden Felsen"[308]. Baravalle führt ein *Liechtensteiner* Dienstmannengeschlecht unter diesem Namen an, das einen Wehrbau besessen haben dürfte. Seine Lage ist nicht bekannt; Baravalle vermutet ihn im heutigen Gehöft vlg. *Windberger* südwestlich von *Rothenthurm*. Die Burg *Liechtenstein* könnte demnach auch vor den *Liechtenstein*ern im Besitz der *Hohenstainer* gewesen sein[309].
Zu -*stain* siehe *Stein*.

+ Höbstatt:
„.... von der püberalm rechts entlang der wasserscheide an die alt und neue rachauer höbstatt ..." 1596.
An einer *Höbstatt* wurden Waren umgehoben, da die Säumer und Fuhrleute ihre Transporte in der Regel nur innerhalb eines bestimmten Gebietes durchführen durften. An solchen „Umhebeplätzen" wurden die Waren also umgeladen und einem anderen Transporteur übergeben. Auch der ON *Hebalm* erinnert noch an diese Art des Transportes[310].

+Höll:
In der Hell, aus der Helle 1356, in der Heel 1495, in der Heell 1536.
Nach M. Schiestl eine abgekommene Bezeichnung für den hinter dem Rathaus gelegenen Stadtteil *Judenburgs*, der heute größtenteils von der Zierergasse (vormals Höllgassel) und der Schlossergasse eingenomen wird. Auch er leitet den Namen von mhd. **helle** - „Hölle, tiefer und enger Graben, schattseitige Gegend", ab, zitiert aber Lexer, 1995: hier wohl in der Bedeutung „enger, dunkler Raum"[311]. Vgl. *Helltar*.

Hölltal:
Graben bei *Kathal* nördlich des *Deixelberges*(!), OG *Eppenstein*, VB *Judenburg*: das Helltal 1358, in der Hell 1429, das Helltal 1494.
Von mhd. **helle** - „Hölle, unterirdischer Aufenthaltsort der Toten, Grab". In übertragener Bedeutung „rauhe, unwegsame Gegend". Das ADN zitiert zu einem ON „Höllgrund" ahd. **hella** – „(eventuell) unheimliche Stelle, tiefer Hohlweg"[312].
EA: Das *Hölltal* ist noch heute ein enger, schattiger und unwirtlicher Graben. Von Höhlen ist nichts bekannt. Siehe dazu *Deixelberg* und +*Höll*.

Hörfeld:

---

[306] Drosdowski, Duden Herkunftswörterbuch, S. 287.
[307] Ra. S. 329.
[308] ONJ. S. 16.
[309] BS, S. 258.
[310] AW, S. 61f.
[311] ONJ, S. 17.
[312] ADN, S. 532.

Moor bei *Noreia*,VB *Murau*: am moss gen. Herfeld 1494.
Nach Kranzmayer vom mhd. **her(e)** - „Heer, Kriegsvolk"[313]. L-H führt das Wort auf mhd. **hor** – „Kot, Schlamm" zurück.
EA: Die These, dass hier im Jahr 113 v. Chr. der Zusammenstoß der Römer mit den Kimbern und Teutonen stattgefunden habe, ist nach neueren Erkenntnissen unhaltbar. So wenig, wie das keltische *Noreia* auf dem Silberberg angenommen werden kann, liegt ein Beweis dafür vor, dass im Bereich des *Hörfelde*s eine Schlacht stattgefunden hätte.
Vgl. *Harlacken, Herbach* und+*Hermuel*.

Hösel:
Gehöft in der OG *Bretstein*, VB *Judenburg*: die Hoshuob in der Vinstern Pels 1414, die Heshueb 1423. Mdal. „heisl":
Die „Hoß" ist der „Platz unter dem Dach der Almhütte, Lagerstätte der Sennerin".

Hube, -hube:
Das Wort hat sich über ahd. **hu(o)ba**, mhd. **huobe** entwickelt und ist mit griechisch **kēpos** – „Garten, eingehegtes, bepflanztes Land" sprachgeschichtlich verwandt. Die Form „Hufe" als bestimmtes Acker-oder Landmaß entstammt mitteldt. und niederdt. Lautung[314]. Die Hube umfasste eine Bauernwirtschaft, deren Größe gerade für die Bewirtschaftung durch eine Familie samt Gesinde und für deren Unterhalt ausreichte (ca. 30 Morgen)[315]. Vgl. *Ho(f)fer*.

Huber, Hübler, -hube(r)- Namen:
Diese Namenvarianten bezeichnen jemanden, der auf einer „Hueben" aufsitzt
Etym.: Siehe *Hube*.

+ Hundlein:
Flur im *Möschitz*graben, VB *Judenburg*: rewt am Hundlein (an der Muchsnicz bey der Mur) 1400.
Mhd. **hunt** - „der Hund", nach Schiestl in der Bedeutung von „tölpelhaftes, gemeines Ding (?)"[316].
EA: Schiestl zitiert hier Kessler mit Fragezeichen; die Deutung ist wenig befriedigend. Im Steirischen wird **Hund**- als zumeist herabsetzende Bezeichnung oder als Wortteil in einem solchen Sinne verwendet (z.B. „Hundsveilchen", das nicht duftet, oder „Hundskamille"). Die Verkleinerungsform -**lein** müsste auf einen kleinen Träger dieser Bezeichnung deuten. Im Steirischen gibt es für turmartige Felsblöcke die Bezeichnung „Hundskirchen", daher könnte ein kleinerer Felsblock auf einer Rodefläche den Namen getragen haben[317]. „Hundskirche" wird aber auch für Tabu - Orte verwendet, von denen die Kirche die Leute fernhalten wollte sowie für Stellen, an denen die frühen Christen die Messe gefeiert haben sollen und die von den Heiden dadurch entweiht wurden, dass man dort tote Hunde hinlegte (es wird wohl umgekehrt gewesen sein). Auch ein geheimer Treffpunkt verfolgter Protestanten wird manchmal so genannt. Schließlich ist noch anzuführen, dass ahd. **hun** wahrscheinlich zu germanisch *****hun** - „Tier, besonders Bärenjunges", zu stellen ist[318].
Im *Möschitzgraben* wurde Erz abgebaut; der ON könnte daher auch mit dem **Hunt** (kleiner Erzwagen) des Bergmannes zusammenhängen. Im Steirischen wurde nämlich der Arbeiter, der den Erzkarren schob, als „Hundstößer" bezeichnet[319].

Hüdengraben:
Andere Bezeichnung für den *Flatschach*ergraben, VB *Knittelfeld*.
Nach Schmeller (I, 1053) bedeutet bair.**Hidel** einen unterirdischen Wasserquell, Fluss[320].

---

313 ONK. II, S. 105.
314 Drosdowski, Duden Herkunftswörterbuch, S. 293.
315 Ra., S. 329, Kraubath, S. 683.
316 ONJ, S. 17.
317 SWB, S. 110.
318 DFN, S. 761.
319 SWB, S. 110.
320 StGN, S. 32.

EA: Dietmar Urmes führt den PN Hitler (ursprünglich Hiedler) auf das bair. **Hidl** für einen „zeitweilig versiegenden Wasserlauf" oder aber auf „Hüttler" - „der in einer Hütte Lebende" zurück[321]. Im *Flatschach*graben wurde etwa vom 16. Jh. an längere Zeit Bergbau betrieben. Vielleicht ist der *Flatschach*bach oder einer seiner Zubringer gelegentlich versiegt.

+ der Hurkobel:
Anhöhe nahe Nieder*wölz* im VB *Murau*: am Schoenperg 1443.
Von mhd. **hur, hurt** - „Flechtwerk" + **kobel** - „schlechtes Haus, Stall". Nach Schmeller (I, 1157) ist die „**hur**" bair. ein breiter, oberhalb des Feuerherdes eine Wölbung bildender Rauchfang, dessen Öffnung im Dach durch eine hölzerne Klappe reguliert werden kann.

- ing-Namen:
Nach Kranzmayer sind „echte" und „falsche" *-ing-Namen* zu unterscheiden:
Die **echten** sind stets dt. Ursprungs und mit der echt-deutschen Endung ahd. **-ingun**, mhd. **-ingen**, nhd. **-ing** versehen, die **falschen** leiten ihr **-ing** von der ahd. Verdeutschung von slaw. **-*inj(a)**, - ***in(a)**, der nhd. Umbildung von mhd. **-ik** (aus slow. **-ice**) oder in Unterkärnten und im Metnitztal auch von den mittelbairisch - steirischen Umbildungen von älterem dt. **-ern** und **–ach** ab[322].

Ingering:
Bach und Tal bei *Knittelfeld:* ad undrimam 860, für das 8. Jh. Vndrima, locus Undrina in comitatu Livpoldi in orientalibus partibus Charanta nominatis 895, ad Inheringen 924, ad Undrimam 930, Undringen 1130, Underim 1163, Underem 1188, fluuius Vndring 1245, Vndrim 1314, Vndrinn 1318, Vndring 1349, Undering, 1434 Indering 1494.
Die sicher vorslaw. Flurbezeichnung entzieht sich nach Kessler bisher jeder sicheren Deutung. Vielleicht liegt dem Namen die idg. Wurzel ***dereu** - „Eichenbaum" zugrunde. Dies würde zu der Traditionskette Sirning - „Ort der Eichelmast, *Aichfeld*", passen.
Der Wandel von Undrima zu *Ingering* ist lautgesetzlich bedingt; das **-i-** bewirkt Umlaut zu **-ü-** (Ündrima); im 13. Jh. verändert sich durch Umlautentrundung das **-ü-**zu **-i-** (Indrima). Inlautendes **-nd-** wird nach vorderen Vokalen oft mit **-ng-** verwechselt, die Suffixe im Auslaut werden in der obersteirischen Mundart wahllos durcheinandergeworfen. Daher treten oft unechte **-ing**-Formen auf, wie z. B. Hafnern - *Hafning, Ing(e)ring*.
L-H verbindet ***Undrimā** als idg. Gewässernamen mit idg.***du** – „Wasser" (mit **-n-** Infix wie in lat. **unda** – „Woge, Welle"und mit **-r-** und **-n-** Ableitung), der früh sekundär mit einem *-ing-Namen* umgeformt wurde. Pirchegger deutet jedoch den Namen als slaw. ***ǫtrьnja (reka** oder **dolina)** - „innerer Fluss" oder „inneres Tal"[323]. Vgl. *Gindisch-*(„in ualle Undrima"), woraus auf den „Talcharakter" des ON geschlossen werden kann.

Irnfriedsdorf/hof:
Ehemaliger/s Hof/Edelsitz und Dorf bei *St. Ruprecht ob Murau*: Irfristorf 1168, Irmfrisdorf 1184, Irinfrisdorf 1208, Irenfridesdorf 1299, Irnfridesdorf ca. 1300.
Vom ahd. PN **Irinfrid** „Dorf des Irnfried". L-H setzt hier den PN **Irmfrit** an[324]. Dieser PN besteht aus dem Namen des germ. Stammesgottes der Herminonen, **Irm**, und ahd. **fridu** - „Schutz, Friede", wobei der erste Teil aber auch mit ahd. **irmin** - „allumfassend, mächtig" zusammenhängen könnte[325]. Das ADN nennt als Ausgangspunkt für den Namen den PN **Ērmfrit**[326].
EA: Zwischen der Ruine des *Irnfriedshofes* und der *Mur* verläuft unter der Bundesstraße ein gemauerter unterirdischer Gang (Mitteilung von Herrn Univ. Doz. Dr. Hebert, BDA).
Baravalle nennt zwei Höfe dieses Namens; einer war demnach im Jahr 1168 ein kleiner wehrfähiger Hof im Besitz des Bistums Gurk, was 1222 vom Papst bestätigt wurde. 1268 wird ein Rudolf von

---

[321] ENL, S. 331f.
[322] ONK I, S. 124f.
[323] StON, S. 21.
[324] StON, S.117.
[325] KVB, S. 310.
[326] ADN, S. 560.

Irenfrizdorf urkundlich erwähnt. Der andere Hof gehörte dem Erzbischof von Salzburg, vermutlich aus einer Schenkung aus dem Reichsgut (9. Jh.). Nachdem er inzwischen zum Bauerngut geworden war, brannte er 1928 nieder, die letzten Mauerreste wurden 1930 abgetragen[327].
EA: Es scheint aber noch der Keller vorhanden zu sein, von dem aus der besagte Gang zur *Mur* verläuft.

Irreggraben:

Gegend und Rotte in der OG Ober*zeiring*,VB *Murau*.
Als Berg: am Irrekk in der Zeiring 1369.
„Die Irre, die irre Gegend" bezeichnet im Bair. einen verwilderten, durch Gestrüpp und ungepflegten Wald nahezu unwegsamen Landstrich, hier das „wilde, unwegsame *Eck, Berg*gebiet".

Irzen:

Siedlung in der OG Hohen*tauern*,VB *Judenburg*.
Mdal. „´i^ätsan" aus mhd. **erzenen** bedeutet nach Kessler: „mit Hausmitteln heilen, kurieren".
Es gibt dieses Wort im Steirischen, wo aber auch die Bezeichnung (das) *Irz* für „Fischotter" aufscheint[328]. Die Fachliteratur stellt unser heutiges Wort „Arzt" zu ahd. **arzät**, mhd. **arzet, arzät**, entstanden aus spätlat. **archiater**, dieses aus griech. **archiätros** (Oberarzt), ahd. **gi - arzätön** und mhd. **arzätī** - „Heilmittel, Heilkunst"[329]. Unter dem Einfluss des germanischen **lāchinōn** entstanden die ahd. Formen **gi-arzinōn, erzinōn**, mhd. **erzenen** - „heilen".
EA: Offen bleibt, wie eine Gegend oder Siedlung in dieser eher abgeschiedenen Lage zu einem solchen Namen kommt. Vielleicht befand sich einst dort eine Heilquelle oder der Platz einer heilkundigen Person. Ich halte die Deutung mit „Fischotter" für die wahrscheinlichste. Vgl. *Lachtal*.

Jassing:

Ortschaft und Graben in der OG *St. Michael in der Obersteiermark*, VB *Leoben*: Jessnik 1356, die gesing in der Jaezznichk 1381, der Jessing 1396, im Jassing 1347.
Von slaw. ***jasnike**, ein Wort mit verschiedenen Bedeutungen: Entweder stellt es sich zu **jasen, jesen** - „die Esche", oder zu **jasen** - „heiter, hell, licht", oder schließlich zu **jêsen** - „der Herbst". Daneben muss nach den urkundlichen Belegen ein fem. aslaw. ***jas(i)nica** bestanden haben, das schon in ahd. Zeit entlehnt wurde.
EA: Nach der Realprobe kommt für diesen engen Graben eigentlich nur die erste Deutung in Frage.

Jauriskampel:

Berg östlich des *Hohenwart*, ehemals Jaudesalm, VB *Murau*.
Nach Kessler herrscht im Obermurgebiet der Wandel von -d- zu -r-; demnach wäre „Jauris - Jaudes" der „Judas" als PN, nach L-H ein dt. PN wie **Judoald**[330]
EA: In der OG *Obdach* gibt es ein Gehöft vlg. Jaudes. Dazu ist nach Obermüller der ON Rauris (Pinzgau) von kelt. **rhyar, raur** - „Gießbach" abzuleiten[331]. Die Realprobe bestätigt diese Deutung; der vlg. Jaudes liegt an einem Wildbach (*Koller*bach). Zum oben erwähnten Wandel von -d- zu -r- verweise ich darauf, dass der vlg. Gori (OG *Amering*) mdal.ebenfalls in der Wortmitte mit d „g´o^udi" gesprochen wird. Auch denke ich, dass der PN „Judas" nicht gerade populär gewesen sein dürfte, auch wenn es im Neuen Testament einen „guten" Judas Thaddäus gibt.

+ Jägerhausen („Stock"):

Der „Stock Jägerhausen" gehörte zur Herrschaft *Eppenstein* und war ein kleiner Adelssitz, zeitweise auch das Wohnhaus des Jägermeisters für die zu *Eppenstein* gehörigen Jagden[332] im VB *Judenburg*.

---

[327] BS, S. 480.
[328] SWB, S. 112.
[329] Drosdowski, Duden Herkunftswörterbuch, S. 47.
[330] StGN, S.57.
[331] DKW II, S. 509.
[332] BS, S. 258.

60

Heute sind nur mehr spärliche Reste am Hangfuß nahe dem Wohnhaus der Familie Pabst in *Kathal*, am linken Ufer des *Kienbergbaches* zu sehen.

Judenburg:
Bezirksstadt westlich von *Knittelfeld*: Judinburch 1080, Judenburg 1103, Judenburg 1148; zahlreiche weitere Nennungen im ONJ[333].
Etym.: Nach Kessler dt. „Burg des Juden". „Burg" darf hier nicht im alten Sinne einer größeren Ansiedlung, einer civitas, verstanden werden; die Form von 1080 gibt wahrscheinlich noch die ungebrochene dt. Lautung wieder; demnach wäre <u>ein</u> bestimmter Jude als „Namengeber" zu sehen: Jude, Gen. Sing. Judin.
Eine ähnlich alte Ansiedlung lag vermutlich in **Judenmarket**-forum judeorum - Völkermarkt/Kärnten vor. Judensiedlungen gab es auch bei Graz, *Leoben*, *Neumarkt* und Friesach.
J. Andritsch hat dazu erklärt, dass der ON von **Liuthold** stammt, dem Großneffen jenes Eppo, von dem sich der Name *Eppenstein* herleitet. Andritsch geht davon aus, dass es auch für diesen Namen eine Koseform gegeben hat, welche **Jutho, Judo** gelautet hat. Judenburg bedeutet somit „Burg des (Eppensteiners) Liuthold"[334]. Der PN lautet übersetzt etwa „Ruhm" und „walten" oder „berühmt".
W. Brunner widerspricht der Andritsch'schen Deutung[335]. Vom Steiermärkischen Landesarchiv (OArchR Dr. Spreitzhofer) war zu erfahren, dass der ON sich wegen der für Fremde auffälligen, noch nicht lokalisierten Judensiedlung von der Verschmelzung des Wortes „Burg" und „Juden" herleitet. Der Name des Burgbesitzers ist nicht überliefert; Versuche, den ON vom Namen eines angenommenen Burgbesitzers abzuleiten, seien höchst umstritten.
EA: Dass die Burg selbst nicht einem Juden gehört haben kann, ergibt sich aus den damaligen Umständen. Judendörfer enstanden daher immer außerhalb oder am Rande von Siedlungen, wie z. B. bei *Leoben* oder *Neumarkt*. Zur Situierung der Judensiedlung bei Judenburg siehe + *im Gehag*.

Judenburger Alm:
*Alm*gebiet südlich von *Judenburg* im Bereich des *Zirbitz*kogels: alben die da haizzet Judenburger alben 1277, Eysenperkhweerch an der Judenburger Alben 1575.
Im Privileg König Rudolfs I. 1277 ist diese *Alm* als Besitz der „civitas Judenburga" ausgewiesen. Zur Etym. siehe *Judenburg* und *Alm*.

Judendorf:
Bei *Leoben*.
Der ON weist auf eine Judensiedlung hin. Baravalle gibt dazu an, dass alle Judendörfer in der Steiermark uralte Siedlungen an Römerstraßen sind. Die Siedlung bei *Leoben* geht vermutlich noch in die Zeit vor der Gründung des Stiftes *Göss* zurück. An dieser Stelle werden in einer Urkunde des Stiftes *Göss* vom 2. Mai 1230 zwei Höfe genannt[336].
EA: Ein weiterer Ort dieses Namens liegt südsüdöstlich von *Rapottendorf*.

+ Judenfriedhof:
In der Nähe des Schlosses *Weyer* südlich von *Judenburg*: under der Judenfreythoff bey dem Prunn 1368, Judennfreithoff um 1480 .
EA: Ein Judenfriedhof könnte sich auch bei *Judenburg* in der Nähe jener Stelle befinden, wo der (abgetragene) *Göltlhof* stand (persönliche Mitteilung von Dipl. Ing. Luitpold Liechtenstein, Judenburg), also oberhalb des heutigen Schwimmbades der Stadtgemeinde *Judenburg* in *Oberweg*.

+ Judental:
Seitengraben des *Möschitz*grabens, OG *St. Peter ob Judenburg*, VB *Judenburg*: Judenthall 1578, 1588.

---

[333] ONJ, S. 17f.
[334] Andritsch, Unser Judenburg, S. 20.
[335] Brunner, Fohnsdorf, S. 36f.
[336] BS, S.376.

M. Schiestl stellt wie J. Andritsch den ON zum ahd. PN **Jutho, Judo**[337]. Vgl. dazu *Judenburg*.
EA: Im Volksmund wurden (und werden) störende Felsblöcke in Wiesen und Weiden als „Juden"
bezeichnet. Die Hänge des *Möschitz*grabens sind felsendurchsetzt. Ich glaube daher, dass hier diese
unliebenswürdige, volkstümliche Ausdrucksweise namengebend gewirkt hat, zumal die urkundliche
Erwähnung erst ab dem Ende des 16. Jh. also eher spät, erfolgt.

Kaindorf:

Westlich von *Murau*: Chunstorf iuxta mure ca. 1200, Chunisdorf apud Mvram 1211, Chvndorf 1230,
Chuentorf 1218, Kaindorf ob Muraw 1478.

Die älteren Formen weisen auf **Kueninesdorf**, eine Zusammensetzung mit einer Verkleinerungsform
Kueni, die jüngeren auf **Kuonindorf**, das ist das „Dorf des Kuono", von einer Koseform zum ahd. PN
Kuonrat - Konrad - „kühn im Rate"[338].

Baravalle erwähnt eine bei der *Mur*brücke befindliche Kuppe, welche gegen die *Mur* steil abfällt.
Diese hat im Volksmund den Namen „Schlossbichl". Zu Ende des 18. Jh. wurden hier aus einer
angeblichen Zisterne, einem Loch auf dem Schlossbichl, Römersteine und Steingefäße ausgegraben.
Zwei der Römersteine sind im Gehöft *Steiner* eingemauert. Vom vlg. Hansbauer führt ein noch
erkennbarer Weg auf den Schlossbichl[339].

Kaisersberg:

Dorf und Ruine westlich von *St. Michael in der Obersteiermark*, VB *Leoben*: Castrum Chaysersperge
1259, vest Chaysersperg 1331, geslos Kaisersperg 1477.
Von mhd. **keiser** - „Berg des Kaisers".
EA: Nach der von Johann Schmutz im Jahre 1890 verfaßten Chronik wäre die Erbauung der Burg
etwa mit 1246 anzunehmen. Als Ulrich von *Liechtenstein* am Sonntag, dem 9. Mai 1227 auf seinem
Zuge nach *Leoben* hier vorüberritt „ ... ze Leuben reit ich al zehant, da ich wol zweinzic ritter vant
... ", scheint die Burg noch nicht bestanden zu haben, da sie nicht erwähnt wird. Da diese aber 1250
aufscheint, vermutet Schmutz, sie sei um 1246 entstanden, weil um diese Zeit die Wirren des
beginnenden Faustrechts die Erbauung einer Burg erforderlich gemacht hätten[340].
Baravalle datiert die Entstehung der Burg ins 12. Jh. und meint, dass die erste, wohl zum größten Teil
hölzerne Anlage noch in das 11. Jh. zurückreicht[341].
EA: Wenn Baravalles Meinung zutrifft, bleibt unerklärlich, warum Ulrich die Burg nicht erwähnt.
Andererseits scheint mir die Datierung durch Schmutz nicht zwingend logisch, liegen doch zwischen
1227 und 1250 ganze 23 Jahre. Vielleicht war die von Baravalle angenommene hölzerne Anlage zur
Zeit von Ulrichs Vorbeiritt nicht bewohnt oder zerstört.

Kalberg:

Gegend östlich von *Seckau*, VB *Knittelfeld*: Chalhochsperg 1296.
Vom ahd. PN **Kadalhôch**, mhd. **Kalhôch** de „Berg des Kalhoch".
EA: Der Name ist derzeit nicht erklärbar. Vielleicht hängt er mit kelt. **cad(r)o** - „schön, stattlich"
zusammen. Ahd. **had** bedeutet „Kampf"[342], **hôh** - „hoch"[343]). Siehe auch *Katzling*.

Kalbfleisch:

Gehöft westlich von *Fohnsdorf*, VB *Judenburg*: Chaltflis 1434, Kalbflyezz 1460, Ober, Nider
Chalpfleis 1461.
Von einem mhd. **kalbesvlies** - „Kalbsfell". Die erste urkundl. Nennung ist verschrieben, die
weiteren geben bereits die heutige Umdeutung auf „Kalbfleisch" wieder. L-H hält das Gehöft für nach
einem kalten Bach benannt[344].

---

[337] ONJ, S. 19.
[338] DNL, S. 289.
[339] BS, S. 481.
[340] Mitteilungen des Historischen Vereines für Steiermark, Heft XXXVIII, Graz 1890.
[341] BS, S. 376ff.
[342] KVB, S. 293.
[343] Kohlheim, Duden Familiennamen, S. 760.

EA: Bei diesem ON scheint es sich eher um den Übernamen eines Fleischhauers oder Kälber- oder Rinderzüchters zu handeln.

Kalch, Kalcher:

Hofname und Ortsbezeichnung. Mehrmals aufscheinender ON im steir. Obermurgebiet. Urkundlich meist „am, im K(Ch)alch", mdal. „kholch"; mhd. **kalc-es** bezeichnet nicht nur den Kalk als solchen, sondern auch das Kalkgestein. So auch bei **Kahlbacher** (Gehöft südlich von *Seckau*, im Kholchpach 1474).

Kaltenegg(ck)er:

E. Lukas meint, dass die erste Silbe dieses Gehöftnamens in der OG *Rachau*, VB *Knittelfeld* von kelt. **caldis** - „Wald" abgeleitet werden könnte[345]; Obermüller führt ihn auf kelt. **gel, gil, giol** - „Bach" zurück[346] zurück. Kranzmayer deutet den Kärntner ON „Kaltenegg" als „beim kalten Eck"[347]. EA:. Lat. **calidus** bedeutet „warm". Vermutlich wäre für alle Deutungsmöglichkeiten die Realprobe sinnvoll und natürlich auch die urkundliche Schreibweise zu berücksichtigen.

Kalwang:

Ort nördlich von *St. Michael in der Obersteiermark*, VB *Leoben*: Cheichelwang 1174, Chichelwanch, 1185, Chechelwanch 1265.
Die Zusammensetzung mit dem Grundwort *-wang*, in Steiermark und Kärnten eine ausgesprochene Seltenheit, gehört der ahd. Zeit an. Ihre Hauptverbreitungsgebiete sind Oberösterreich sowie der Salzburger Flachgau, also die frühest eingedeutschten Gebiete auf österreichischem Boden. In Zusammensetzungen wie Nesselwang, Ampflwang, Pirschwang etc. erscheinen als Bestimmungswörter Tier-und Pflanzennamen. In *Kalwang* steckt das mhd. **kichel**, eine Verkleinerungsform zu **chiche** - „enger Raum" („in der Keuchen" - „Burgverlies"), hier die „enge, baumbestandene Gegend, Niederung". L-H leitet diesen ON von einem altdeutschen PN wie **Huhilo** oder ähnlich ab[348]. Nach dem ADN hängt der ON mit ahd. **kîchen** - „keuchen, schwer atmen" oder mit mhd. **kîche** - „schlechtes Haus, kleiner Raum, Verschlag für Tiere" zusammen[349]. Vgl. im Gegensatz dazu Langen*wang*. Zu *-wang* siehe dort.

Kammern:

Im *Liesing*tal, VB *Leoben*: Chamer, Chamera 1080, Kamera 1115, Chamere ca. 1150, Chomer 1184, Chamer 1454.
Als Burg kommt vielleicht der heutige Pfarrhof in Betracht, der früher schlossartige Befestigung trug: das nider haws Chamer 1391, Niderkammer 1142, Niderkammer vest und gesloz 1461. Mhd. **kamer(e)** bedeutet hier „ungeheiztes Schlafgemach, Zimmer". Es handelt sich also ursprünglich um eine Herberge, die auch solche ungeheizten Unterkunftsräume besaß. Der geheizte Raum hieß „Stube" - vgl. *Stüblergraben*. L-H führt den ON auf die Burg zurück, auf den Sitz einer herrschaftlichen Verwaltung. Ahd. **kamara** bedeute „kleines, meist einräumiges Haus, meist aus Stein, Verwaltungssitz"[350].
Nach Baravalle wurde die Burg Ober*kammern* im 13. Jh. errichtet und im Volksmund nach ihren Besitzern „Ehrenfels" genannt. Von ihr bestehen nur noch spärliche Reste. Die Burg Unter*kammern* stammt in ihren ältesten Teilen aus dem Ende des 12. Jh. und ist auch unter dem Namen „*Kammer*stein" bekannt[351].

---

[344] StON, S. 164.
[345] Ra. S. 329.
[346] DKW I, S. 154.
[347] ONK II; S. 113.
[348] StON, S. 129.
[349] ADN, S.577.
[350] StON, S. 178.
[351] BS, S. 378ff.

Kammersberg:

Berg im VB *Murau*, 1072 m/M.

Als Berg: der Chamersperg 1299.

Aufgrund der vorliegenden Genetivbildung ist der ON nicht von mhd. **kamer(e)** (vgl. *Kammern*) abzuleiten; daher geht er auf einen PN zurück. Nach L-H könnte dem ON ein Reichskammergut zu Grunde liegen[352].

EA: Da ein geeigneter PN laut Kessler nicht zu finden ist, könnte an einen slawischen gedacht werden, etwa *(Du)chomer - „Geist“ und „Friede“ oder eine ähnliche Kurzform, vielleicht von *Cheitomer. Allerdings führt Bahlow einen mhd. PN **Kemmer** - „Wollkämmer“ an[353]. Andererseits kennt das Ahd. das Wort gudɘhavmo - „Kampfkleid, Rüstung“, sächsisch **Hamo** - „Kleid“[354].

Baravalle zufolge lag ein Turm am südwestlichen Abfall des *Kammersberges* oberhalb des Marktes. Dort heisst ein Ried unweit des Gehöftes vlg. Mair am *Kammersberg* „Birkanger“. Baravalle weist mit Nachdruck darauf hin, dass **Birk (Pirk)** „Burg“ bedeutet. Bis ins 18. Jh. hat sich hier der Riedname „Thurnanger“ erhalten[355].

+ (im) Kamp:

Gegend im *Feeberg*graben, VB *Judenburg*: in dem Champp . . . bey Judenburg 1346, in dem Champppey dem hoff ze Miltenpuchel 1408, im Chammp 1454, ym Champ 1465.

Spätmhd. **kamp, kambe** - „der Kamm, festes, hervorstehendes Felsgestein“. Kranzmayer stellt diesen ON auch zu slaw. **kamen** - „Stein“[356].

EA: Altkelt. **caminus** soll „Weg“ bedeuten.

Kamper:

Ober/Unterkamper westlich von Klein*lobming*, VB *Knittelfeld*. Nach E. Lukas hat sich beim Gehöft dieses Namens, das später geteilt wurde, eine Gerichtsstätte (Femegericht) befunden[357].

Zur Etym. siehe + *im Kamp*.

Kampofen:

Großer Felssturz im Bärental, OG St.Wolfgang-*Kienberg*,VB *Judenburg*. Nach Kessler befand sich hier im „Loch“ am Fuße der Felswand eine Schmiede.

Zur Etym. vgl. + *im Kamp* und *Ofen*.

Karchau:

Höhenrücken zwischen dem Gebiet von *St. Lambrecht* und dem *Mur*tal, VB *Murau*: im Chaercher 1371, der pach, der durch den Charicher rinnet vnd Roesler haisst, s. Kunigund in der Karcher 1461, der Karcher 1449.

Von ahd. **charruchari** - „der mit dem Karren fährt“, ursprünglich wohl ein Hofname; vergleiche ahd. **charruch**, mhd. **karr(e)ch** - „der Karren“. Die jetzige Schreibung mit -**au** stellt eine falsche schriftsprachliche Verdeutlichung für **Karcher** - „Karrenmacher“ dar, dadurch kommt es auch zum Wechsel des Geschlechts von Fem. zu Mask.

Kargel:

Gehöft bei *Dürnberg*, VB *Knittelfeld*: die Cherrgelhueb in *Puchschachen* 1402.

Wohl ein Hofname vom dt. PN **Kargel, Kergel**, mhd. **karc** - adj. „klug, listig, schlau; knapp, unfruchtbar“.

---

[352] StON, S. 178.

[353] DNL, S. 274.

[354] DFN, S. 761.

[355] BS, S. 481.

[356] ONK II, S. 212.

[357] AW, S. 49 f.

+ Karlsberg:
Abgekommener Wehrbau und Turm nordöstlich der Ortschaft Kalsdorf südöstlich von *Neumarkt*, *VB Murau*. Wall und Graben zeichnen sich noch im Gelände ab. Die Ritter nannten sich von Chalochperg. Im Jahr 1196 wird Weikart (Wichart) von *Karlsberg* erwähnt[358]. Ahd. **wig**- „Kampf", ahd. **hart** - „hart, fest". Der PN stellt eine Umkehrung von „Hartwig" dar[359]. Vgl. *Kalberg* bei *Seckau*.

Ka(r)rer:
Flur und Gehöft zwischen *Oberweg* und *Reifling*graben, VB *Judenburg*: Karekg 1430, Judenburger waldt oberhalb deß Karers 1628, bey dem Kharer 1720[360].
„Kar" ist heute eine Geländebezeichnung für hochgelegene, steinige, einsame Gebirgsmulden. Das mhd. **kar** - „Geschirr, Schüssel, Vertiefung" hat seine Bedeutung als eine „zur Weide benützbare Talmulde in den Bergen" verloren. Der Begriff ist in höhere Gebirgsregionen aufgewandert.

Karner:
Gehöft in der *Gaal*,VB *Knittelfeld*: die Charntenhueb 1448.
Gehöft in *Kraubath*, VB *Leoben*: ain gut genant in Kernden ob Krawat 1425.
Diese beiden Hofnamen gehen noch auf den ehemaligen Flurnamen „orientales partes **Charante** nominate" von 895 für das obersteirische Murgebiet zurück, das damals zu Karantanien gehörte.

Kathal:
Flur nördlich von *Obdach*, VB *Judenburg*:die Kathayl 1305, die Chateul 1369, die Cottewl 1424, die Cotewl pey Eppenstain 1432. Mdal. „khatál".
Nach Kessler vom aslaw. ***hotavlja** - „die Siedlung des Hota". Vgl. den in Slowenien vorkommenden ON **Hotalje**. Die Entlehnung ist erst 1050 oder später vor sich gegangen, da die slaw. Betonung noch heute besteht. L-H verknüpft den ON mit urslaw.***kotъlъ** – „Talbecken, Talkessel". Der zweite Teil des Namens sei an mhd. **teil** bzw. **tal** angeglichen worden. Einen Zusammenhang mit lat. **cadmia** – „Erzgrube" verwirft L-H wegen der großen lautlichen Verschiedenheit[361]. Siehe auch *Kumpitz*.
EA: Im Bereich *Kathal* liegt am westlichen Talrand des *Granitzenbaches* die Flur „Arzberg", wo sich noch Spuren eines Bergbaues finden lassen. Da die urkundliche Nennung des ON *Kathal* im Vergleich zu anderen relativ spät erfolgt ist, bezweifle ich seine slawische Herkunft, zumal sich ahd. **Chadal**- als PN anbietet (vgl. *Kalberg*).
Nach Baravalle stand ein Turm auf dem letzten Ausläufer eines vom *Obdachegg* herabziehenden Rückens, der heute durch die Bahnlinie durchschnitten wird. 1319 hatten den Turm bei der Katharinenkirche in *Kathal* Lantfried von Thurn und Friedrich Lonsperger gemeinsam in Besitz[362].

Katsch:
Flur und Ruine nördlich von *Frojach*, VB *Murau*: Chatissa 890, Chatsa 1007, Chatzis 1065, Chats 1080, Chatz 1130, Chatse 1140, Checze 1280, Chesch 1364, Chaetsch 1381.
Nach Kranzmayer aus vorslaw. *** katiss(i)a**, wohl zu idg. ***qat** - „lieb" die „liebliche Gegend, der liebliche Bach"[363].
Auch Brandenstein leitet den Namen von idg. und kelt. ***qat** ab, gelangt aber zu dem Ergebnis, dass diese Wurzel als Nomen „Hürde" bedeutet. Ein durch Parallelen gesicherter Wandel von „Hürde > befestigter Wohnsitz" führt zur Übersetzung „der zu einer Hürde (> Burgumwallung) gehörige Wohnplatz", wobei das oben erwähnte Suffix **-issa** (kelt.) ungefähr die „Zugehörigkeit" bedeutet[364].
Nach L-H ist der ON keltisch und mit altirisch **cathir** – „Stadt" verwandt, von der idg. Basis ***kat** - „flechtend zusammendrehen, Hürdengeflecht" und mit dem kelt. Suffix **-issa** gebildet in der

---

[358] BS, S. 492.
[359] KVB, S. 428f.
[360] ONJ, S. 20.
[361] StON, S. 63.
[362] BS, S. 261.
[363] ONK, S. 117.
[364] Brandenstein, Kleine namenkundliche Arbeiten, S. 137ff.

Bedeutung „der mit einer geflochtenen Umwallung, einer Hürde versehene Wohnsitz, eine befestigte Wohnstätte"[365].
Baravalle geht davon aus, dass die ältesten Teile der Burg schon aus dem 11. Jh. stammen (2,20 m starke Ringmauer), die im 15. und 16. Jh. beträchtlich erweitert wurde. In einer Urkunde von 1007 wird das Gut „Chatsa" genannt. Der Verfall der Burg begann spätestens ab 1858[366].
EA: Es sprechen gewiss mehr Argumente dafür, dass der ON mit der Vorstellung einer „geflochtenen Burgumwallung" zusammen hängt. Vgl. die Deutung zu den *Grillen-* und *Hof-Namen*.

<u>Katschgraben:</u>
Der obere Teil des Tales nordwestlich von *Teufenbach* bis zum *Sölk*paß, VB *Murau*, reichend: Lvngovve 1184, districtus Longawe 1262, die Stubenberger Chaetsche 1304.
Damit ist urkundlich ein Wechsel in der Bezeichnung dieses Grabens von „Lungau" zu „Katsch" zwischen dem 13. und 14. Jh. nachgewiesen.
Kessler zitiert eine Vorlesung von Prof. Much, wonach der Name **Lungau** auf altnordisch **hlynr -** „Bergahorn" zurückgeht. Nach einer anderen Deutung ist dieser Name auf idg. - voreinzelsprachlich ***Luna** – „die Sumpfige" von idg. ***leu/l*lu** – „Schutz" zu idg. ***gouwi** – „Gau, Land, Flur" zu stellen[367]. Zu *Katsch* siehe dort.

<u>Kattiga:</u>
Bei *Spielberg*, VB *Knittelfeld*: curtis Eiche 1172, Aiche 2. H. 12. Jh. Choetig aych, Katigaych 1411, Chotigaych 1431.
Etym. dt.: Ursprünglich „der Hof der Eiche", später „die Eiche im kotigen Gebiet".
Da heute das **-c-** im Schwachton steht, hat es mdal. soviel an Tonwert verloren, dass es gänzlich ausgefallen ist. Nach L-H bedeutet mhd. **kâtic -** „kotig"[368].
EA: In *Kattiga* befand sich der Stammsitz der Familie Mayr - Melnhof. Die Vorfahren dieser Familie bewirtschafteten hier seit dem 15. Jh. ein ansehnliches Gehöft mit Eigenkapelle. Die erste Nennung eines Hans Mayr geht auf das Jahr 1434 zurück[369].

<u>Katzling:</u>
Ortschaft zwischen *Pöls* und *Unterzeiring*, VB *Judenburg*: Checzlegeren 1279, Chaeczlin ca. 1300, Chaetzlingeren, Chaetzlingarn 1320, Checzling 1340, Kaczling 1454.
Wie der Beleg von 1300 zeigt, handelt es sich ursprünglich nur um einen Hofnamen zum ahd. PN **Katzili**; wie oft bei alten Verkleinerungsformen aus **-lein** wurde dazu die **-er**-Ableitung mit **-ing** „bei dem Katzlinger" gebildet. Daraus abstrahierte man fälschlich ein neues „Katzling", also liegt kein echter „*-ing*-Name" vor. L-H denkt an einen altdeutschen PN wie **Kazo, Kazilo** oder **Kazilin**, woraus sich die Deutung „bei den Leuten des Herrn Kazilo" ergibt[370].
EA: Bei Bahlow habe ich einen Übernamen **Katz** zwar gefunden, jedoch taucht dieser erst im 13. Jh. für Menschen von katzenartigem Wesen oder für Katzenfreunde bzw. -schinder auf. Eine Kurzform **Hatto** ließe sich allerdings von germ. PN **Hadmar** „Kampfruhm" ableiten[371].
Vielleicht aber ist dieser PN „Katzili" nur aus einem kehlig gesprochenen <u>ch</u> verschrieben worden. Diese Überlegung ergibt sich auch daraus, dass in der Stammtafel der Aribonen und Sighardinger ein **Chacil** (Chadalhoch) als Gründer von Moggio und Eberndorf um 1090/1100 aufscheint[372], was die Existenz eines so zu schreibenden PN beweist. Vergl. dazu *Kalberg*.
Knaurs Buch der Vornamen erwähnt einen **Hatto** (alte Kurzform zu den mit **Had -** ahd. „Kampf") beginnenden Namen[373]. Bahlow nennt dazu **Hatzold, Hetzold** für eine Kurzform von **Hermann**

---

[365] StON, S. 21.
[366] BS, S. 483ff.
[367] ADN, S.692
[368] StON, S. 151.
[369] Forcher, Die alten Handelsbeziehungen des Murbodens mit dem Auslande, S. 4ff.
[370] StON, S. 163.
[371] DNL, S. 272.
[372] Hans Dopsch (2004). In: Brunner, Mariahof, S. 45.
[373] KVB, S. 293.

(„Heer und Mann")[374]. Geht man davon aus, dass **Katzili** mit dem erwähnten **Chacil** zusammenhängt, so könnte man an eine Form von **Hatto** (Hattilo) wie Tassilo zu **Tasso** denken.
Baravalle vermutet hier einen Edelhof, auf dem zwischen 1301 und 1326 Habrecht von Chetzling saß[375]. Siehe auch *Mauterndorf*.

Kerschbaumer:
Gehöft in der OG *Rachau,* VB *Knittelfeld*.
Siehe + in *pomerio*.

Kienberg:
Höhenrücken südöstlich von *Judenburg*: am Chienperg 1310, an dem Chienperg 1350, 1439 am chienperig, am Khienperg 1473.
Zu ahd. **kien** - „Kienspan, Wurzelstock der Föhre", aber auch in der Bedeutung „gespaltenes Holz, Nadelbaum". Bäume, die zur Herstellung von Kienspänen geeignet waren und wegen ihres Gehaltes an Harz gesucht wurden, haben in Bergnamen ihren Niederschlag gefunden[376]. L-H führt den ON auf mhd. **kienboum, kien** – „harzreicher Baum, Nadelbaum, Föhre" zurück[377].

Kienbergbach:
Gewässer im VB *Judenburg*, das in den *Granitzen*bach mündet: Kienpach um 1400, am Kienpach 1494, das fischwasser im Khuenbach biß in die Gräniz 1563, das vischwasser in Khienpach 1663.
Zur Etym. siehe *Kienberg*.

Kirbisch:
1242 m hoher Berg südlich von St. Ruprecht ob *Murau*.
Nach Kessler ist der Name vom Wort „Kehrwisch" - „Besen", abzuleiten, es handelt sich also um einen Hexenberg.
EA: Das Steirische kennt diesen Namen als Bezeichnung für den Auskehrbesen[378]. Meines Wissens gibt es zu diesem Bergnamen keine Legende oder Sage, die eine solche Deutung bestätigen könnten. Die Konsonantenfolge **k–r-b** (als Satemvariante **s–r-v**) deutet eher auf etwas Eingeschnittenes, eine Schlucht, auf einen steilen Abhang hin. Nach dem SWB bedeutet **kerbeln** „(ein)kerben"[379]. Vgl. auch kelt. **brig** - „Berg, Anhöhe". Im Slow. steht **vrh** für „Berg, Bergspitze". Die Konsonantenfolge **v–r-h** stellt die Metathese einer Kentum - Variante zur erwähnten Folge **k–r-b** dar. Ich glaube daher, dass dieser Bergname slaw. Ursprungs ist und etwa „schroffe Bergspitze, gekerbter Gipfel" bedeutet.

Klausen:
Nahe Seebach bei *Ranten*, VB *Murau*.
EA: Der Name bedeutet „Sperre". Es handelte sich nach Baravalle um eine provisorische Befestigung mit Steinturm, Steinmauern und einem hölzernem Wohnhaus, die zur Sperre des des Tales in den Kriegszeiten zwischen 1282 und 1296 errichtet worden waren. Nach dem Friedensschluss zwischen Herzog Albrecht und dem Erzbischof von Salzburg wurde der Wehrbau aufgelassen[380].

Kletschach:
Bei *Proleb*, VB *Leoben*: Vallis Chletschach 1293, die Cletschach 1390, am Gleczach vnder dem Reydach 1420.
Wahrscheinlich aus slaw. ***hlebcah** - „bei den Leuten des Hlebec". Andere Deutung: „Wiese auf der Waldlichtung".

---

[374] DNL, S. 212.
[375] BS, S. 261.
[376] ONJ, S. 20f.
[377] StON, S. 153.
[378] SWB, S. 119.
[379] SWB, S. 119.
[380] BS, S. 486.

67

EA: Im heutigen Slow. bedeutet **hleb** „Brotlaib". Nach Kranzmayer entstand der ON aus aslaw.
*kle(n)cah - „bei denen auf der Sandbank"[381]. Diese Deutung erscheint mir am sinnvollsten.
L-H verbindet den ON mit dem slow. **kléča** – „schotterige Stelle im Acker"[382].
Baravalle erwähnt beim Übergang in den Trasthalgraben einen *Burgstall*, jedoch lässt sich eine
Wehranlage urkundlich nicht nachweisen[383].

Klöckel:
Gehöft im *Reiflinggraben*, VB *Judenburg*: dy khlogkhlhueben 1490, Khlockhler 1579, Klöckhlhube
1628.
Bei Kessler wird keine etym. Erklärung für diesen ON gegeben
Baravalle erwähnt einen „Klöcklhof" zu *Hafning*, den vor 1392 Christof Ritzersdorfer, vermutlich als
Gösser Lehen, besaß[384].
EA: Nach dem SWB bedeutet **klocken** „klopfen, schlagen", in der Jägersprache auch „balzen".
Klockholz ist die Bezeichnung für den hölzernen Hammer des Schusters, **Klocker** der „Türklopfer"
sowie der Eisennagel am Hammerhelm, der beim Niederdrücken des Helmes auf eine Eisenplatte
anschlägt und den Schlag des Hammers verstärkt. Ein **Klöckler** ist ein Armer, der am Dreikönigstag
in den Bauernhöfen Essen erbittet. Der Dreikönigsabend heisst **Klöckler**abend[385]

(die) Klum:
Gegend westlich von *Katzling*, VB *Judenburg*.
EA: Bis zum Beweis des Gegenteils gehe ich von slaw. ***holm** - „Hügel, Bergkuppe" als Wurzel für
den ON aus. In der *Klum* befanden sich mehrere Stolleneingänge der *Zeiring*er Silbergruben.

Kniepaß:
Gebiet nördlich von *St. Marein bei Knittelfeld*.
Als Berg: der Knyepeiß, kneypais under Mawttern 1490.
Nach Kessler ein deutscher ON. Der Weg auf diesen Berg war so steil, dass einem die Knie wehtaten,
also ein sogenannter „Knieschnackler". Dasselbe Wort kehrt beim **Chypoz** 1320 bei *Katsch* wieder.
Das ADN leitet einen gleichlautenden ON bei Bozen von ahd. ***kniobôz** – steile Wegstelle, steile,
schroffe Anhöhe" ab[386]. Nach E. Lukas liegt dieser Ort an einem Kohlweg, der eine der ganz alten und
häufig benutzten Direktverbindungen zwischen dem *Mareiner* Boden und dem *Liesing*tal darstellte[387].
EA: „Paß" bedeutet nach dem SWB „Lauer"[388]. Im Bereich des *Mareiner* Bodens gibt es insgesamt
drei ON mit -„paß": Den Steinpaß, den Grillpaß und den hier angesprochenen *Kniepaß*. Ich glaube,
dass der ON „Lauerstelle am (Bach)knie" bedeutet. Diese Stelle könnte sich unmittelbar westlich der
Kote 1059 dort befunden haben, wo der Töringbach einen knieförmigen Bogen beschreibt. Mhd. **boß**
soll „(Holz)schlag" bedeuten. Vgl. *Passhammer.*

Knittelfeld:
Bezirksstadt im *Aichfeld*: Chnvteluelde 1224, Forum Chuteldo 1265, Chuttemweldi 1295[389],
Chnutelveld 1295, ain Wiesen auf **der** Chnuettelveld 1393, Knutelveld 1423, Knueteluedl/-veld 1445,
Knittelfelden 1489.
Nach Kessler ein deutscher ON: „Das Feld, die weite Niederung der knütteldicken Baumstämme".

---

[381] ONK, S. 120.
[382] StON, S. 84.
[383] BS, S. 382.
[384] BS, S. 382.
[385] SWB, S. 124.
[386] ADN, S. 607.
[387] AW S. 122.
[388] SWB, S. 162.
[389] Die Formen „Forum Chuteldo" aus 1265 und „Chuttemweldi" 1295 sind zitiert nach Lois Hammer ,
Aus Knittelfelds Vergangenheit, S. 165f.

68

Im Sinne von Kranzmayer handelt es sich um ein Holzmaß in Zusammenhang mit dem Abraumrecht. Man ließ dort den Anflug auf die Stärke eines Zolles heranwachsen, rodete dann und ließ den Wald wieder anwachsen, somit handelt es sich um eine Bezeichnung für eine Bewirtschaftungsform[390]. E. Lukas erwähnt, dass einige Historiker den ON auf den PN **Knutilo** zurückführten, nach anderer Meinung würden die als Treppelweg zur *Mur* verwendeten Holzknüppel zur Deutung herangezogen. Weiters gebe es noch die *Lind*wurmsage, wonach der im Tal der *Ingering* hausende Drache mit stacheligen Knütteln erschlagen worden sei und jene Überlieferung, dass die *Judenburg*er die in ihrer Stadt wohnhaften Juden verfolgt, bei Knittelfeld auf dem Felde eingeholt und dort erschlagen hätten. Die Holzprügel hätten sie auf dem vom Blut der Erschlagenen rot gefärbten Feld liegen lassen[391]. L-H führt den ON auf den PN **Hnûtilo** und auf mhd. **vëlt** zurück[392].

Baravalle erwähnt einen in den Jahren 1296 bis 1309 urkundlich angeführten Ulrich von *Knittelfeld*, der auch „Herr" genannt wurde. Er und sein Bruder Heinrich scheinen 1296 als „milites" (Ritter) auf, ebenso ein Ottokar. Mit Heinrich scheint dieses Geschlecht ausgestorben zu sein[393].

EA: Den erwähnten PN **Knutilo** könnte man wie Tassilo und Odilo als eine Form von **Knut**, ahd. **knuz** - „freimütig", zu nordisch **kint** - „von gutem Geschlecht" auffassen[394]. Die oben angeführten urkundlichen Nennungen setzen relativ spät ein, außerdem fehlt darin der zu erwartende Genetiv (vgl. *Judenburg, Walt**e**nbach),* der zu einem „Knutelsfeld" führen müsste. Ich halte daher diesen ON für gleichbedeutend mit „Zollfeld" und meine, er ist im Sinne der Kessler'schen Deutung abzuleiten.

<u>Kobenz:</u>
Bach und OG östlich von *Knittelfeld*: ad Chumbenzam 860, Chumbenza 890, Chumbentia 1151, Chuombenza 1171, Chumwentz 1353, Chobencz 1339.
Nach Kessler wäre von einem spätillyr. ***chambanza** auszugehen; zu Grunde liegt ein kelt. ***kambantia** - „die sich Krümmende, Windende".
Noch heute fließt der Kobenzbach in zahlreichen Windungen der *Mur* zu. -**antia** ist ein kelt. Flußanhängsel, das häufig vorkommt. Die Verbindung mit dem illyrisch ***kamb** - „krumm" liefert nach Kessler den Beweis für eine illyrisch-kelt. Mischsprache in unserem Gebiet. Die beiden vorslaw. Völker sind also hier eine enge Symbiose eingegangen. Über die altslaw. Zwischenform ***ch(n)bo(n)ca**, frühslaw. ***chambinca**, wurde der Name sehr früh zu ahd. ***chumbanza**. Die urkundlichen Belege sprechen bis ins 14. Jh. für eine Anfangsbetonung. Die heutige Endbetonung ist erst sekundär entstanden. Auch besteht vor ahd. -**ent** und -**enz** die Neigung, den Hauptton auf die schwerere Endsilbe zu verlegen. L-H geht von ***cambantiâ** zu kelt. ***cambo** – „krumm" mit dem im Alteuropäischen, aber auch im Keltischen häufigen Suffix -**antiâ** aus. Das slaw. ***kǫb** habe die Schreibung „kumb-" ergeben. Die heutige Endbetonung weise auf eine späte Eindeutschung hin[395]. Baravalle schreibt, dass für das Jahr 1274 zu Kobenz eine Dingstätte bezeugt ist, was die Annahme stützt, dass das Geschlecht der Kobenzer auf einem Edelhof gesessen sein. Wulfing und Nickel von Chumbenz werden in den Jahren 1287 - 1290 genannt, 1301 - 1323 wird Wilhelm, 1318 - 1346 Meinhard von Chumbentz erwähnt [396].
EA: Zur Frage der Illyrer verweise ich auf die „Sprachgeschichtlichen Anmerkungen" zu Beginn dieser Arbeit. Gegen die Auffassung, dass das als illyrisch bezeichnete ***chambanza** dem sogenannten „Substrat" entstammt, einer voridg. Sprachschicht, sollten keine Bedenken bestehen. Allerdings bedeutet im heutigen Slow. **kamenen** „steinern"; die Slawen könnten den Überschwemmungsbereich des Baches, der sicher viel Geschiebe enthielt, so bezeichnet haben.

---

[390] ONK, S. 259.
[391] Hammer, Aus Knittelfelds Vergangenheit, S. 15.
[392] StON, S. 130.
[393] BS, S. 293.
[394] KVB, S. 325.
[395] StON, S. 21.
[396] BS, S. 325f.

Kogel, -kogel:
Dt.: „Berg mit rundlichem Gipfel, Bergkuppe"[397].

Koingraben:
Linker Zubringer zum *Pölsfluss* nördlich von *Möderbrugg*, VB *Judenburg*: in der Kayn im Pretstain
1432, die Kain 1468, in der Choyn 1468. Das Gehöft vlg. Koiner als Choin, Chain 1285.
Der ON setzt ein slaw. *hoijna voraus, „die Gegend des Gehens, die Gegend, in der man lange
wandern kann" (vgl. slow. hoja - „das Gehen, der Gang").

Kolli:
Gehöft in der OG *St. Peter ob Judenburg.*
Zur Etym. siehe *Chol-.*

Königreich:
Berg südwestlich von *Neumarkt*, VB *Murau*: bei der *Tanzstatt*, Oberpöllau: das Kunikreichl 1429.
Dieser mehrmals vorkommende Name bezeichnet ursprünglich eine saftige, ertragreiche Almgegend
(die wisen Chunigreich 1454 bei *Edling*). Im vorliegenden Fall knüpft der ON an die Sage von hier im
Berginneren schlafenden Helden *Noreias* an. Mehrmals entstehen daraus Hofnamen, so z. B. in
Seckau: „in dem Chunichreich" 1348, heute die Gehöfte vlg. Reicher und vlg. König.
EA: Erwähnt sei auch das Anwesen vlg. Gaal*könig*. Man denke auch an den sagenumwobenen Berg
Königstuhl auf der *Turrach*. Im *Königreich* bei *Neumarkt* förderten Grabungen in den
Neunzigerjahren des vorigen Jahrhunderts Reste von Bauwerken zutage, die noch nicht datiert werden
konnten (Mitteilung Dr. D. Kramer, Joanneum, 1992).

im Kot:
Häufige, meist lokale Ortsbezeichnung in der Obersteiermark, vielfach auch Komposita bildend.
Das Wort bedeutet in ON entweder das „sumpfige Gebiet" oder „die Gegend, wo Töpfererde
vorkommt".
Dazu: Kothgraben in der OG *Reissstraße*, Kothlacken bei *Heiligenstadt* u. a.
EA: Keltisch cot, coed bedeutet „Wald", auch wenn nichts darauf hinweist, dass hier ein keltischer
ON überlebt haben könnte. Vgl. auch *Gottsbach* und *Kattiga.*

Kotschidl:
Verstreut stehende Häuser bei *St. Georgen ob Murau*: Kozchidol ca. 1300, Goschidl 1393, in dem
Gotschidl 1443. Der ON scheint auf Wanderkarten als „*Gotschidl*" auf.
Von slaw. *skocidol - Imperativ: „Springe hinab!" eine steile Felswand, eine Art Jungfernsprung.
EA: Vgl. dazu die ON *Puxer Loch*, der eigentlich **Luegg**, also „Luginsland" bedeutet, oder
Kalambaka/Griechenland („Schau hinaus, Luginsland").

Krakau:
-dorf, -ebene, -hintermühlen, -schatten: Ortschaften und Landschaft im VB *Murau.*
Als Flur: der Graker 1304, Krakenaw, Krakaw 1320, im Krakawe 1349, in der Krakaw 1369, Kraka
1495.
Als Dorf: im Krakaw ze s. Oswalt im dorf 1427.
EA: Mdal. „grokka", wobei das **k** wie im Tirolerischen kehlig gesprochen wird und das **r** „englisch"
klingt.
Von slaw. *krakowa - „die Gegend der Dohlen (Krähen)". Vgl. aslaw. *krakati - „krächzen",
sowie polnisch Krakov - Krakau. Nach Kranzmayer kommt der Name offensichtlich vom slaw.
*krakava als Ableitung zum erwähnten krakati[398]. L-H sieht als Grundlage für diesen ON entweder
einen slaw. PN Krak,einen altdeutschen PN Gracco oder slaw. *krak - „ Flussarm", die letztere
Deutung kommt aber nur bei Fluren an fließenden Gewässern zum Tragen[399].

---

[397] StON, S. 173.
[398] ONK II, S. 127.
[399] StON, S. 97.

70

Kraubath an der Mur:

OG und Ortschaft westlich von *St. Michael in der Obersteiermark*, VB *Leoben*: Chrowata 1050, Chrowat 1080, Chrawat 2. H. 12. Jh. ecclesia sancti Georgii ad Chrowat 1196, Krawat 1425, Kraubat 1471.

Vom aslaw. ***hrovate, *hr(u)vate**, das wären die „Kroaten", doch nach Ansicht Kranzmayers weist dieser ON nicht darauf hin, dass hier Kroaten wohnten, sondern darauf, dass es sich um eine besondere **Rechtsinstitution** bei den Slawen gehandelt habe. Demnach liege hier kein Beweis für die Anwesenheit eines kroatischen Stammes vor, vielmehr hätten an diesem Ort gewisse privilegierte Bauern gewohnt[400]. L-H erwähnt ein abgekommenes „curia in Laaz dicta Chrawat" 1288 östlich von *St. Marein* bei *Knittelfeld* und führt den ON auf urslaw.***Chъrvatъ**, slow. **Hrvat** - „Kroate" zurück. Es gibt diesen ON fünfmal in der Steiermark. Ob diese Namen auf Kroatensiedlungen zurückgehen oder ob hier ein PN vorliegt, könne nicht entschieden werden. Dass es sich in einigen Fällen, vor allem zwischen *Leoben* und *Knittelfeld*, um kroatische Sprachinseln handeln könne, sei nicht unwahrscheinlich[401]. Die Bezeichnung „Kroate" soll von dem altiranischen Wort **fšuhaurvata** - Viehüter" entlehnt sein. Die Kroaten - ursprünglich an der Weichsel beheimatet - wurden im 7. Jh. vom byzantinischen Kaiser zum Schutz gegen die Awaren in Dalmatien angesiedelt, von wo aus sie sich nach Norden und Osten ausbreiteten[402].

Nach Baravalle wird um 1100 ein Otto miles de chrowat als Dienstmann des Grafen Waldo von Reun genannt. Auf den alten Herrensitz weist der Riedname „Burggraben" hin, der beim „Maier in Pirchegg (Burgeck!)" in die Mur mündet. Weiters zeigt die Österreichische Spezialkarte 1: 75000 ein „Burgried" ostsüdöstlich von *Kraubath*[403].

+ Krautwiesen:

Nach Baravalle lag dieser Edelsitz im *Pöls*tal, wahrscheinlich in der Nähe von *Kumpitz*, VB *Judenburg*. Das kleine Rittergeschlecht kommt erst 1356 mit Alber an der Krautwiesen und seiner Frau Elsbeth, Schwester Herbert des Vonstorffers, urkundlich vor[404].

Kreischberg:

Berg südwestlich von St. Lorenzen ob *Murau*, 1981 m/M: Guet gen. der Greisperg 1443, der Greysperg 1443, der Creyesperg 1450.

Etym. nach Kessler nicht ganz klar. Vielleicht handelt es sich um eine Kollektivform zu „Rausch" - „Almrausch" (Rhododendron ferrugineum und hirsutum, auch „Rauschgranten" genannt). E. Lukas erwähnt im Glossar zu ihrer Rachau - Chronik den Begriff „Kreidfeuer" (Höhenfeuer zur Warnung vor herannahenden Feinden und bei Gefahr) und nennt als alte Form **krien** für „schreien" (engl. **cry**)[405]. L-H leitet den ON „Greisdorf" bei Stainz Greysdorf 1452) vom PN **Griso, Greis** ab[406]. EA: Die Bergnamen von 1443 sind sicher als „Greis-perg" zu lesen. Die Lautfolge „krei-**schb**-erg" ergab sich daraus, dass die Folge von -s-und **p(b)**- oft zu -**schp(b)**- verändert wurde. Das Steirische kennt ein Adjektiv **greisalt** - „uralt, sehr alt, steinalt"[407]. Mhd. **grîs** bedeutet „grau, alt" und wurde besonders häufig auf das vom Alter ergraute Haar angewendet[408]. Ich glaube daher, dass der ON „grauer Berg" bedeutet, vielleicht, weil seine Hänge grau von den „Graupen" (Lungenmoos) oder von anderen Flechten waren.

Kreith:

Siehe *Greith*.

---

[400] ONK II, S.

[401] StON, S.35.

[402] Dietmar Urmes (2003): Handbuch der geographischen Namen, Wiesbaden: Fourierverlag, S. 174f.

[403] BS, S. 376.

[404] BS, S. 261.

[405] Ra. S. 571.

[406] StON, S. 116.

[407] SWB, S.87.

[408] Kohlheim, Duden Herkunftswörterbuch, S. 255.

71

+ Krempel:
Gehöft nordwestlich von *Obdach*, VB *Judenburg*: die Kremplleiten im Kyenperg am Kyenpach 1494.
Eine „Krempelleiten" ist ein mit einem kleinen Krampen (mdal. „khrempl") bearbeitetes Land.

+ ob dem Kreuz:
Flur westlich von *Judenburg*, nach M. Schiestl wohl die Armensünder - Urlaubsstation
(Armensünderkreuz): ob Judenburg ob dem Kreuz 1419, an die strassen bey dem stainen Krewtz 1500,
ob der stat Judennburg ob dem staynnen Kreuz 1502, beim gemalten creuz vor den obern Landthor
1643[409].
EA: Die „Armensünder - Urlaubsstation" war jene Kapelle, an der die zum Tode Verurteilten eine
letzte Andacht verrichten und sich von ihren Angehörigen verabschieden durften.

Kreuth:
Siehe *Greith – Namen*.

Kreutl:
Gehöft in der OG *Rachau*, VB *Knittelfeld*.
Siehe *Greith - Namen*.

+ Kreuzberger:
Ehemaliges Gehöft nordwestlich von *Bischoffeld*, VB *Knittelfeld*:Creuzperge 1296.
Dt. ON: „Der Berg, auf dem ein Kreuz steht". Der Brauch, auf Bergspitzen Kreuze zu setzen, hängt
mit dem uralten Kult der Bergverehrung zusammen. Insbesondere „böse Berge", über denen sich
regelmäßig Unwetter zusammenbrauen, wurden mit diesem christlichen Abwehrsymbol versehen.
Außerdem sollte das Kreuz vor etwaigen Raubüberfällen, Unfällen und anderen Widrigkeiten Schutz
bieten. Oft fallen solche Kreuzsetzungen mit uralten Wegkreuzungen zusammen, daher die
Namendoubletten. Ursprünglich liegt auch diesem christlichen Brauch der heidnische Glaube zu
Grunde, an Wegkreuzungen säßen unheilbringende Dämonen.
EA: Das SWB kennt die Bezeichnung **Kreuzstein** für einen „Mark- oder Grenzstein, in den ein Kreuz
eingeschlagen ist"[410]. Wenn mhd. **stain** „Fels" bedeutet, könnte es sich um einen Felsen handeln, in
den ein Kreuz eingehauen war (und vielleicht noch ist). Alte Kultstätten hat man immer wieder mittels
eines eingehauenen Kreuzes gewissermaßen „christianisiert".

Kroisbach:
Gegend und Rotte in der OG *St. Margarethen bei Knittelfeld*: im Chreweczpach 1401, Krewspach
1441.
Aus frühahd. **krebeze** kontrahiert mit mhd. **kreuze, kriuze** - „der Krebs" - „der Bach, in dem viele
Krebse vorkommen".

Kulm:
Am *Zirbitzkogel* im VB *Murau*: Chulm 1136, am Chulm 1445, am Khulm 1450. Der Ort wird erstmals
1332 als Chulm ob Chalasperg erwähnt[411].
Etym.: Von aslaw. ***ch(u)lm(u)** - „der Hügel". L-H geht davon aus, dass sich im Westen Österreichs
das romanische **culmen** - „Anhöhe, Berg" fortsetzt, im Osten hingegen slaw. **holm** in derselben
Bedeutung Verbreitung fand[412].

Kumpitz:
Dorf und KG bei *Fohnsdorf*, VB *Judenburg*: Chuntuz 1148, Chumptwitz 1230, Chuntwitz 1258,
Kuntwitz 1402, Khuntbicz 1496.

---

[409] ONJ, S. 22.
[410] SWB, S. 132.
[411] Diether Kramer(1985). In: Walter Brunner, Geschichte von Neumarkt in der Steiermark, S. 66.
[412] StON, S. 30f.

72

Etym.: Von slaw. *ho(n)vov(i)c(i) - „derjenige, der zum (Manne) Hota gehört". Nach L-H als slaw.*Chǫtovica abgeleitet vom PN Chǫtъ mit dem Suffix –ov-ica[413].
EA: Slow. hoteti bedeutet „wollen". Vgl. *Kathal*.
Auch ein Wald bei *Dürnberg*, VB *Knittelfeld*, trägt diesen Namen.

Künsten:
Bei *Schöder*,VB *Murau*: in dem Chiensen 1320, in der Chinsen 1335, Kinsten, Günsten 1897. Mdal. „in khinstn".
Die urkundlichen Schreibungen machen eine Ableitung von „Kunst" unmöglich. Der ON kommt möglicherweise von „die Kinsen, Kinsten" - „Schrunde, wie sie die harte Arbeit in Händen und Füßen des Landmannes zieht".
EA: In der *Künsten* besteht ein sehenswerter Wasserfall. Obermüller nennt kelt. kean als „Bergkante" und Kinz von lat. Quintia als „Waldbach"[414]. Somit wären beide Erklärungen akzeptabel und vereinbar - der Waldbach, der an einer Bergkante in einer „Schrunde" zum Wasserfall wird.

Kurzheim:
a) Dorf bei Gai, VB *Leoben*: Gurczhaim bei Traueiach 1331, Gurczham 1434, Gurtshaymb 1488. Ein echter -heim-Name. Es besteht auch nach den alten Schreibungen kein Zweifel daran, dass trotz der heutigen modernen Aussprache das Eigenschaftswort „kurz" nicht maßgebend war, sondern vielleicht ein slaw. PN *K(u)rcez(i) - „der mit dem verzogenen Gesicht" oder „der Rodende".
EA: Auffälligerweise denkt Kessler hier nicht an slaw. gorica – vgl. die Überlegungen zu *Gusterheim*.
Hier saß nach Baravalle ein hochfreies Edelgeschlecht, von dem im 12. Jh. der Kleriker Reginald mit seinen Brüdern Arito und Enzin genannt werden[415]. L-H führt zu beiden ON - Kurzheim bei Gai um 1145 „predium ... ad Gurzhaim" und (Ober)kurzheim bei *Pöls* „predium ... apud Gurzham" um 1140 aus, dass sie im ersten Teil des Namens entweder urslaw. *kъrčъ - „Rodung" oder den slaw. PN *Kъrčъ enthielten[416].
b) Abgekommener Edelhof bei Ober*kurzheim*, VB *Judenburg*: Baravalle schreibt, dass dieser Hof, auf dem die Gurtsheimer saßen, bereits im 12. Jh. genannt wird. Es handelt sich bei diesem ehemaligen Edelhof um das Haus der Familie Hainzl[417].

Laas:
KG *Greith*,OG *St. Marein bei* Knittelfeld: Laas, Laaz 1278, Laz 1292, im Lass 1459, im Las 1498.
Zu slaw. *laz - „die Rodung". L-H leitet den ON von urslaw. lazъ – „Gereut, lichte Stelle im Wald, Rodung" ab[418]. Siehe auch *Lassenberg*.

Laasen:
Flur bei *Peterdorf* in der KG Althofen, VB *Murau*: an der Lassnig, an der Lesnig 1381, in den Lezzen 1387, in der Leznig 1389, am Lazzen 1389, am Losen 1425, an dem Lasen 1429, die Lasen 1479. Mdal. „im losn obm. „
Hier haben drei verschiedene slaw. Namensformen auf den ON eingewirkt:
1) Aslaw. *las(i)nica - „die Rodung, die Gegend, der Bach der Rodung". Darauf beruhen die Schreibungen „Lesnig, Lasnig".
2) Aslaw. *laz(i)na - „das zur Rodung Gehörige", dazu „Lezzen".
3) Slaw. *lazen - „was zur Rodung gehört". Hierauf geht die mdal. Lautung „losn" zurück. Siehe *Laas*.

---

[413] StON, S. 64.
[414] DKW II, S. 178.
[415] BS, S. 383.
[416] StON, S. 105.
[417] BS, S. 261.
[418] StON, S. 38.

Lachtal:

Alm- und Waldgebiet in der KG *Schönberg* bei Niederwölz, VB *Murau*: alben im Lächtal 1477. Eine Herleitung von aslaw. *****vlah(u)** - „der Romane" (genauer: der Kelte) hält Kessler aus geografischen Gründen für unwahrscheinlich. Ahd. **lach, diu laha** (Schmeller I, 1432) bezeichnet dagegen „eingehauene Zeichen an einem Baum, Grenze, Mark im Walde."
Das bair. Verbum **lachen, lacken** ist noch heute im Wortschatz der Bauern vorhanden und bedeutet „einen Waldbaum durch Einschneiden zum Schlägern bestimmen".
Kranzmayer wies Kessler auf das uralte Verbum „**lach´n** - „mit warmen Dämpfen Krankheiten von Mensch und Tier heilen", ahd. **lâchinôn**, gotisch **lêkinôn**, hin. Aus der Defferegger Mundart werde das mask. Hauptwort **Lach** - „erwärmter, sichtbarer Dunst" berichtet. Es könnte sich demnach um ein „Tal der heilsamen Dünste" handeln. Das Duden – Herkunftswörterbuch führt das ahd. Verbum **lâchinôn** - „heilen" an[419]. L-H leitet den ON von mhd. **lâche** - „Einschnitt, Kerbe auf einem Grenzstein, Grenzzeichen" bzw. von mhd. **lâche** – „Grenzstein" ab[420].
EA: Auch das SWB kennt das Wort **Lack** mit der Bedeutung „Dunst"[421]. Dass das *Lachtal* besonders dunstig wäre, ist mir noch nicht aufgefallen. Es könnte aber sein, dass das *Lachtal* vor Zeiten ein Ort war, an dem sich Heiler aufhielten. Vielleicht gab es dort Heilquellen - das seinerzeitige Vorkommen von Schilterit, eines kalkhaltigen Gesteins in *Schiltern*, könnte darauf hinweisen.

Lacke, -lacke:

Volkstümliche Bezeichnung für kleinere Wasseransammlungen. Hochdt. **Lache**. Die Herkunft dieses Wortes ahd. **lahha**, mhd. **lache**, ist nicht sicher geklärt.falls es sich nicht um eine alte Entlehnung aus lat. **lacus** - „Wasseransammlung, See" handelt, könnte es mit der Wurzel *****leg** -„tröpfeln, sickern" zusammenhängen[422]. Vgl. *Lanken*.

Ladin

Flur bei *Predlitz*, VB *Murau*: In der Ladin 1445, in der Ladynn 1450, die Ladin 1464. Mdal. „af da ladin".
Zu aslaw. *****le(n)dina** - „das neue Land, die Brache". Da die Diphtongierung des -i- zu -ei- nicht eingetreten ist, wurde der Name wurde erst im 13. Jh. eingedeutscht. L-H deutet den slaw. Ausdruck auch als „Waldschlag"[423].

La(hn):

Die bair. Entsprechung für mhd. **löune**, ahd. **lewina** - „Schnee-, Erdlawine".

Laim, jünger Lam, Lehm:

Häufig vorkommender Geländename in der Steiermark.
Mhd. **leim(e)** bezeichnet den Ton, den Lehm; im bair. Sprachgebrauch tritt auch die Bezeichnung **Kot** - „weicher Grund, glitschiger Boden", auf. Die mdal. Aussprache lautet durchwegs „loam".
EA: Vgl. *Glein*.

+ Laimgrube:

a) Östlich von *Seckau*, VB *Knittelfeld*: silua Laimrise 1202, Laeymrisen 1288, Laimrise 1304. Mdal. „loamgruabn".
b) Am Eingang des *Oberweggrabens*, VB *Judenburg*: in der Laymgrueb gegen dem Kelichen ueber 1426[424]. Vgl. *Ziegelwald*.

---

[419] Kohlheim, Duden Herkunftswörterbuch, S. 47.
[420] StON, S. 30, 145.
[421] SWB, S. 135.
[422] Kohlheim, Duden Herkunftswörterbuch, S. 399.
[423] StON, S. 39.
[424] ONJ, S. 22.

Laing:
OG *Spielberg*, VB *Knittelfeld*: Lonk 1181, Lonke, Lonc 2. H. 12. Jh. uilla Lonch 1285, Loenk 1295, Lank 1406, Lainkh 1456, Laynkh 1494 - 95. Mdal. „laingh".
Von aslaw. *lo(n)ka - die „sumpfige Talwiese". Der Name wurde sicher vor 1050 eingedeutscht.
Vgl. *Lanken*.

Lainsach:
Vorder/Hinter-Lainsach; Tal bei *St. Michael in der Obersteiermark*, VB *Leoben*: die Lonsach 1230, in der Loensach 1338, die Leinsach 1440.
Von aslaw. *lo(n)zeva - „die Gegend mit Schilf, Binsen". Vgl. aslaw. *lo(n)g(u) - „die Auwiese".
Der Name wurde sicher schon vor 1050 aus dem Slawischen übernommen, das erkennt man an der Ersetzung von slaw. -ê- durch dt. -s-, die später nicht mehr denkbar wäre.

Laintal:
Tal bei *Hafning* bzw. *Trofaiach*, VB *Leoben*: das Leynktal, Loenktal 1352, das Lonktal 1361, das Longtal 1383, in der Lanchen, im Lankental 1394, das Lainkental 1434, das Lantal, Lawntal 1441, Laenktal 1454, das Layntal 1480, im Laingtal 1495.
Etym.: „Das Tal, die Flur", die mhd. **longge** genannt wurde; das mhd. Wort kommt jedoch vom aslaw. *lo(n)ka - die „Sumpfwiese". Vgl. *Lanken*.
EA: Im *Laintal* wurde in den Jahren 1979/80 ein römischer Grabbezirk entdeckt und teilweise ausgegraben.

Landschach:
Bei *Knittelfeld*: Um 1150 (Uvoldus von) Lonsza[425], 2. H. 12. Jh. Lontschach, Verbrüderungsbuch des Stiftes *Seckau*: „laundsoch", Lensach, Lenscach 1285, die Lontscach 1306, Londschach 1290, in der Lensach 1394, Loentschach 1397, Lantschach bei Knuttelveld ca. 1400, Layntschach 1478.
Etym.: Von aslaw. *lo(n)čah(u)- „bei den Leuten in der Au, Sumpfwiese".
Zum Schloss: Inmitten des großen Aribonenbesitzes scheint die „Gut Landschach" in einer Urkunde von 1080 auf: Der Vollfreie Richheri übergibt ein Gut zu *Landschach* an das Bistum Brixen. 1148 werden ein Fridericus und ein Wolvolus von Lontsa genannt, 1168 ein Mangold von Landschach.
Der Verfall des Schlosses am linken Murufer (heute Bereich GH Arlitzer) begann mit dem Verkauf durch die Teuf(f)enbacher, welche aus Glaubensgründen das Land verlassen mussten; der Edelsitz war jedoch noch bis 1629 bewohnt. In den Sechzigerjahren des 20. Jh. standen noch Reste der Umfassungsmauern sowie Teile des Gefängniskellers[426]. Zum „Gut Landschach" siehe auch *Thalberghof*.

Lanken:
Bei *Triebendorf*, VB *Murau*: in der Lankhen 1469.
Von einer jüngeren Entlehnung aus aslaw. *lo(n)ka - „Sumpfwiese".
Siehe *Laing, Lainsach, Laintal*.

Lassenberg:
Höhenrücken nördlich von *St. Georgen ob Judenburg*.
Etym.: Siehe *Laas*. Kessler leitet den ON allerdings von mhd. **lâze** - „Freigelassener", ab.
EA: Dieser ON dürfte in Zusammenhang mit einer alten Burganlage zu sehen sein. Auf dem Berg befindet sich das Gehöft vlg. *Burgstaller*. Der *Burgstall* besteht noch südwestlich des Gehöftes.
Zur Örtlichkeit siehe auch + *Mureck*.

Laßnitz:
Zwischen *St. Lambrecht* und *Adendorf*, VB *Murau*: 1345 Laesnicz, Lazzenitz 1351, die Laszentz 1353, die Loesnicz 1361, die Laesnicz 1464, die Lasnicz 1468.

---

[425] Ebner, Burgen und Schlösser ..., S. 294f.
[426] AEA, S. 26, 105ff; Ra. S. 559 (zitiert nach Josef Steiner-Wischenbarth, Chronik des Gutes Landschach, o. J., Privatbesitz).

Von *slaw. **laznica.** - „die Gegend, der Bach in der Rodung". L-H erwähnt urkundliche Nennungen dieses Namens 1132 „aquę Laznich dictę", 1170 „ad ortum fluvii Laeznich", vor 1207 (1114) „ab ortu fluminis Laznika" und deutet den ON als ***Lazьnika, * Lazьnica** zu urslaw. **lazь** - „Rodung, Gereut"[427]. Siehe *Laas.*

Lausach:
Gegend südwestlich von *Neumarkt* bei *Einöd*, VB *Murau:* Lausach vnder Graslab 1349. Von slaw. ***lužah** - „bei den Leuten an der Schwefelquelle". Der Name ist bezeichnend für die Gegend um das heutige Wildbad *Einöd.* Siehe + *Lausbühel, Laußlinggraben.*

+ Lausbühel:
Waldgegend südlich von *Judenburg:* der Lauspuhel derhalb des graben 1351. M. Schiestl leitet den ON von slaw. **luza** - „Sumpf" ab[428].

Laußlinggraben/-bach:
Östlich von *Obdach*, VB *Judenburg:* Mdal. „lausling". ripa Scartpach 1191, der Lausingpach 1494. Der alte Name des später nach der Gegend benannten Baches geht, vorausgesetzt, dass die urkundliche Schreibweise richtig ist, auf mhd. **skart, scart** - „die Wache" zurück. Der Bach bildete von jeher die Gemeinde- und Amtsgrenze und hieß daher „Wart(en)bach". Zum späteren Gewässernamen siehe *Lausach* und *Lausbühel.*
Baravalle erwähnt einen Wehrbau von *Obdach* „auf den steilen Westhängen des Größenberges", der schon im Jahr 1410 verfallen war[429]. EA: Dieser Lauslingbach fließt am Ostrand des Obdacher Beckens; sein alter Name könnte von dieser Burg hergeleitet sein. Auf dem *Obdach*er Sattel gibt es weiters noch den Bergnamen Tschökel - „Wartberg" sowie in *Paisberg*, OG *Eppenstein,* den Gehöftnamen *Tschekel.* Vgl. *Tschakathurn* und den Namen des Grazer Hausberges, des *Schöckl*; siehe auch *Warbach.*

die Lavant:
Entspringt im *Lavant*see auf dem *Zirbitzkogel*,VB *Judenburg:* Lauent 1184, Lauenda 12. Jh. Lafendt 1459. Kranzmayer leitet den Namen von vorslaw. ***albhanta** − „die „Weißglänzende, der Weißenbach"; voridg. ***albho** - „weiß", ab; sein dt. **la-** aus vorslaw. **al-** führt gemeinsam mit dt. **-v-** statt **-b-** einwandfrei auf eine slaw. Zwischenform. Der Name wurde aber, wie immer bei Flussnamen, an der Mündung gegeben (Mündung in die Drau). Die Verdeutschung ist demnach frühestens ab 800 erfolgt. Die Baiern haben vor 800 im *Lavant*tal selbst noch nicht gewohnt, sonst müßte der Fluß **Alfant** oder **Albant** heißen. Kranzmayer glaubt, dass das Tal ab etwa 790 von den Awaren „gesäubert" war. So erklärt er auch das Fehlen vorslawischer Namen, die vorwiegend dt. Nomenklatur im Talboden trotz der Römerstraße und die späte Entlehnung des Namens erst um 800 aus dem Slaw. Der ON **Labanta** ist als einer der ältesten Kärntner Namen im Jahr 860 aufgezeichnet worden[430]. Siehe *Alm* und -al-Namen.

Lavantegg:
OG und Landschaft südwestlich von *Obdach*, *VB* Judenburg. Zum ON siehe *Lavant* und -*egg.*

---

[427] StON, S. 66.
[428] ONJ, S. 23.
[429] BS, S. 266.
[430] ONK II, S. 134, ONK I S. 21, 36, 75, 86, 111.

Leber:
Ehemals häufige Flurbezeichnung in der Steiermark.
Ahd. **(h)leo** bezeichnet den Erdhügel, das Grab, und weist überall auf prähistorische Fundstätten
(Hügelgräber) hin. L-H deutet mhd. **lê** als „Hügel, Anhöhe"[431]. Der Name ist siedlungsgeschichtlich -
von Bedeutung.
So z. B.:
- „die genannt **Lebar wise**", im *Ranten*graben nordwestlich von *Murau* „unter den Fuerern",
- „**der Leberanger**" im 15. Jh. bei der Kirche s. Johann im *Felde* bei *Knittelfeld*[432],
- Hof „**an den Lebern**" 1378 bei *Großlobming*,
- „**wisen gen.** der Leber" 1493 an der Straße zwischen Hof und *Prankh*,
- „**Lebern**" bei *Leoben*.

Baravalle erwähnt eine 1424 genannte „Burgstelle am Leberfeld" und erwägt, ob diese mit dem
Galgenberg bei *Leoben* identisch sein könnte[433].
EA: Ahd. **leber** bedeutet nach Bahlow und Duden jedoch „Binse"[434][435].

+ Leichstatt:
Flur westlich von *Judenburg*: Leitten an der laistat 1424, die Leichstat 1467, dy Laichstat 1506.
Nach M. Schiestl wahrscheinlich identisch mit *Meylstat* (*Malstatt*)[436]. Der Name bezeichnete einen
Ort, an dem Gerichtsversammlungen zur Aburteilung von Verbrechern stattfanden.

Leiming:
Flur an der Ostseite des *Paal*grabens bei *Stadl* an der *Mur*, VB *Murau*: die Leymikh 1398, in Leyming
1498.
Aus slaw. ***lipnica** - der „Lindenbach".
Die Entlehnung ist sicher schon in ahd. Zeit erfolgt, weil slaw. **-ica** als **-ika** aufscheint. Dasselbe gilt
für **Leims**, allerdings liegt hier eine jüngere Entlehnung vor, da slaw. **–ica** als **-itz**, **-iz** (Lewinz 1415,
Leynucz 1434) eingedeutscht wurde.

Leising:
Dorf bei *Kraubath*, Leisinggraben, -berg (Leisen-), VB *Leoben*.
Als Gegend und Bach: fluvius Levsnich 1173, Leusnich 1266, Leusnitz 1274, Levzenich 1288,
Leusing vnder Craubat 1471, am Leysenperg 1424.
Etym.: Von slaw. **luzinica** - „der Bach mit schwefelhaltigem Wasser". Der Name wurde, wie die
urkundlichen Formen zeigen, zweimal entlehnt: Die erste Entlehnung erfolgte bereits in ahd. Zeit
(slaw. **-ica** wird zu **-ika**), die zweite später (slaw. **-ica** wird zu **-iza**, **-iz**); Levnich 1173, bzw. Leusnitz
1274. L-H deutet den ON als ***Lužьnika** zu urslaw. **luža** – „Sumpf, Pfütze, Lache"[437].

Leistach:
Flur nahe *St. Lorenzen bei Knittelfeld*: locus Listah 1075, Listach 1080, Lista 1150, Leista 1208,
Leistach 1341.
Von aslaw. ***liscah(u)** - „bei den Leuten, wo viel Laub ist". Vgl. slow. **list** - „Laub".
EA: E. Lukas verweist auf das kelt. **lisso(s)** - „mit einem Erdwall befestigt"[438]. Vor 1075 ist hier der
Edelsitz eines Hartnid mit Eigenkirche belegt.

---

431 StON, S. 145.
432 W. Brunner hat in MIÖG 82/1974 (zitiert in Heinz Waldhuber, Spielberg, S. 82) ausgeführt, dass das
    namengebende Gräberfeld zur alten Siedlung *Maßweg* gehört hat. Der Obere Leberanger liegt demnach
    am *Pitzach*, nächst und ob St. Johann im Felde.
433 BS, S. 375.
434 DNL, S.307.
435 DFN, S. 415.
436 ONJ, S. 23.
437 StON, S. 67.
438 Ra. S. 330.

+ im Leisten:
Ried bei *Pux*, VB *Murau*: 1415 erwähnt.
Nach Schmeller (I, 1524) bezeichnet bair. **die, das Leist** das „Wagengeleise, die Spur des Weges".
EA: Auf der Straße, die am *Pux*er Felsen entlang führt, gibt es westlich von *Pux* die „Römerwand", eine Stelle, an der ich tatsächlich eine „Wagenleiste" im Felsboden gesehen habe.

Leiten, -leiten:
Häufiger ON. Z. B. + an der Leiten (westlich von *Judenburg*) 1265[439].
Zu mhd. **lit(t)e** - „Berglehne, -abhang".

Leitendorf:
Bei *Leoben*: Leidendorf 1371, Lautendorff 1377, Lewt 1387, Laut 1424, Leyt 1447. Mdal. „laitntoaf".
Vom ahd. PN **Liuto** „das Dorf des Liuto".
Die heutige Aussprache mit -ai- weist auf den Genetivumlaut, also auf eine Benennung vor 1100, hin.
EA: Der PN dürfte eine Kurzform zu **Liutold, -pold** darstellen („Volk", „kühn")[440].

(die) „Lentwialucken" (mdal.):
Im Klammgraben, OG *Bretstein*, VB *Judenburg*[441].
EA: Typisches Beispiel für die Volksetymologie, also für die volkstümliche Erklärung oder Umdeutung von Namen, die nicht oder nicht mehr verstanden wurden. Bei diesem ON, der nur in der Form der mdal. Ausdrucksweise wiedergegeben werden kann, handelt es sich um die Bezeichnung für eine Aushöhlung im linksufrigen Felsen, etwa in der Mitte des hinteren Schluchtbereiches. Im Volksglauben hat derjenige, welcher in diese „Lucken" einen Stein wirft, der darinnen liegen bleiben muss, am Ende seines Wanderweges auf die Alm kein „Kreuzweh" zu befürchten.
Im Slow. bedeuten **lent** „träge, faul" und **vir** „Quelle", somit wird der heutige ON aus slaw. Zeit eine Quelle bezeichnen, die nur mäßig und manchmal gar nicht fließt, was örtlich zutrifft, da in diesem Schluchtteil der Bach teilweise, insbesonders oberhalb der „Lucken", im Boden verschwindet und erst in einiger Entfernung wieder erscheint.

Leoben:
Bezirksstadt zwischen *Knittelfeld* und Bruck an der *Mur*.
Als Grafschaft: Comitatus Liubana 1020, als Gau: Pagus Liubenetal 1023;als Tal: Liupinatal 904.
Als Siedlung: Liubina 890, Leuben 1130, Liuben 1145, Luben 1193, Lubna 1313, Leubna 1330, Lewben 1485, Leobm 1485. Mdal. „ts luim".
Nach Kessler vom aslaw. ***liubjana*** - „die liebliche, leicht gangbare Gegend". Der ON besitzt dieselbe Wurzel wie **Ljubljana** - Laibach, und wie die vielen Leoben und Loiben in der Steiermark, in Kärnten und Niederösterreich.
Der Name scheint zweimal entlehnt worden zu sein: Das erste Mal schon im 8. Jh. mit dem Wandel von aslaw. ***liubjana*** zu ahd. **liubina**, das zweite Mal mit demselben Wandel zu ahd. **liubana** wohl erst nach 1050.
L-H lehnt die mit „lieb(lich)" verbundene Deutung ab, weil das Lexem **ljub** wohl nur zur Benennung eines Gefühls menschlicher Zuneigung verwendet worden ist und für ON kaum in Frage kommen könne. Allerdings wird auch im ADN angenommen, dass aslaw. ***Lúbьna*** zu slaw. ***l´ub*** oder ***l´uba*** - „lieb" gehört[442]. Nach Prof. Udolph liege am ehesten ein idg. Lexem **+leu-b-b/leu-p** - „Schmutz, beschmutzen" vor[443].
Nach Baravalle bestätigte König Arnulf dem Erzbischof von Salzburg am 20. 5. 890 neben anderen Schenkungen auch die Kirche zu Liubina (vielleicht St. Peter/Freienstein). Der Markt *Leoben* wird erst 1160 und 1173 urkundlich erwähnt; er entstand um die vermutlich zu Anfang des 12. Jh. erbaute

---

[439] ONJ, S. 23.
[440] DNL, S. 312.
[441] Den Hinweis auf diesen interessanten ON verdanke ich Herrn Ing. Udo Lerchegger, Bezirkshauptmannschaft Judenburg.
[442] ADN, S.663f.
[443] StON, S. 23.

Jakobskirche am Fuße der wahrscheinlich auch um diese Zeit errichteten *Massenburg*. Das Geschlecht der Leobner war ursprünglich vollfrei[444].

Lessach:
Landschaft bei *St. Blasen*, VB *Murau*: Lesach ca. 1130, in der Lessen 1387, Lessach 1491. Von aslaw. ***lesah(u)** - „bei den Leuten im Wald". Daneben muß es auch ein aslaw. ***les(i)na** - „was zum Wald gehört" gegeben haben: in der Lessen 1387. L-H führt den ON auf urslaw.***lesъ** - „Wald"zurück[445].

+ Leuch(t)witz:
Die Flur an der unteren *Glein* rund um die heutige *Stehringmühle* in der OG *Rachau*, VB *Knittelfeld*. Dort dürfte sich auch das im Jahr 1150 genannte **molendinum apud glin** befunden haben, das ein Ritter „von der Glin" dem Stift *Admont* geschenkt hat.
Der ON könnte sich von mhd. **leuch(t)** - „licht, hell" und slaw. **ves, vica**, das zu **vi(t)z** („Ort, Dorf, Gegend", aber auch „Weg und Hof") wurde, ableiten. Da Kessler die Schreibung **Leuchnitz** mit slaw. **-nica** in Verbindung bringt und weil **glina**, der alte Name der *Glein*, auch „die Helle" bedeuten könnte, bestünde eine enge und plausible Beziehung zwischen der Orts-und der Gewässerbezeichnung [446].

Leutschachgraben:
Bach und Flur in der OG St. Oswald–*Möderbrugg*, VB *Judenburg*: Livtespach 2. H. 13. Jh. Leutschachpach 1322, Leutzinspach 1. H. 14. Jh. Lewczepach 1369, Lewtzenpach 1434, Lentschach-, Leutschen-, Leitschenbach (Zahn, 1897).
Nach Kessler ist die erste Form als **Liutzespach** zu lesen: „Der Bach des Mannes Liu(t)zili(n)". Vielleicht hat diese Örtlichkeit slaw. entsprechend übersetzt ***Ljudesach** geheißen. Darauf beruht die heutige moderne Form. Die slaw. Form setzt ein ***Ljudeha** voraus. Ahd. **Liutzili** und ***Liudeha** stellen Übersetzungen desselben Namens dar. Denkbar wäre auch eine Namensbildung mit dem ahd. PN **Leutz/Leuz** als Koseform dieser PN. Mhd. **liut** - „Volk, Mann, Fürst" fällt aber zum Teil mit **lut**, **ljud** – „lieb" zusammen. Mhd. **ljut** kann aber auch „wild" bedeuten[447]. L-H geht von einem slaw. PN **Ljubec, Ljubeš** aus[448]. Slaw. **lub/ljub** bedeutet „Liebe, Bevorzugung", slaw. **lud/ljud** – „Menschen"[449]
EA: Bahlow kennt einen PN „Lützel", der mit „wenig, klein" zu tun hat und mit dem englischen **little** verwandt ist[450]. Vgl. *Lutzmannsdorf*.

+ Liebenbrunn:
Im Jahr 1354 urkundlich erwähnt, südwestlich von *Kraubath*, VB *Knittelfeld*.
Dt. ON: „Der liebwerte, der Heilquell". Nach Kessler handelt es sich sicher um den *Fentscher* Sauerbrunn, der mittlerweile abgekommen ist.
EA: Ich teile diese Auffassung nicht, weil die *Fentscher* Quellen immer als „Sauerbrunn" bezeichnet und wohl auch empfunden wurden. Ich glaube, dass diesen Namen eine Quelle trug, die vielleicht in der Nähe der *Fentsch*er Mineralquellen lag, überraschenderweise aber „süßes", also kein „saures, jod- und kohlensäurehaltiges" Wasser spendete. Der Höhenrücken oberhalb des „Sauerbrunns" heißt *Sulzberg*. Dieser ON hat auch etwas mit „Salzwasser" zu tun. Vgl. *Sulzgraben*.

Liechtenstein:
Ruine in *Judenburg*: Liethenstain 1140, Lichtenstein 1144, Liechtenstein 1188, Lichtenstain 1202. Das neue Schloss: hof gelegen vnder der vesten 1411, der mairhof vnder Liechtenstain 1465.

---

[444] BS, S. 383.
[445] StON, S.91.
[446] Ra. S. 50, 198, 201, 330; Regesten des Herzogtums Steiermark, Bd.1 1308-1319,Graz 1976.
[447] Brunner, St. Oswald-Möderbrugg, S. 50f.
[448] StON, S. 47.
[449] http://de.wikipedia.org/wiki/Slawische_Vornamen, S. 3.
[450] DNL, S. 323.

Dt. Burgname: „Der lichte, helle Fels" von ahd. **lieht** - „licht, hell". Die Ruine liegt auf einem weit ins *Aichfeld* sichtbaren hellen Felsen. L-H erwähnt dazu mhd. **stein** - „Stein, Burg"[451].
Der älteste Teil der Anlage stammt nach Baravalle aus dem 12. Jh. als ihr erster Besitzer scheint 1140 Dietmar von *Liechtenstein* auf. Die Burg selbst wird urkundlich erst 1181 erwähnt. Baravalle vermutet einen (hölzernen) Vorgängerbau, dessen Besitzer aber unbekannt sind (vielleicht die *Hohenstainer*?)[452]. Zu -*stein* siehe dort.

Liesing:
Bach und Tal bei *St. Michael in der Obersteiermark*, VB *Leoben*: Liestinicha 860, Lieznicha 1051, Liesnicha 1073, Liesnich, -nik 1175, Lieznig 1404, Liesing 1410.
Etym.: Von aslaw. ***lêsc(i)nica.** - „der Haselbach". Diese Bezeichnung wiederholt sich in der Steiermark bei *Liesing*au, -berg, -tal.
Nach Kranzmayer wurde der Name schon um 590 oder bald danach ins Slawische entlehnt[453].
L-H führt den ON auf urslaw. ***lesъ** . „Wald" oder ***lěska** - „Haselstrauch" zurück.Unter anderem wurde die Pfarre *St. Michael* als **plebs Liessinich** im Jahr 925 genannt[454].
Nach Baravalle lag zu Liesing östlich von *Kammern* ein Edelhof, auf dem noch im 14. Jh. ein kleines Rittergeschlecht der *Admont*er als Dienstmannen saß[455].

Liezen:
Bezirksstadt im Ennstal nördlich der VB *Murau, Knittelfeld und Leoben*: Luezen 1090 -1101, Luzin um 1122-1137, Luozen um 1130-1139.
Etym. nach L-H vorslaw., da die Deutung aus slaw. **luža** – „Moor" oder **loka** - „feuchte Wiese" zu große lautliche Schwierigkeiten aufweist.

Lind, Lindner:
Der Baumname „Linde" bildet im steirischen Obermurgebiet mehrere ON.
EA: Wenn wenn Kessler, Kranzmaier und L-H den ON von der **Linde** ableiten (Lindenwald), so muß doch festgehalten werden, dass sich alle ON *Lind* im Bereiche von Schotterterassen finden, die ein Gewässer gebildet hat. Auch bedeutet ahd. **lind** „Wurm" im Sinne von „schlangenartigem Wesen".
Auch Schlamm- und Geröllmuren wälzen sich schlangenartig dahin.
Stark geschiebeführende Bäche bilden im Bereiche ihrer Ablagerungen meist Mäander; auch die diversen Lindwurmsagen, inbesonders jene vom Lindwurm im *Ingering*see (legendenhafte Ableitung des ON *Knittelfeld*), die offenbar alle etwas mit Überschwemmungen zu tun haben, führen von der Vorstellung weg, dass dieser ON etwas mit dem Lindenbaum zu tun haben muss. Auch kann man nicht behaupten, dass Linden Schotterböden als Standorte bevorzugten - im Gegenteil - mächtige Linden finden sich nur auf Böden guter Bonität.

Lind bei Scheifling:
VB *Murau*: Linta 1007, locus Linto ca. 1030, Lynte 1271; Lind bei *Spielberg*: Linta 890, Linte 1140, Lind 1295.
Etym.: Siehe *Lind*.

Lind bei Neumarkt, Schloss und Ruine:
VB *Murau*: Linth 1312, Lynt 1370, Lind 1377; Burg Lind: vest auf den puhel bei Lant.
Nach Baravalle dürfte *Lind* bereits im 11. Jh. ein festes Haus gewesen sein[456].
Etym.: Siehe *Lind*.

---

[451] StON, S. 183.
[452] BS, S. 262.
[453] ONK I, S. 85.
[454] StON, S.92.
[455] BS, S. 385.
[456] BS, S. 486ff.

+ Lindfeld:
Abgekommener Name einer Flur bei *Grünhübl*, VB *Judenburg*: Wolfgang Pierprew vom Lynndfeld 1526.
Nach M. Schiestl, abgeleitet von mhd. **linte** - „Linde"[457].
EA: Auch in *Grünhübl* besteht eine Schotterterrasse. Ein weiteres *Lindfeld* breitet sich östlich von *Judenburg* zwischen der Mündung des *Purbache*s in die *Mur* und dem „Neuen Schloss" *Liechtenstein* aus. Siehe *Lind* und *Lindfeld*.

Lindfeld:
Aktuelle Bezeichnung einer Flur östlich von *Judenburg*: Lindtfeld 1737. Dieser ON leitet sich von der nahen Floßlend ab[458].
EA: Auch hier liegt eine Schotterterasse vor. Vgl. *Lind*.

Lindmayerhof:
Das Gehöft steht auf einem etwas erhöhten Plateau in der großen *Mur*schleife nordwestlich von *Waltenbach*, östlich. von *Leoben*. Nach Baravalle handelt es sich um einen ehemaligen Edelhof, der im 12. Jh. im Besitze der Stubenberger war. Ein großer Stein, der noch beim Hof liegt, könnte ein Gerichtsstein gewesen sein[459]. Vgl. *Lind*.

Lobming - Namen :
Groß-/Mitter-/Kleinlobming:
a) Bei *Knittelfeld* : villa Lomnicha 1050, Lobinich 1136, Lobenich 1150, Lobnich 1190, Lobnig 1284, die Lobmig 1361, Lobming 1424.
Südöstlich von *Großlobming* im *Sulzgraben* befindet sich auf der Rückfallkuppe ein Burgstall, vermutlich schon aus vorslawischer Zeit. Das Dorf Lomnicha wird bereits 1050 genannt; Baravalle vermutet, dass an der Stelle des heutigen Schlosses schon damals ein Wehrbau bestanden hat. Das alte Schloss der Lobminger könnte auf dem 1242 und 1248 genannten „mons castris" (Schlossberg) südlich des Gehöftes vlg. *Benker* im *Sulzgraben* gestanden sein[460].
Der ON wird vom aslaw. ***lom(i)nica.** - „der Bach am Bruch, der Steine mitführende Wildbach" abgeleitet. Diese Bezeichnung trifft tatsächlich zu. 1950 gab es in der *Lobming* die letzte größere Unwetterkatastrophe, bei welcher der Bach Vermurungen herbeiführte. Die Eindeutung dieses Namens ist wegen der Wiedergabe des slaw. **-c-** als dt. **-ch-**, das ist **-ck-**, sicher in sehr früher ahd. Zeit erfolgt. Ortsnamen mit dem Appellativum **lom(u)** - „Bruch, Lahngang" sind in der Steiermark sowie in allen slaw. beeinflussten Gebirgsländern häufig. L-H führt an, dass nicht ganz klar wäre, auf welchen der beiden Bäche sich die Erwähnung von 927 beziehe. Er deutet die slaw. Wurzel als „Bruch, Stein-, Windbruch"[461].
b) Bei *Kraubath*, VB *Leoben*: 927 Lom(i)nic(h)akimundi, Lobenich 1171, Lomnich 1227, die Lobming um 1500.
Wie *Liesing* wurde nach Kranzmayer dieser Name um 590 ins Slawische entlehnt.[462]

Luckner(alm):
Dieser ON in der OG Rachau, VB *Knittelfeld*, hat nach E. Lukas entweder mit kelt. **lug** - „hell, leuchtend" oder mit spätmhd. **luogen** - „spähen, lugen" zu tun. Auch eine Deutung mit ahd. **luog** - „Höhle, Schlupfwinkel" wäre möglich[463]. Vgl. auch *Lueger*. Zu *-alm* siehe dort.

---

[457] ONJ, S. 25.
[458] ONJ, S. 25.
[459] BS, S. 385.
[460] BS, S. 295f.
[461] StON, S. 68.
[462] ONK, S. 143.
[463] Ra. S. 330.

Lucknerhof:
Haus in der Ortschaft *Preg*, VB *Knittelfeld* (heute „Freißlerhof"). Das Anwesen war im MA Teil des Besitzes der Stubenberger und wurde 1433 an *Seckau* verkauft. Die „Lukhner" wirkten damals *Seckau*er Amtmänner und besaßen als „wierdt zu predigam" auch eine Taferngerechtsame (Gasthauskonzession). In den Jahren 1674 und 1677 war die damalige Lucknerbäuerin in einen Hexenprozess verwickelt, aus dem sie offenbar unbeschadet hervorging[464]

Lueger:
Gehöft südöstlich von *Zeutschach, VB Murau*. Mdal. „luaga": in dem Lueg 1429, im Lueg in der Zeitschach 1452.
Etym.: Zu spätmhd. **luogen** - „Ausschau halten, spähen". Daher bezeichnet dieser ON stets einen guten Aussichtspunkt, eine Spähwarte. Solche Namen kommen in der Steiermark öfter vor, wie z. B. in dem Lueg ze Vesnach 1358, im Lueg 1305 bei *St. Peter am Kammersberg*.
EA: Vgl. auch *Schöttl* und *Puxer Loch*.. Nordwestlich der Hohen *Rannach* im Hinteren *Feistritz*graben gibt es eine Gegend Lueg.

+ Lungau (Lvngovve):
Alter Name für den oberen Teil des *Katschgraben*s, VB *Murau*. Etym. siehe dort.

Lutzmannsdorf:
Bei *St. Georgen ob Murau*: Luczmannstorf 1372.
Vom ahd. PN **Lutziman(n)** - „das Dorf des Lutziman".
EA: Einerseits könnte dieser PN mit obd. **lützel** - „klein" zusammenhängen (im Englischen noch als **little** erhalten), andererseits mit einer Koseform **Lutz-**, also mit mit **liut** - „Leute, Volk" oder mit **hlôd** - „Ruhm". Ludwig - germ. **Hlôdwig** - „der Ruhm und Kampf liebt"[465].

Madstein:
Bei *St. Michael in der Obersteiermark*, VB *Leoben*: Meizzenstein 1073, Meizenstaine 1126, Meidstein 1265, Maistein 1294, Messtain 1434, Marstain um 1500.
Das „Meiß" bezeichnet den Jungwald; mhd. **meiz** - „Holzschlag". Vgl. *Steinmetz*graben bei *Fohnsdorf*.
Baravalle vermutet auf einem steilen, felsigen, spornartig vom Sonnberg im Osten vorspringenden Rücken einen Wehrbau. Ein Herbert von Meizzenstein wurde um 1260 in einer *Admont*er Urkunde genannt, wobei es fraglich ist, ob es sich dabei um dieses *Madstein* bei *St. Michael in der Obersteiermark* handelt[466].
EA: Bei Madstein befindet sich ein ma. Turmhügel, der „Umadum" genannt wird.

Maier-, M(-m)eier-, Mayer-, M(-m)oar- Namen:
In der Regel weisen alle Namen dieser Art, auch Komposita, auf frühe Gründungen hin, die oft bis ins 9. und 10. Jh. zurückreichen. Meierhöfe waren oft Kristallisationspunkte mit einem größeren, für die Herrschaft wichtigen Anwesen. Es handelte sich dabei meist um Steinbauten.
Nach Bahlow kommt der Name vom **maior villae** oder **villicus**, im alten Frankenreich der Beauftragte des adeligen oder geistlichen Grundherrn, der den Hauptgutshof bewirtschaftete[467].

Mainhartsdorf:
Siehe *Meinhartsdorf*.

+ Malstatt:
Flur westlich von *Judenburg*: Meylstat pey dem chräuz 1408.
Von ahd. **mahal** - „Versammlungsplatz, Gerichtsstätte"[468]. Siehe + *Leichstatt*.

---

[464] Leitgeb, St. Lorenzen ..., S. 26, 94.
[465] DNL, S. 323.
[466] BS, S. 388.
[467] DNL, S. 325.

+ Malzbrücke:

Brücke über den *Purbach* in der *Mur*vorstadt von *Judenburg*: Malczprugken 1494, Malzpruggen 1584, im undern Purbach bei der Maltzpruggen 1627, Schmalzpruggen 1731, auf der Schmalzbrucken 1774, Schmalzbrücke 1849.
Abgeleitet von der Malzmühle, deren Eigentümer 1444 Niclas Malzmüller war; zu Anfang des 18. Jh. umgedeutet zu „Schmalzbrücke"[469].

Marbach:

Dorf und Rotte bei *St. Lorenzen ob Murau*: Marpach 1398, im Morpach bey s. Larenczen 1404, Marpach 1423, der Morpach 1463, der Marpach 1579.
Nach der mdal. Aussprache sind nach Kessler die urkundlichen Formen sicher als „Marchpach" - „Grenzbach" zu lesen. L-H hingegen leitet den ON von **Moar** – „Meier, Verwalter" ab[470].

Marein

Kurzform von *St. Marein*.
Etym.: PN **Maria**, die lateinisch-griechischen Form zu aramäisch **Mirjam** –„die Ungezähmte, Widerspenstige" (Bedeutung nicht gesichert)[471]. Siehe *St. Marein*.

Mareiner Boden:

Landschaft im VB *Knittelfeld* rund um den Ort *St. Marein bei Knittelfeld*.
Etym.: Siehe *Marein*.

Maria Buch:

Teil der OG Maria Buch-*Feistritz*:,VB *Judenburg*: infrierum (!) locus curtis Puech um 925, Puoch um 1075, Puech um 1081, Buch 1140, Puch um 1190, villa que dicitur Pvoch iuxta Judenburch 1274, Pveche 1281; weitere Nennungen im ONJ[472].
Der ON gehört etym. zu ahd. **puoch** - „Buche", möglicherweise aber auch zu ahd. **buhel** - „Bichl, Hügel"[473].
Baravalle vermutet einen alten Wehrbau oberhalb der Kirche. Der Name dürfte davon abzuleiten sein, dass man noch im 15. Jh. den Ort als „purch" bezeichnete[474].
EA: Ich bin mit Baravalle davon überzeugt, dass der ON mit dem Bestand einer Burg zusammen hängt und nichts mit dem Baum „Buche" zu tun hat. Die Gründungslegende, die mit dem vorüberegehenden Verlust eines Gebetbuches zu tun hat, spiegelt lediglich die volksetymologische Erklärung für das Wort Bu^ech wieder, das nicht mehr richtig verstanden wurde.

Mariahof:

Kirchenhügel mit Kirchenburg und OG im VB *Murau*: Ecclesia Grazluppa ca. 1066 (Urkunde im Stift St. *Lambrecht*; Nennung der Kirche in Molzbichl/Kärnten), Maria in loco Grazluppa 1103, s. Maria sanctusque Michael in Grazluppa 1147, Curia, Hove s. Michael in Grazluppe 1209, s. Maria sanctusque Michael in Hove 1226, s. Maria in Hove 1254, Hof ob dem Newnmarcht 1399, Hoferdorf 1461, 1494.
Häufiger Siedlungsname (nämlich *Hof*), auch typischer Siedlungsbeweis: „Hofarn" - „bei den Hofern - bei den Leuten am Hof".
EA: Nach neuen Forschungsergebnissen wird die älteste Erwähnung nun mit 1060/63 datiert. Bei Bauarbeiten im Pfarrhof wurde unter dem Küchenfußboden ein zerbrochener Flechtwerkstein gefunden, der aus der zweiten Hälfte des 8 Jh. stammt. Weiters befindet sich in der Sakristei der Kirche ein Holzbehältnis mit Gebeinen einer „heiligen" (nicht kanonisierten) Beatrix, deren Alter mit

---

[468] ONJ, S. 25.
[469] ONJ, S. 25.
[470] StGN, S. 63.
[471] KVB, S. 140.
[472] ONJ, S. 25.
[473] ONJ, S. 25.
[474] BS, S. 244.

Hilfe der Radiokarbonmethode ungefähr mit 760 n. Chr. datiert wurde[475]. Damit scheint erwiesen, dass der Kultplatz wesentlich älter ist, als bisher gedacht. Es ist eine frühmittelalterliche Kirche größerer Bedeutung (mit Chorschranke![476]) anzunehmen, die abkam (Slawenaufstände?) und hinsichtlich welcher jede Erinnerung verschwand. Überhaupt erscheint der Kirchbichl ganz offensichtlich künstlich verändert und gestaltet. An der Außenwand der Kirche finden sich Römersteine.
Der Gedanke an ein vorchristliches Heiligtum an diesem beherrschenden Ort drängt sich förmlich auf.
Am Kirchweg von *Adendorf* zur Kirche in *Mariahof* befindet sich ein Schalenstein.
Baravalle geht von einem Edelhof aus, der schon unter den *Eppensteinern* im 11. Jh. bestanden hat und 1103 bei der Gründung von *St. Lambrecht* an das Stift kam. Da dieser Hof noch 1520 einen eigenen Burgfried hatte, nimmt Baravalle an, dass zu diesem ursprünglich ein Turm gehörte[477].

Massenberg:
Anhöhe und Ruine bei *Leoben*.
Als Flur: Massenberch 1160, Massinberch 1175, Massenberge 1250;.
Als Burg: das Oberhaws 1312, Massenberg 1492.
Etym.: Vom mhd. PN **Mazzo** der „Berg des Mazzo". Das mhd.-ae in den alten Schreibungen bezeugt einen ahd. Genetivumlaut, also eine Benennung vor 1100.
EA: Eine Deutung des PN konnte ich nicht auffinden - vielleicht handelt es sich wie beim *Matzenbühel* um den Bühel des „kleinen Machther".
Nach Baravalle dürfte die Burg frühestens zu Ende des 12. Jh. auf den Resten einer älteren Anlage errichtet worden sein. Die Burgstelle scheint schon um 960 im Besitze der Grafen von *Leoben* gewesen zu sein[478].

Maßweg:
Schloss und Ortsteil in der OG *Spielberg*, VB *Knittelfeld*: Messbich 1295, Maesswich 1327, Meswig 1358, Maezzweg 1387, Messweg 1341, 1399. Mdal. „maßweig":
Als Schloss: hof Maewich 1340, vest Nessweg 1395.
Der heutige Name setzt nach Kessler ein aslaw. *me(n)soviče voraus; aus aslaw. *me(n)so - das „Fleisch", also „bei den Fleischessern". L-H geht von einem slaw. PN *Měš-ovik´i aus[479].
EA: Hier ist eher ein Zusammenhang mit mhd. meiz - „Holzschlag" zu sehen, zumal sich nahe *Spielberg* der Rest des einstigen Eichenbestandes des *Aichfeldes* befindet, der auf verschiedene Weise bewirtschaftet wurde. H. Waldhuber bezweifelt, dass die Silbe –vice etwas mit dt. „essen" zu tun haben kann und hält hier die Bedeutungen „Gau" oder „Dorf" für wahrscheinlicher[480].
Vgl. *Knittelfeld, Aichberg, Eichberg, Sierning, Madstein* und + *Musenbühel*.
Zum Schloss: Es scheinen hier ab 1300 die Galler als Herren auf, Otaker (auch Ottokar, Otacher), der steirische Reimchronist, hat sich an diesem Platz einen mit Wall und Graben gesicherten Hof errichtet, wo er und sein Bruder Ortlein 13 Jahre später auf „Messwih" aufsaßen. Sie nennen sich nun „von Massweg". 1395 wird eine „Veste Messweg" erwähnt. Um 1400 sitzt der letzte Galler, Dietmar, auf der „Veste Massweg bei Knittelfeld". 1453 leben hier Balthasar und Tristram von Teuf(f)enbach. 1452 brennt Maßweg bis auf die Grundmauern nieder. „Untermaßweg" wird nach Baravalle 1550 errichtet[481].
Die Namensgebung deutet darauf hin, dass die alte Burg oberhalb der „neuen" lag, auch wenn Braravalle meint, dass „Untermaßweg" von Ciriak von *Teuf(f)enbach* in unmittelbarer Nähe des oberen Schlosses errichtet worden sei[482].

[475] Hebert/ Mirsch, Methoden und Techniken ..., S. 152.
[476] Lehner, Betrachtungen zu einem Flechtwerkstein ..., S. 177ff.
[477] BS, S. 489.
[478] BS, S. 385ff.
[479] StON, S. 97.
[480] Spielberg, S. 58.
[481] BS, S. 297ff; Ebner, Burgen und Schlösser ..., S. 80f; J. N. V. Sonntag, Hauschronik von Sachendorf, S. 16-69; Waldhuber, Spielberg, S. 58ff.
[482] BS, S. 299.

Matzenbühel:
Anhöhe (Endmoräne) westlich von *Judenburg*.
Nach Kranzmayer abzuleiten von entweder ahd. **Matza** - „kleine Mechthild" oder von ahd. **Matzo** -
„der kleine Machther", auch denkbar von **Wazzo**[483]. Mechthild bedeutet ahd. „Macht und Kampf
liebend", Machther könnte mit „Macht und Heer (Herr)" übersetzt werden. **Mach** für sich heißt
allerdings im Schlesischen „Matthias". **Wazzo** wiederum mag eine obd. Form zum PN **Werner** sein,
und germ. „wehren" und „Heer" bedeuten[484].
EA: Auf dem *Matzenbühel* befand sich das Hochgericht der *Judenburg*er. Vgl. +*Lindfeld* und
Malstatt.

Mautern:
Ort nördlich von *St. Michael in der Obersteiermark* im VB *Leoben*: Mutaren 1145, Mutarn 1171,
Movtaren 1288, Mauttarn 1337, Mautern 1377.
Vom mhd. **mutaeren**, vgl. **mutaere** - der „Zöllner, Mauteinheber", also „bei den Mautnern".

Mauterndorf:
Ortschaft in der OG Ober*kurzheim* nördlich von *Pöls*, VB *Judenburg*: Mauterndorf 1286.
Das „Dorf" kam hier erst später zu den „Mautnern" dazu. Zur Etym. siehe *Mautern*.
EA: An der Stelle des heutigen Gasthauses „*Katzling*erwirt" in *Katzling* könnte damals die
Mautstation gestanden sein. Im Bereich eines angebauten Wirtschaftsgebäudes, links vom Eingang,
unmittelbar westlich des Gasthauses, sind im Gebäudeinneren wehrgangartige Reste mit Nischen in
der Mauer zu sehen.
Baravalle vermutet, dass im 12.Jh. bei oder in dem Ort ein Edelhof bestand. Die ersten Nachrichten
über das auf diesem Hof gesessene Geschlecht stammen erst aus dem 14. Jhd.[485].

Meier, -meier:
Siehe *Maier*.

Meinhartsdorf:
Dorf und Schloss bei Winklern, VB *Murau*: Meinhartestorf 2. H. 12. Jh. Meinhalmstorf 1256,
Meinhartstorf 1404.
Von mhd. **Mainhart - Meginhart** das „Dorf des Meginhart (von Krain)". Der PN bedeutet nach
Bahlow „Kraft" und „kühn"[486].
Nach Baravalle war das Gut Mainhartsdorf im 11. Jh. im Besitze der Herren von Craina. 1235, 1248
wird das Gut unter diesem Namen erstmalig genannt.
Am Meinhartshof in dieser Ortschaft ist ein Römerstein eingemauert.

Melling:
Gegend und Bach bei *Wald am* Schoberpass, VB *Leoben*: Melinch ca. 1300, die Melling ob
Cheichelbang 1427, auf der Melling 1490.
Vom aslaw. ***mel(i)niča** - „der Gesteinstrümmer zermahlende Bach". L-H stellt den ON zu slow. **mel**
− „mergelartige Erde"[487].

+ Micheldorf:
Siehe *Niklasdorf*.

---

[483] ONK II, S. 153.
[484] DNL, S. 544.
[485] BS, S. 264.
[486] DNL, S. 322.
[487] StON, S. 97.

+ Miltenbühel:

Gegend im *Feeberggraben der* OG *Reifling* beim *Grubhof,* VB *Judenburg:* der Multenpuel 1346, in dem Camp pey dem hoff ze Miltenpuchel 1408, hof Miltenpuche 1422 l, Miltenpuhelhoff 1423, Multenpühl 1543.

Nach M. Schiestl zu mhd. **molte, mulde** - „Staub, zerriebene Erde, auch Dünger"[488].
EA: Der *Grubhof* wird zu Ende des 15. Jh. *Gries*hoff genannt[489]. Vgl. *Gries.* Ich schließe aus dem ON *Miltenbühel* und dem früheren Namen des *Grubhof*es, dass hier allgemein die sandige Bodenbeschaffenheit namengebend war.

Mitter-Namen:
Mhd. **mitter** - „dazwischen".
EA: Dazu gibt es zahlreiche Komposita wie *Mitter*dorf bei *St. Peter ob Judenburg, Mitter*bach in der OG *Rachau, Mitterspiel* in der OG *Pusterwald;* der *Benken(Penken)bach* in *Baierdorf* bei *Judenburg* heißt mit einem zweiten Namen ebenfalls *Mitter*bach.

Mitterbach:
a) Landschaft und Bach südwestlich von *Knittelfeld.*
b) Weiterer Name des *Benkenbaches.*
Etym.: Siehe *Mitter-Namen.*

Mitterdorf:
Ort bei *Rothenthurm,* VB *Judenburg:* Mitterdorf 1355, Mitterdorf vnder s. Peter 1437.
Etym.: Siehe *Mitter-Namen.*

Mitterspiel:
Flur in der OG *Pusterwald, einwärts des* Pusterwaldgrabens vor dem „Hinterwinkel", VB *Judenburg.* Kessler erklärt den ON mit „das mittlere (Wasser-)spiel", weil dort zahlreiche Bergwässerchen flössen und und in ihnen Salige Frauen ihr Spiel trieben.
L-H deutet den Namen als „mittlerer Bezirk, mittleres Viertel" für ein kleinräumiges Gebiet mit einer nicht näher bekannten Verwaltungseinheit[490].
EA: Ich halte Kesslers Erklärung für volksetymologisch, weil mhd. **spil, spel** (Pfarr)gemeinde bedeutet.

Molteregg:
Nach einer Grenzbeschreibung auch Mueltrökh (1662). Es handelt sich dabei um ein großes Gebiet um den vlg. Mulltrer (1543) zwischen *Glein* und *Rachau,* das eine Sonn- und eine Schattseite besaß, im VB *Knittelfeld.* Unter anderem gehörte der vlg. Blasbauer dazu. Die Namen **Mull, Muel** deuten auf das Vorhandensein einer oder mehrerer Mühlen hin. In diesem Gebiet befand sich seit altersher eine Mühle[491].
EA: Nach dem BÖN hießen in Tirol die länglichen Backtröge **Molter** von mhd. **multer, muolter** - „die Mulde"[492].

Möbersdorf:
OG *Maria Buch-Feistritz,* VB *Judenburg:* Medwetstorf 1181, Medweinsdorf 1346, Merbersdorf 1437, Mebersdorf 1444.
Vom aslaw. ***medved(i)** - „der Bär", hier wohl als PN aufzufassen, das „Dorf des Medved(i)". Im Totenbuch des Stiftes *St. Lambrecht* scheint der PN„Medved" 11. Jh. auf.

---

[488] ONJ, S. 26.
[489] ONJ, S. 15.
[490] StON, S. 193.
[491] Mell/Pirchegger, Steirische Gerichtsbeschreibungen.
[492] BÖN, S. 145.

Moar z′ Hof:
Gehöft in Ober*mur*, OG *St. Margarethen bei Knittelfeld.* Der Hof wird in einer Urkunde im Jahr 1140 erwähnt, worin Gottfried von *Wolf(g)ersdorf,* ein Ministeriale des Markgrafen von Steiermark, zusammen mit seiner Frau Chuniza dem Stift Admont unter anderem eine Mühle an der *Glein* samt Acker sowie die sechs Höfe zu „Hoffern" an der *Mur* für ein Gut zu *Wolfgersdorf* eintauscht[493].

Möderbrugg:
Westlicher Teil der OG St. *Oswald-Möderbrugg,* VB *Judenburg:* Moederpach 1298, die Moederpruch 1349, Moderprukh 1355.
Zur Herkunft des ON: Es scheint, dass der Bach ursprünglich nur **Möder** genannt wurde und das heutige -**bach** erst später hinzukam. Da das Gewässer bei gutem Wetter eine bläuliche Färbung aufweist, können wir an slaw. *****modr(u)** - „bläulich" denken.
Viele slaw. Flussnamen werden nach Farben benannt, so slow. **bela** (russisch **bielo** = „weiss", idg. **bhel**), auch hier „die Weisse", *****c(i)rna** - „die Dunkle" etc. In diesem Fall könnte ein slaw. *****modra** vorausgesetzt werden. Das erklärt aber nicht den Umlaut, daher muss ein **Modrina** angenommen werden; dieses muss über ahd. *****modri(na)** zu mhd. **moedere** und zu **Möder** führen. Kranzmayer übersetzt übrigens slow. **modrina** mit „blau"[494] und auch L-H leitet den ON von urslaw. *****modrъ** – „blau" ab[495]. Nach anderer Meinung bedeutet das aus der slaw. Sprache genommene Grundwort **moder** - „blau, schmutzig"[496].
Kessler verweist aber auch auf Krahe (Beiträge zur Namensforschung, 4. Jgg., 1953, Heft 1, S. 273ff), der ein antikes, vorslaw. *****medara** - „Zwischenwässern" (zu idg. *****medhio -, *medhu-** - „inmitten, zwischen") in Erwägung zieht. Der so erklärte Bachname würde mit den Bezeichnungen *Viscellae* und den dort noch üblichen Flurnamen „Zwischenwässern" und *Mitterspiel* harmonisch in Beziehung treten. Vgl. *Falbenalm.*

+ Monate:
Name der 6. Poststation der Römerstraße Virunum-Ovilava (Zollfeld – Wels). Man vermutet sie am linken *Mur*ufer in *Scheiben,* OG *St. Georgen ob Judenburg.*
EA: Da in der sogenannten *Schlagritzen* der seinerzeitige Landesarchäologe W. Schmid tätig war (vgl. *Noreia*), erscheint Vorsicht geboten. Georg Tiefengraber belegt in einem Aufsatz, dass es sich bei den von Schmid ausgegrabenen Resten um Überbleibsel von Grabbauten handelt[497]. Eine Nachgrabung im Jahr 2008 hat die Richtigkeit dieser Ausführungen ergeben. Damit ist lediglich erwiesen, dass im Bereich *Nußdorf* eine römische Siedlung bestanden hat (nach altrömischem Brauch liegen die Gräber an den Zufahrtsstraßen). Eine Poststation wurde nicht aufgefunden[498].
Etym.: Zu idg. *****men**, illyr. *****mon** - „emporragen", lat. **mons**, -tis - „Berg" gehörig, also die „Bergstadt", wohl im Sinne von „Siedlung am Berg", was doch sehr deutlich mit dem Vulgonamen „Bergmoar" in *Scheiben* in Zusammenhang zu stehen scheint.
EA: Andererseits soll sich dieser Gehöftname von einer Wurzel ableiten, die ursprünglich **berh**, dann **berg** ausgesprochen worden sein dürfte. In der OG *St. Georgen ob Judenburg* befindet sich beim Anwesen vlg. Grassl (am Berghang östlich von *Scheiben*) ein Stollen. Der Bauer Leitner vlg. Grassl besitzt zwei Bruchstücke von neolithischen Steinbeilen. Im Feld oberhalb des Hauses scheinen sich die Reste einer jungsteinzeitlichen Siedlung zu befinden. Darüber liegt ein auffälliger Hügel, der untersucht werden sollte. Vgl. *+ ad pontem.*

---

[493] StUB/I 189, S. 200.

[494] ONK II, S. 158.

[495] StON, S. 97f.

[496] Brunner, St. Oswald-Möderbrugg, S. 43.

[497] Georg Tiefengraber (2007). In: Berichte des Museumsvereines Judenburg, 2007, Heft 40, S. 12.

[498] EA: Ein ortskundiger Bewohner von St.Georgen ob Judenburg hat mir erzählt, W. Schmid habe binnen einer Woche mit Kriegsgefangenen die Grabung durchgeführt. Aufgrund örtlicher Umstände und unter Druck des NS - Regimes habe er „etwas finden müssen". Dies könnte die nicht der Realität entsprechende Dokumentation und Interpretation erklären.

Moos:
Ein unzählige Male auftauchender Geländename, oft auch nur lokal gebraucht. Urkundlich meist „am, im Moos". Das mhd. Wort **mos** bedeutet eigentlich „Bruch, Moor". Im bair. Sprachraum bezeichnet man damit immer eine Sumpfwiese, eine feuchte Gegend, manchmal auch eine *Au*landschaft. Die mdal. Aussprache lautet fast ausschließlich „mos, mous", aber auch „mi^{a}s".
Einige Beispiele:
a) Moos in *Krakau*hintermühlen (VB *Murau*): – „am mous": an dem mos bey Lesach 1368, in dem Mos dishalb Leschach in dem Krakaw 1347.
b.) Moos bei *Feistritz am Kammersberg* (VB *Murau):* Mosawe 1288, Mos 1358, die Mosaw 1377, mos vnder
Prankh 1407 usw.
c.) Moosheim: Weiler bei *Spielberg* (VB *Knittelfeld*): Mosheim 1248. Hier liegt ein echter -*heim*-*Name* vor.
d.) Filzmoos: Gegend bei *Mariahof* (VB *Murau*): das Viczmos 1494, oder Filtzmoes bei *St. Oswald:* Vilzmoos in inferiori Turone 1323 (nordwestlich von *St. Oswald*). „Filzmoos" wird ein mit Gesträuch, besonders mit „Filzkoppen", einer Art Legföhre, bewachsener sumpfiger Grund genannt.

Möschbauerngraben:
Flur in der OG *Rachau*, VB *Knittelfeld*. In einem Inventarverzeichnis aus dem 15. Jh. ist der Möschbauerhof als „Mertten oder Mörtten Hueben" belegt[499]. Bei Kessler ist dieser ON identisch mit „Martgraben" - „Graben des Martin".

Möschitzgraben:
In der Gemeinde *St. Peter ob Judenburg*: die Muchsnitz 1220-1230, Moschnitz bey der Mur 1400, die Moeschnitz bei Judenburg.
Nach Kessler vom aslaw. *m(u)s(i)nica. - „der Moosbach, Bach, an dem viel Moos wächst", abgeleitet, also der Graben eines ein nicht versumpften Gewässers. L-H führt den Gewässernamen hingegen auf urslaw. mak-/mok- „nass, feucht", urslaw. mъchъ „Moos, Moor, Morast" zurück[500]. EA: Tatsächlich kann man den Graben nicht als sumpfig bezeichnen. Der Bach fließt in einem klar erkennbaren Bett, der Untergrund und die Umgebung sind stark mit Geröll durchsetzt, welches stark bemoost ist.

Mötschendorf:
Bei *Kammern*, VB *Leoben*: Moschendorf 1262, Menschendorf(!) ca. 1265, Moschendorf 1265, Motschendorf 1392, Mötschendorf ca. 1495.
Zu konstruieren ist ein aslow. *moć(i)nja v(i)s(i) - „das Dorf des Mannes Mok(a)". L-H stellt den ON zu slow. **Močen** - "feucht, nass". Nach Bahlow bedeutet slaw. **mok-r** „sumpfig, feucht" [501].

(die) Mug(e)l:
Berg westlich von *Leoben*, 1632 m/M. Mdal. „die mu:gl".
LH stellt den Namen zu altslaw. *mogyla - „Hügel"[502].

Mühlen:
Dorf und Ortsgemeinde bei *Neumarkt*, VB *Murau*: Mulenarisdorf ca. 1066, Muel, molendinum in *Grazlup*tal ca. 1300, Mvlen bey Silberwerch 1319.
Etym. dt.: „Das Dorf des Müllers". Baravalle nennt den Ort „Mülln" und berichtet, dass oberhalb der Kirche ein kleiner Edelsitz lag[503].

---

[499] Ra. S. 252, 331.

[500] StON, S. 70.

[501] DNL, S. 340.

[502] StON, S. 85.

[503] BS, S. 490.

88

Mühldorf:
Bei *St. Marein/Neumarkt*, VB *Murau*: Muldorf in Grazlupa 1170, Muldorf, gelegen ze nagst der pfarrkirchen ze s. Marein 1438, Mueldorf in der Gegent 1461.
Etym. dt.: „Dorf, wo eine Mühle steht", mhd. **mul(e)** - „Mühle". Das Dorf wurde nach der Mühle benannt. L-H verbindet den ON mit ahd. **mulinarî** - „Müller"[504].
EA: Dieser ON findet sich auch in der OG *Eppenstein* (Muldorf 1482) und bei *Knittelfeld* gegen *Kobenz* (*Mueldorf* 1401). Die letztgenannte Mühle könnte im Bereich der Auffahrt *Knittelfeld* - Ost auf die S 36 gestanden sein. Mir wurde erzählt, man habe beim Baggern dort Balkenreste gefunden, die, wie so oft im Zuge von Bauarbeiten, sofort verschwanden. Beim Gewässer, das diese Mühle antrieb, muss es sich um das Bacherl vom Brunner Kreuz nach Süden gehandelt haben; ein anderes Gewässer existiert(e) dort meines Wissens nicht.

+Münzach:
Gegend am Nordabhang des Münzer westlich von *St. Peter ob Judenburg*: Mincza ob Judenburg 1400 (nach Zahn, ONB 340, bezieht sich dieses Zitat möglicherweise auf ein Mincza im *Möschitzgraben*, die Minczach 1443), die Mintschach ob s. Peter 1443, Myntzach 1464, in der Mintschach ob s. Peter 1472[505].
Vom ahd. **minz(e)**, mhd. **mintz(e)** - „Pfefferminze" also „der Berg, auf dem Minze wächst". Baravalle erwähnt zu a), dass sich westlich der Lenzbauernkapelle noch heute der Riedname „Burgstallfeld" erhalten hat. Der Wehrbau dürfte schon im 12. Jh. entstanden sein und nach der Bezeichnung „Feste" eine Burg mit Bergfried, Palas, Wall und Graben umfasst haben. Das Geschlecht der „Mintzenberger" erscheint erstmals im Jahre 1329 urkundlich bezeugt[506]. Vgl. *Burgstaller.*

Münzenberg:
Anhöhe bei *Leoben:* Minzenperch 1298, Muenzenberg 1329, Muntzenberg 1488; als Burg: haws Mintzenberg, vest am Mantzenperg bey Lewben 1441. Mdal. „mintsenpeag". Etym.: Siehe + *Münzach.*

Mur:
Hauptfluss der Steiermark, mdal. „mua": Muora 890, Mvra ca. 1066, Mora 1114, Mvr, Mver ca. 1310. Nach Steinhauser, zitiert bei Kessler, gehört dieser Flussname zu idg. ***mar-mor** - „Sumpf, Moor", der „Sumpffluß". Die Eindeutschung wird wohl schon im 8. Jh. erfolgt sein. **Mur** hieß auch ein abgekommenes *Dorf* bei *Knittelfeld*: Mvr 1220, Mura 1227, 1240, Movra 1259, Mur vnder s. Margreten 1397.
Nach M. Schiestl weist der Gewässername auf das altslow. ***mora** hin, in dem der Name autochthon gegeben oder wahrscheinlicher zu illyrisch ***marus** - „Sumpf, Wasser" durch die Slawen vermittelt wurde[507]. L-H dagegen setzt die idg. Silbe ***mar-**, ablautend ***mor-** - „stehendes Wasser, Sumpf, sumpfiger Wasserlauf" an[508].

Murau:
Bezirksstadt im Ober*mur*tal: Muorawe 1250, Mwraw 1294, forum Muraw 1333, Moraw 1346. Schloss Ober*murau*: castrum Murowe, edificatum per Ottonem filium de Liechtenstain 1250, gesloss Muraw 1482.
Dt.: „Die *Au* an der *Mur*".
Kranzmayer kennt in Kärnten einen Ort **in der Muráu** (Murava) bei Maria Gail, dessen Namen er von slow. **muráva** - „Rasenplatz" ableitet[509]. L-H deutet den ON als „Wiesenland, Au am Wasser"[510].

---
[504] StON, S. 178.
[505] ONJ, S. 27.
[506] BS, S. 389f.
[507] ONJ, S. 28.
[508] StON, S. 23.
[509] ONK II, S. 162.
[510] StON, S. 130.

Baravalle führt nach damaligem Wissensstand (Dreißigerjahre des 20. Jhd.) aus, dass der Ursprung von Murau noch nicht geklärt sei. Es sei wahrscheinlich, dass dieser verkehrstechnisch bedeutsame Bereich bald nach der Landnahme unter Karl dem Großen besiedelt und mit einem Wehrbau verbunden worden sei, wobei Baravalle diese erste Siedlung in *St. Egidi* annimmt, das noch lange als „Alter Markt" bezeichnet wurde. Dietmar III. von *Liechtenstein* hat in vermutlich der zweiten Hälfte des 12. Jh. die Burg und die Stadt etwas westlich dieseser ersten Ansiedlung gegründet[511].

+ Mureck:

Nach Baravalle[512] ein Wehrbau (12. Jhd.) in der Nähe von *Scheiben*, OG *St. Georgen ob Judenburg*, bei Gindersdorf. L-H deutet den ON der Stadt Mureck als „die Gegend, später die Siedlung und die Burg bei der Biegung (also der Krümmung) der Mur im MA"[513].
EA: Auf dem *Lassenberg* existiert ein Gehöft vlg. Burgstaller. Zum ON siehe *Mur* und *–egg*, zu Gindersdorf *Gindisch-*.

+ Murhof:

Baravalle vermutet im Auland des südlichen *Mur*ufers, südlich von *Lind*, VB *Knittelfeld*, den einstigen Sitz der „Herren von Mure", deren Vertreter urkundlich ab 1220 (Gerard von Mure mit seiner Frau Hilta) bekannt sind. Sie scheinen durch Eheschließungen mit den *Pöls*ern und *Gallern* verwandt gewesen zu sein; Baravalle nennt Schenkungen eines „Otacher (de Mure?)" aus dem Jahr 1302. Der Wehrhof soll zu Beginn des 16. Jh. verfallen sein. Nur der Meierhof (vlg. Murmayer) hat sich erhalten[514].
Das heutige „Schloss Hanstein" entstand aufgrund des Umbaues des Murmayerhofes durch Baron Gustav Hanstein um 1900. Es wird heute im Volksmund als „Murhof" bezeichnet[515]

+ Murstätterhof:

Nach Baravalle lag dieser Hof westlich von Nieder*wölz*, VB *Murau*; er besteht heute nicht mehr. 1267 wurde von Herzog Ulrich von Kärnten der „hof zu murstetten" an Otto von *Liechtenstein* verliehen[516].

+ Musenbühel:

Erwähnt als der Musenpüchel 1490.
Baravalle vermutet dieses Freigut mit Wehrbau östlich von *Bischoffeld*, VB *Knittelfeld*, im heutigen Bauerngehöft vlg. Musenbichler. Der kleine Wehrbau war 1290 im Besitz Wernharts von Masenbach, vermutlich eines Dienstmannes der Galler[517]. L-H nennt als „Musenbüchler" einen Hof nördlich von *Knittelfeld*, der 1290 als **Maisenpuechel** in einer Urkunde aufscheint. Der ON wird von der bair. - mdal. Rodungsbezeichnung **maißen**, mhd. **meizen** -„(ab)hauen, abschneiden" und bair. **Maiß**, mhd. **meiz** – „Abholzung, Holzschlag" abgeleitet[518]. Vgl. *Maßweg*.

Mürz:

Linker Zubringer der *Mur* aus Osten: ad Morizam 860, Mouriza 890.
Flussname aus dem aslaw.: ***muorica**. - „die kleine *Mur*".

Narnbauer:

Gehöft in *Schwarzenbach*, OG *Eppenstein*, VB *Judenburg*: Norwein 1456. Mdal. „no^{n}nbaua".
Ein Hofname, der aus dem ahd. PN **Nordwin** entstanden ist und „Norden" und „Freund" bedeutet.

---

[511] BS, S. 490ff.
[512] BS, S. 265.
[513] StON, S. 131.
[514] BS, S. 299.
[515] AEA, S. 77.
[516] BS, S. 493.
[517] BS, S. 299.
[518] StON, S. 104.

Neideck (*Neudeck*):
Insgesamt drei Ruinen (links und rechts der *Olsa*) bei *Wildbad Einöd*, VB *Murau*: Nidekke ca. 1170.
„uf dem velde vor der stat hielt von Nidekke her Kuonrat . . ." (Ulrich v. Liechtenstein, Venusfahrt
206/1227).
Eine höfische Namensbildung zu mhd. **nîde** - „Eifersucht, Neid". Der ON bedeutet „das *Eck*, der steile
Fels, den du beneiden sollst".
Nach Baravalle wurden die zwei Burgen, die durch eine Wehrmauer verbunden waren, schon im 12.
Jh. errichtet, im Krieg des Herzogs Albrecht gegen den Salzburger Erzbischof zerstört, danach aber
wieder aufgebaut[519].

Nennersdorf:
Südöstlich von *Leoben*: Nundinsdorf 2. H. 12. Jh. Nendingesdorf 1195, Nennenstorf 1279,
Nennesdorf 1401, 1477, Nendesdorf 1420.
Vom ahd. PN **Nending** „das Dorf des Nending". Die erste urkundliche Form ist entstellt, der PN
bedeutet nach Bahlow als Umkehrung zu **Ger-nand** - „Speer - kühn"[520].
Nach Baravalle liegt südöstlich des Ortes der sogenannte „Nennersdorfer Hausberg", auf dem ein
Wehrbau gestanden sein dürfte, möglicherweise ein Edelhof aus der Karolingerzeit. Im Jahr 925 wird
ein „Amt Nennersdorf" genannt[521].

Neudeck:
Siehe *Neideck*.

Neuhofen:
Bei *Seckau*, VB *Knittelfeld*: Newnhofen 1407, 1441.
Dt.: „Bei den neuen Höfen". Zusammensetzungen mit -**hofen** wie in diesem Fall weisen in die ahd.
Siedlungsperiode. Siehe *Hof-Namen*.

Neumarkt:
Ortschaft und OG im VB *Murau*, mdal. „naimoarkht": Niwenmarchet ca. 1220, Novum forum 1249,
stat Newmarkcht 2. H. 12. Jh. Newmarkt 1487.
Dt.: „Der neue Markt". L-H leitet den ON von mhd. **niuwi**, mhd.**niuwe niwe** - „neu", mhd. **market** -
„Platz, auf dem Handel getrieben wird", ab[522].
EA: Demnach müsste in der Nähe ein „alter" Markt bestanden haben - vielleicht im heutigen *St.
Marein bei Neumarkt*. Vgl. *Forchtenstein*.

Niederdorf:
Siedlung westlich von *St. Stefan ob Leoben*: Niderndorf 1145, Niderdorf 1334.
Dt.: „das untere Dorf". Während *St. Stefan ob Leoben* auf einer Terrasse liegt, ist Niederdorf nördlich
des Schluchtausganges des *Aichberg*baches etwas südlich des *Mur*ufers, also tiefer. Ein „Aichberg" ist
auf den heutigen Karten nicht verzeichnet, vielleicht handelt es sich um einen früheren Namen des
Liechtensteinerberges.

Niklasdorf:
Bei *Leoben*: Michilindorf, s. Nicolaus 1148, Michelndorf 1230, Micheldorf 1292, s. Nicla 1326,
Niclasdorf 1358, Micheldorf 1780, Niklasdorf ab 1780.
Das mhd. **Michilindorf** ist wohl aus „ze dem Michilindorf" entstanden - „bei dem großen Dorf" (mhd.
michel - „groß"). Im 14. Jh. wird der Ort umbenannt, wohl wegen des Nikolaus-Patroziniums der
Kirche.
EA: Eine spätere Umbenennung von Orten nach dem Kirchenpatron ist nicht ungewöhnlich. Vgl. die
Namenswechsel im Falle *St. Georgen ob Judenburg*,das ursprünglich *Preitenfurt* geheißen hat, *St.*

---

[519] BS, S. 494.
[520] DNL, S. 348.
[521] BS, S. 390.
[522] StON, S. 131.

Stefan ob Leoben, das vorher Goggendorf hieß oder *St. Peter ob Judenburg*, das vorher als *Dornach* bezeichnet wurde.

Noreia:
a) Name der römischen Poststation in Wildbach *Einöd*, VB *Murau*, im Jahre 1930 von Walter Schmid ausgegraben[523].
EA: Der Schmid'sche Bericht vermag lediglich zu belegen, dass Reste eines Gebäudes gefunden wurden. Dass es sich um die „Poststation" gehandelt hat, ist nicht bewiesen[524].
b) Dorf südöstlich von *Neumarkt*, VB *Murau*: Der Ort hieß nach L-H bis zum Jahr 1932 St. Margarethen am Silberberg und wurde dann aufgrund angeblicher hallstattzeitlicher Funde in Noreia umbenannt[525].
Die Behauptung des früheren Landesarchäologen Walter Schmid, er habe auf den Terrassen oberhalb des *Hörfeld*es die Reste jener Stadt gefunden, die im Jahre 15 n. Chr. im Zuge der Besetzung Noricums durch die Römer untergegangen war, wurde mittlerweile vollständig widerlegt. Als Ort, in dessen Nähe sich die Schlacht zwischen Römern und Kimbern und Teutonen zugetragen haben soll, scheidet der Bereich, der heute diesen Namen trägt, aus. Es liegen keinerlei Funde vor[526], die zu einer solchen Annahme berechtigten.
Etym.: Nach Kranzmayer zum Namen der kelt. Hauptgöttin **Noreia**, der „Männerschützerin", idg. ***ner** - „Mann". Dieser Platz war gemeinsam mit anderen Orten der Göttin geweiht[527].
Dem gegenüber verweist L-H auf den idg. Stamm ***ner**, der nicht nur die Bedeutung"Mann" besitzt, sondern auch so viel wie „(magische) Lebenskraft" bedeutet[528]. Sieht man den Beginn des Noreia-Namens im Namen einer vorrömischen und nicht keltischen Gottheit, dürfte diese Ableitung zu favorisieren sein. Daraus ergibt sich ein auch für andere vorrömische Gottheiten belegtes Anrufewort für eine Fruchtbarkeitsgöttin: „O Du (magische) Lebenskraft spendende (Göttin)". Noreia ist demnach von der Entstehung her adjektivisch zu verstehen. Der religiösen Scheu dieser Zeit entsprechend gab es noch keine eigentlichen Namen für Gottheiten, sondern nur verschiedene Anrufewörter, vergleichbar mit „unsere Mutter", „Glücksbringende", „Erhabene" oder „Herrin"[529].

+ Nußdorf:
Nach Baravalle in heute unbekannter Lage bei *Knittelfeld*. Dort befand sich ein Edelhof, auf dem 1233 Albertus de Nuzdorf und im Jahre 1241 derselbe mit seinem gleichnamigen Sohn gesessen waren. Der Hof dürfte bald nach 1373 zum Bauernhof geworden sein[530].
EA: Ein weiteres *Nußdorf* liegt in der OG *St. Georgen ob Judenburg*. Baravalle nennt dort einen Wehrhof aus dem 12. Jhd.[531]. Paul W. Roth hat Überlegungen angestellt, ob es sich bei diesem ON um die Bezeichnung für ein „Nutz - Dorf" handeln könnte, also ein Dorf, dessen Bewohner einen besonderen Nutzen erbringen mussten[532]. W. Brunner verwirft diese Theorie entschieden[533].
Etym.: Siehe + *Nussperch*.

---

[523] Noreia, S. 189.
[524] Walter Schmid(1932): Die römische Poststation Noreia in Einöd. In: Österreichische Jahreshefte, Bd. XXVII, Wien, Beibl. Sp. 194ff.
[525] StON, S. 200.
[526] Mitteilung von OR Doz. Dr. Hebert, BDA, und Archäologische Gesellschaft Steiermark, Nachrichtenblatt 2/1998, S. 119 ff.
[527] ONK I, S. 23ff.
[528] Lochner- Hüttenbach, Zu vorrömischen ..., S. 44f.
[529] Gleirscher, Noreia, S. 17f, Kenner, Zu namenlosen Göttern, 130f, Dies., Götterwelt S. 880, DeaNoreia, S. 24.
[530] BS, S. 299.
[531] BS, S. 266f.
[532] Paul W. Roth (1994): Nußdorf. In: Blätter für Heimatkunde, Folge 68 (1994) S. 44 – 49; Folge 73 (1999) S. 48ff.
[533] Brunner, St. Georgen ob Judenburg ..., S. 35.

+ Nussperch:
Nach Baravalle ein heute örtlich nicht näher bestimmbarer Edelhof in der Umgebung von *Leoben*[534].
EA: Der ON bedeutet „der Berg, auf dem Nussbäume stehen".

Obdach:
Markt und OG südlich von *Judenburg*: Obdach ca. 1190.
Von mhd. **obedach** - „Unterkunft, Schutz, Schirm, Obdach, primitive Herberge". Auch L-H leitet den
ON von ahd. **obadah** – „schützendes Dach" als Bezeichnung für eine Herberge, eine Unterkunft für
Reisende am Fuß des Aufstiegs zum *Obdach*er Sattel, ab[535]. In einer Urkunde aus 1220 wird in der
Reihe der „milites" (Ritter) als Zeuge ein dominus Ulricus de Obedach angeführt. Die Ritter von
Obdach sind in der Folge von ihrem Stammort weggezogen, namentlich nach Kärnten. Von 1363 bis
1364 war ein Ulrich von Obdach Stadtrichter in Villach. Die Ritter von Obdach starben 1588 aus. Wo
ihr Rittersitz stand, ist nicht bekannt[536].
Baravalle erwähnt zu Obdach 2 Türme: Jenen unter *Burgstall* angeführten, der 1410 abkam, und einen
weiteren, dessen Standort unbekannt ist[537].
EA: Offen bleiben weiterhin die Standorte der Wehranlagen, die den ON *Warbach* und *Lauslingbach*
zugrunde liegen, ebenso der Standort + *Grauenwart*. Ein Riedname „Burgstall"ist im Obdacherland
niemandem bekannt.

Obdachegg:
Höhenrücken nordöstlich von *Obdach* in der OG *Amering*, VB *Judenburg*: am Obdachekk ca.1400.
Zum Wortteil -*egg* siehe dort.

Oberdorf:
a) Ortschaft westsüdwestlich von Mariahof, VB *Murau*.
b) Schlossruine bei *Vockenberg*, OG *Mariahof*, VB *Murau*. Baravalle erwähnt, dass schon im 13. Jh.
der Wehrbau als einfacher Edelsitz freies Eigen der Neydecker (*Neidecker*) gewesen ist[538].
Etym.: Etym. dt.: „Das obere Dorf". Zu –*dorf* siehe dort.
EA: Über dieses Schloss gibt es eine Sage, wonach in der Schlosskapelle eine weibliche Gestalt
gelegentlich spukt.

+ Oberndorferhof:
Nach Baravalle lag das Gehöft zu *Eppenstein*, VB *Judenburg*, und wurde um das Jahr 1670 wieder
zum Bauernhof. Seine Lage ist unbekannt[539].
EA: Der Name könnte auf den Standort *Eberdorf* hinweisen.

+ Öd:
Flur östlich von *Judenburg*: Oed bey Liechtenstain 1332.
Etym.: Mhd. **oede** - unbebauter, unbewohnter Grund. M. Schiestl führt noch ein abgekommenes Gut
im *Feistritzgraben* südlich von *Rothenthurm* an: gut genant die Od in der Feurtitz ob Judenburg
1443[540].

+ Ofen:
Abgekommener Flurname bei Oberwölz, VB *Murau*: an dem Ofen, an dem Oven 1338, im Ofen 1425.
Häufige Geländebezeichnung im steirischen Bergland; urkundlich meist „am, im Ofen", auch „im
Ofnach". Mdal. „ofn, oufn".

---

[534] BS, S. 391.
[535] StON, S. 131.
[536] Gernot Furnier, Reiner Puschnig (1990): Das Obdacherland und seine Geschichte, Obdach, S. 43f.
[537] BS, S. 266.
[538] BS, S. 495.
[539] BS, S. 266.
[540] ONJ, S. 29.

Ein Ofen ist ein emporragendes, steiles, durchklüftetes Felsenstück, auch eine Felshöhle, ein Felsüberhang. Noch heute bezeichnet das Wort steile, hochaufragende Felsenwände mit einer Mulde an ihrem Fuß, in der Hirten und Holzfäller ihre Feuer brannten, sodass der Rauch durch die Rinnen aufwärtsstieg. L-H definiert als „Ofen" von Löchern duruchsetzte Felsen[541] Der „Ofner" stammt aus der Nähe eines *Ofens*. Siehe auch *Kampofen*!

EA: Ich nehme an, dass diese Bezeichnung weniger vom Feuermachen kommt, als davon, dass die Sonne diese Felsen erwärmt, sodass sie warm wie ein Ofen oder ein Rauchfang werden. Vgl. dazu die überlieferte Methode, sich in der Wildnis an einem offenen Feuer zu wärmen, indem man dieses nahe einem Felsen entzündet und sich mit dem Rücken zu dem Felsen zwischen diesen und das Feuer setzt. So wird der Rücken von der vom Felsen rückgestrahlten Wärme erreicht und man wird von vorne wie von hinten gewärmt.

Nach E. Lukas soll es an solchen Öfen auch Kultstätten gegeben haben. Im Wort „Opfer", besser im Englischen **offer**, frz. **offrir** - „anbieten" ist diese Bedeutung noch gut zu erkennen. Ein „Ofner am Ofnach" ist 1444 genannt[542]. Zur Etym. Siehe auch *Offenburg*.

Offenburg:
Ruine bei *Pöls*, VB *Judenburg*: Offenberch 1155, Offenberg 1255, das slos Offenburg 1424. Entweder wird dieser ON von *Ofen* - siehe oben - oder vom ahd. PN **Offo** abgeleitet. Nach Bahlow handelt es sich beim PN um ein niederdt.-friesisches Patronym, und zwar um eine Kurzform zu **Liudolf**, die bereits im 9. Jh. angeführt wird und „Ruhm - Wolf" bedeutet[543].
Nach Kessler wäre der ON auf „der offene Berg" (Offenberg 1488) zurück zu führen. Er meint, dass sich vielleicht dort einstmals eine Höhle befand, die den Eindruck eines Einganges ins Berginnere erweckte. Im Sinne der handschriftlichen Korrektur von Kranzmayer in der Dissertation von Kessler wäre auch die Rückführung auf „*Ofen*" zu überlegen. Aber auch er zieht den Namen **Offo** in Erwägung. Das ADN führt dazu aus, dass es sich beim Erbauer der Burg um Offo von *Teuf(f)enbach* gehandelt habe[544]. H. Ebner vertritt ebenfalls diese Auffassung und meint, dass die Burg vor 1155 erbaut wurde und nach ihm „Offenberch" genannt wurde[545]. Zusammenfassend spricht also mehr für die Herleitung des ON vom PN **Offo**.

Ofner, -ofner:
Siehe *Ofen*.

Olach:
Siehe + *Allach*.

+ die Oelschicz:
Bei *Schöder*,VB *Murau*: Ca. 1450 erwähnt.
Etym. Von aslaw. ***alsinica** - „die Gegend, der Bach, wo Erlen wachsen".
EA: Vgl. *Olsa*.

Olsa:
Bach im VB *Murau*, entspringt in der *Perchau*, fließt durch *Neumarkt* und Friesach und mündet in die Gurk: die Wels 1494.
Vom aslaw. ***olšava** - „der Erlenbach". L-H geht von einem urslaw. ***olьša** - „Erle" sowie ***Olšachь**, Lokativ Plural zu ***olьšane** (mit Suffix **-jane**) aus und übersetzt den Namen mit „bei den Leuten am Erlenbach"[546].

---

[541] StON, S. 146.

[542] Ra. S. 331, Kessler, Nr. 1261.

[543] DNL, S. 359.

[544] ADN, S. 807.

[545] Ebner, Burgen und Schlösser ..., S. 94, ONB I 356.

[546] StON, S. 72.

94

Ossach:
Flur und KG in der OG *Oberweg*, VB *Judenburg*.
Als Flur: der Osterchogel 1334, der Osser ob Judenburg 1443, am Oster 1430, am Ossern, an dem Ossern 1437, an dem Osser 1472.
Bei uns bedeutet das „Ossach" das Eibengeäst. Es wurde in früheren Zeiten mit Vorliebe als Friedhofsschmuck verwendet. Diese bair. Kollektivbildung stellt sich zu ahd. **obasa,** mhd. **obse** - „das Vordach am Kirchenportal", allgemein ein luftiger Vorbau. In Kärnten wurden angeblich früher mit Eibenästen großartige Schutzdächer gegen Regen verfertigt.
M. Schiestl leitet den ON mit J. Andritsch von slow. **ovsje** - „Haferfeld" ab[547], L-H geht von einem Oronym aus, das ursprünglich aus mhd. **kogel** – „kuppenförmiger Berg", der in eine Spitze ausläuft - slow. **oster** – „spitz, scharf", entstand. Die deutsche Entsprechung lautet „Spitzegg" (Flur „Osterwitz" bei Deutschlandsberg)[548].

+ Ötschtal:
Abgekommener Flurname im VB *Knittelfeld*. Nach einer Berainungsniederschrift aus 1629 „. . . auf der Höhe der Gleinalm, von *Seckau* aus auf der linken Seite, heißt der Berg das Ötschtal". Eine andere Bezeichnung für dieses Tal lautet „Eggstall", was auf den Begriff einer umzäunten Weide zurückgeht. *Etschtal*alm 1774 [549]. Siehe *Eitz* und *-egg*.

Paal:
Bach und Siedlung bei *Stadl an der Mur*, VB *Murau*.
Als Bach: die Pael entspringt von des Selens ekk 1414.
Als Tal: die Payl 1384, die Pell 1451, in der Pál 1452, die Pal 1464.
Der Name wird von Kessler als sicher vorslaw. bezeichnet. Kelt. ***pavila, *paulia** weist vielleicht auf idg. ***quav + il.** Nach Kranzmayer könnte der Name dem Wort *Palten* entsprechen (frühslaw. ***balta** - „Moor"), aber auch mit slaw. **pâlez** - „die Stelle einer Rodung" zusammenhängen[550].
L-H bringt den Namen mit slaw. ***povola** zu urslaw. ***po** - „an" und mehrdeutigem ***vol** - „frei, angenehm", aber auch „fließend" in Verbindung.[551].

Pabeben:
Gegend bei *St. Lambrecht* (*Laßnitz*), VB *Murau*: Pabmeben 1494.
Der ON ist vielleich vom slaw. PN **Pabo** abzuleiten. Bahlow stellt den alten Lallnamen zu **Poppo/Roppo**, einer Form von **Roppert** (Rappold, Ratbod)[552].
EA: Vgl. die Etym. zu *Bodendorf*.

Pachern:
Rotte und Schloss in der OG *Oberwölz*,VB *Murau*: Pachern 1304, Pacharn 1425.
Dt.: „Bei den Leuten am Bach" als **pacharen** (entspricht **Pechelaren** - Pöchlarn).

Paig:
OG *Pöls*, muraufwärts westlich von *Strettweg*, VB *Judenburg*: Peuge 1266, curia in Pewg 1267, Pevge, Peug 1279, Pewg 1370, Peug (Zahn, 1897).
Von mhd. **biuge** mit bisher unbekannter Flexionsform ***biügîn** - „Krümmung, Biegung" (EA: der *Mur*).

Paisberg:
Landschaft (Höhenrücken) südlich von *Judenburg*. Zu mhd. **beiz** - „die Falkenjagd", also „der Berg der Falkenjagd".

---

[547][547] ONJ, S. 29.
[548] StON, S. 98.
[549] Ra. S. 64, 291f.
[550] ONK II, S. 24.
[551] StON, S. 73.
[552] DNL, S. 384.

Paischg:
Weiler oberhalb von *St. Georgen* bei *Neumarkt*, VB *Murau*: Balsich, Pelsa 1138, Paltsich 1170, Pals 1171, Pels 1180, Paelcz, Pels 1348, Palas 1434, Pelskh 1461, Pälschk, Pölschk 18. Jhd..
Der ON setzt nach Kessler ein aslaw. ***palicisce** voraus, das zu ***paliti** - „(ver)brennen" gehört und mit aslaw. ***palici** - „Brenner" verwandt ist. Der ON bedeutet „der Ort, der durch Brandrodung freigemacht wurde".
EA: Dieser Rodungsname aus slaw. Zeit wurde im Laufe der Jahrhunderte nicht mehr verstanden, stark verballhornt gesprochen und auch so geschrieben.

Palten:
Fluß und Tal nördlich von *Wald* am Schoberpaß, VB *Leoben*: Baltal 1041, in valle pagoque Palta 1048.
Etym.: Aus urslaw. ***bolto**, slow. **blato** - „Sumpf"[553]. Vgl. *Flatschach* und *Paal*.

+ Pampormühle:
Abgekommenes Gehöft bei *Katzling*,VB *Judenburg*: Pampreinmulner 1462, die Pampreunmuel ca.1490.
Ursprünglich zu bair. **ban, baun** - „die Bohne", also ein „Bohnenbreimüller". Kessler meint, es liege ein Spottname vor. Die heutige Form ist an „pampern" - „klingen" angelehnt.
EA: Das Wort dürfte mit mdal. „pumpern" für „rumpeln, klopfen, pochen" zusammenhängen, einem für eine Mühle typischen Geräusch. Vielleicht hat man in dieser Mühle auch Bohnen vermahlen, z. B. zu Viehfutter. Die Brücke über die *Pöls* in diesem Bereich heißt heute allgemein „Pampererbrücke".

Pass(ß)-, -pass(ß) - Namen:
Das Wort bedeutet „enger Durchgang, Übergang über einen Gebirgskamm". Es erscheint erst Anfang des 15. Jhd in der Bedeutung „Durchgang" und erhält um 1500 die Bedeutung „Ausweis".
Etym.: Von lat. **passus** - „Schritt" (eigentlich das „Aussreizen der Füße beim Gehen"), das verwandt ist mit lat. **patere** - sich erstrecken, offen stehen"[554]. Vgl. *Kniepaß* und *Passhammer*.
Im Steirischen bedeutet „Paß" soviel wie „Lauer, Erwartung", aber auch „Anzahl von Leuten, Volksmenge"[555].

Passhammer:
Weiler in der OG *Pöls*, VB *Judenburg*.
Dt. ON: „Das Amboßhammerwerk". Bair. **poß** für „Pass" stellt eine Kurzform für „Amboß" dar.
Zu **-hammer** siehe *Hammer*.

Pausendorf :
Ortschaft in der OG *Spielberg*, westlich von *Knittelfeld*: Buzendorf 1141, Puzndorf 2. H. 12. Jh. Povzendorf 1265, Pavzendorf 1266.
Ein „hof zu Pawsendorf bey Knittelvelde" wird im Jahr 1382 erwähnt, ein Perchthold in Pausendorf 1383 und ein Weggl Horn zu Pausendorf 1389. In einer Urkunde aus dem Jahr 1428 werden in „Pawtzendorf" ein Vetter, Lackner, Wilfing und Pink angeführt[556].
Etym.: Der ON kommt vom ahd. PN **Buzo** - „Dorf des Buzo" mit der Bedeutung „Burg" und „kühn"[557].
Baravalle erwähnt hier einen Wehrbau, der 1548 im Besitz des Georg Ritzinger war[558].

die Peint:
Siehe *Peunt*.

---

[553] StON, S.36.
[554] Kohlheim, Duden Herkunftswörterbuch, S. 512f.
[555] SWB, S. 162.
[556] Waldhuber, Spielberg, S. 58.
[557] DNL, S. 87.
[558] BS, S. 299.

+ die Penken:
Bach durch *Weißkirchen*, heute *Benkenbach*, VB *Judenburg*: der sich ze Weissenkirchen verget,
sunder das plut, sol man dem lantrichter antwurten über die Poengen, als er mit gurtel vmvangen ist
ca. 1400.
Die Penken entspringt in einem kleinen Kesseltal südwestlich von *Weißkirchen* und wird im Jahr 1437
urkundlich als „in der Pewngk bey Eppenstain" genannt. Hier stand auch bis etwa um die Wende des
19./20. Jh. der *Penkhof*, erwähnt als Ponke 2. H. 12. Jh. de Poichi 1203, Poneke ca. 1205, Pennkg
1434, Pongkh 1460, Pongkhoff 1470. Zur Etym. siehe *Benkenbach*.
EA: Es gibt beim *Burgstall* Groß*lobming* einen vlg. *Benker*, in dessen Nähe der *Sulzgraben* von einem
Wildbach (*Sulz*bach) durchflossen wird.

Penkhof:
Ursprünglich alte Wehranlage westlich von *Weißkirchen*, VB *Judenburg*. Heute nur mehr als
Bauernhaus vorhanden. Um 1200 wird ein Volker von Ponke genannt[559]. Zur Etym. siehe *Benkenbach*
und + *Penken*.

+ Perngersperge:
Anhöhe nordwestlich von *Mariahof*, VB Murau: Ca. 1185 urkundlich erwähnt.
Zum ahd. PN **Peringar, Perengar, Berangar** – „der Berg des Perengar" („Bär" und „Speer").

Perchau:
Übergang, Ort und OG südlich von *Scheifling*: Perhchach 927, Perchach 1125, Bercha 1135, Percha
1139, Perchach 1185.
Dieser ON gehört zum uralten bair. Kennnamen **perch-** - „Birke". Hier wird er als Sammelname
„Birkenwald" verwendet. Vgl. germ. ***berk - *berkjon**. Auch L-H stellt den ON zu ahd. **përcha** -
„Birke"[560].
Nach Kranzmayer bildet der Name ein Indiz dafür, dass die zweite bair. Einzugslinie der Landnahme
über den *Neumarkt*er Sattel führte[561].
Vermutlich stand der Wehrbau zu *Perchau* östlich der kleinen Kirche am Hang über dem Tal. Schon
im 10. Jh. dürfte hier ein festes Haus gestanden sein, auf dem die Edlinger Richbald und Engilfred
saßen, die im Jahre 920 dem Erzbischof von Salzburg Güter in der *Perchau* schenkten. 1108 kommen
die Brüder Friedrich und Ebbo, Söhne des Bruno de Pericha, urkundlich vor. 1141 wird ein Engilmann
de Perchach erwähnt. Die Perchacher dürften um 1480 ausgestorben sein. Der Wehrhof könnte als
„Hundtritterhof" noch bis ins 19. Jh. bestanden haben[562].

-perg:
Siehe *Berg*.

Peterdorf:
Ortschaft bei Oberwölz: Pedersdorf 1072, Peterdorf in predio Chatzis ca. 1165, Peterdorf 1320, 1425,
Peterstorf 1451.
Dt. ON: „Das Dorf des Peter". Merkwürdig erscheint dabei das Fehlen des Genetivs; der ON müßte
eigentlich Petersdorf lauten. Diese Entsprechung tritt erst im 14. Jh. auf. Der Name Peter kommt von
Petrus - lat. „Fels", hebr. **Kephas**, in Erinnerung an den Apostel.
Der ON scheint mit dem Patrozinium der ältesten Salzburger Kirche in Verbindung zu stehen. Die
Salzburger Festung wurde im 12. Jhd. vom Salzburger Erzbischof erbaut. L-H führt den ON auf
Marschall **Peter**, 1215 genannt, zurück[563].
EA: Hier könnte ein Irrtum vorliegen, weil L-H selbst die urkundliche Schreibung „Pedersdorf" von
1072 erwähnt. Kessler wiederum schreibt, dass der Ausfall des genetivischen s- erst im 14. Jh.

---

[559] BS, S. 268.
[560] StON, S. 150.
[561] ONK I, S. 180.
[562] BS, S. 496.
[563] StON, S. 118.

aufträte, erwähnt jedoch die Schreibung „Peterdorf" um das Jahr 1165. Demnach kann der ON nicht auf den erwähnten Marschall zurückgehen.

Petschkaalpe:
Bei *Stadl an der Mur*, VB *Murau.*
Nach Kessler wohl vom slaw. PN ***Pecka** abzuleiten.
EA: Im heutigen Slow. bedeutet **pec** - „*Ofen*", **pečka** - „Bäcker". Eine passende Übersetzung könnte vielleicht „der vom (am) *Ofen*" lauten. Zur Etym. siehe *Ofen.*

Petzensee: Siehe *Betzensee.*

+ Peuge:
Nach Baravalle ein abgekommener Hof bei *Scheifling* am rechten *Mur*ufer, der im 13. Jh. Sitz der Peuger war. Im Jahr 1266 hatte Wulfingus „de House" (EA: *Althaus?*) landesfürstliche Lehen zu Peuge inne, die er von Konrad von Peuge gegen Güter am *Pölshals* eingetauscht hatte[564]. Zur Etym. siehe *Paig.*

+ Peunt:
Mehrmals in Urkunden vorkommende Flurbezeichnung für ein freies, einem besonderen Anbau vorgemerktes und eingezäuntes Grundstück, ein Gehege, auch für einen eingefriedeten Platz, oder eine umzäunte Wiese.
Etym.: Von mhd. **piunte, biunte, biunde, biunt**. Urkundlich meist „die Pewnt, akcher gen. die Pewnt 1300"; mdal. „paint".
Der ON wird z. B. als abgekommener Flurname im *Wöllmerdorfer Feld* bei *Maria Buch* (peuntt pay Maria Buch 1476, die Peunt 1609) erwähnt[565].

Pichl, Bichl-, Bühel, -pichl-, -puhel - Namen:
Ahd. **buhil**, mhd. **bühel** - „Hügel". **Pichler** - „der vom Bühel".
-**puhl** und –**bichl**-Orte sind für älteste bäuerliche Namensgebungen bekannt, die bis ins 12. Jh. zurückreichen können und oft mit vorhöfischen Burganlagen zusammenhängen[566].
EA: Offenbar wurden so auch größere Anwesen und Siedlungen mit Befestigung bezeichnet, ähnlich wie Burgen mit dem Namen „Stein".

Pichling:
Ortschaft südlich von *Thann*, OG *Maria Buch – Feistritz*, VB *Judenburg.*
Baravalle erwähnt hier einen Wehrhof der *Eppenstein*er, als deren Dienstmannen 1140 Dietmar und 1150 Pilgrim und Richfrit von Buhelaren genannt werden[567]. Zur Etym. siehe *Pichl.*

Pichlhofen:
a) Schloss in der Oberen *Einöd*, OG *St. Georgen ob Judenburg*. Baravalle vermutet im Bereich des heutigen Renaissanceschlosses und dessen nächster Umgebung die Reste eines alten Wehrhofes, der schon früh entstanden sein soll und auf dem vermutlich den 1140 und 1141 erwähnte Dietmar de Puhelaren saß[568]. Heutiger Besitzer ist die Familie Dipl. Ing. Conrad.
b) Renaissancehof bei St. Veit in der *Gegend*. Nach Baravalle wird der Hof erstmals um 1550 als der „Puhel pey Sand Veyt in der Gegend" genannt. Der Sitz war durch einen teilweise gemauerten Graben besonders geschützt[569]. Zur Etym. siehe *Pichl.*

Pichlschloss:

---

[564] BS, S. 497.
[565] ONJ, S. 31.
[566] Kessler, Ortsnamen …, Nr. 177.
[567] BS, S. 270.
[568] BS, S. 270.
[569] BS, S. 498.

Bei *Neumarkt*, VB *Murau*: Nach Baravalle war das Schloss im 13. Jh. vermutlich ein kleiner wehrhafter Hof, den 1305 Wolfgrim Pucher innehatte[570]. Zur Etym. siehe *Pichl*.

+ die Pintstat:
Ried bei *Landschach*, VB Knittelfeld: Urkundlich 1398 erwähnt.
Dt. „Der Ort, die Stätte, wo man Vieh anbindet".

+ Pirchäch:
Im *Katsch*tal östlich von Althofen, VB *Murau*. Heute steht hier ein Bauerngehöft mit dem Namen „Pürker". 1144 scheint ein Adalbero de Pircha auf[571].

Pirk-, Birk- Namen:
Nach Baravalle bedeuten sie „Burg"[572]. L-H führt sie auf ahd. **birka**, mhd. **birke, birche** – „Birke" zurück, den Namen des im Ennstal gelegenen Ortes **Pürgg** jedoch auf „Burg"[573].

Pirker, Purker:
Siehe *Pirk- Namen*.
E. Lukas schreibt in diesem Zusammenhang, dass solche Namen in vielen Fällen auf griechisch **pyra** - „Feuer" zurückgingen, also mit einer Brandrodung zu tun hätten. Dies gelte auch für die Pyrmayer Hube, die einst auf dem *Grafenberg* lag. Hofnamen wie Bircher und Pirker seien auch oft aus Purk(her) über Pürcher/Pürker zu Bircher/Birker entwickelt worden[574].
EA: Das lat. **pyra** wird von Ovid und Vergil dichterisch für „Scheiterhaufen" verwendet. Die römischen Dichter haben das Wort vom altgriechischen πυρά übernommen. So können die ON *Fressenberg* und *Pirk* auf das lat. **pyra** „Feuer(zeichen)" zurückgehen, also mit dem Begriff „Brandrodung", oder mit „Burg" verbunden sein.

Pirning:
Berg und Rotte bei *Predlitz*, VB *Murau*.
Als Berg : am Pienig 1455, am Piergin 1450, am Pering, Pyrning 1450.
Von slaw. ***pirniće** - „der Ort an der **Pirnica**" - „Queckenbach". Vgl. slaw. **pir** - „Quecke (,,Hundsweizen" - Agrophytum, ein schwer ausrottbares Unkraut). Da die Veränderung von **-i-** zu **-ei-** nicht eingetreten ist, wurde der ON sicher erst im 13. Jh. entlehnt.

Pistrach:
Landschaft westlich von *Ranten*, VB *Murau*: Pustreich1415, Pustrich 1450.
Die Herkunft dieses ON scheint unklar. Das Grundwort ist nach Kessler jedenfalls dt.; mhd. **rich(e)** - „Reich, Herrschaft, Besitz".
Kranzmayer erwähnt hingegen den Gewässernamen **Bistritz**, auch **Wistritz**, slow. - mdal. **Bístrica** - „die Hurtige"(gemeint ist der hurtige Bach)[575].
Vielleicht hat der ON mit *Puster* zu tun. Bahlow gibt ein wendisches Wort **pûst** - „wüst, öd" im Zusammenhang mit **Paust, Pust** an[576]. Dann allerdings läge wohl ein slaw. Stamm vor. Vgl. *Feistritz* und *Puster*.

+ Pitzach:
z. B. das Pitzsach beym Mitterweg von Kchnutelveld 1479.
Eine Bezeichnung, die im obersteirischen Murgebiet mehrmals vorkommt.

---

[570] BS, S. 498.
[571] BS, S. 499.
[572] BS, S. 481.
[573] StON, S. 150, 178.
[574] Ra. S. 331.
[575] ONK, S. 32, 248.
[576] DNL, S.370.

Ahd. **bizuni** bezeichnet den „Weg zwischen zwei Zäunen". Die Waldtomi besagen: „Pitz oder Pitzach heißt zum Teil eine freie Gassen oder ein Weg zum Durchtrieb des Viehes, wie auch ein moosig-unfruchtbarer Fleck in einer Halt oder Wiesen."

Planitzen:
Bei *Murau*.
Von slaw. **planica** - „kleine Ebene" vom Grundwort steht **planja** - „Ebene". L-H führt ein mhd. Wort **plân** - „ebene Wiese, freier Platz" an[577].

Plescheitz/Pleschaitz:
Berg bei Niederwölz, VB *Murau*: Plessheutz 1304, Pleschaucz 1367.
Von aslaw. ***pleś(i)nica** - „die kahle Stelle, Blöße".
EA: Diese Bezeichnung trifft auch heute noch zu, der *Plescheitz* zeigt sich um den Gipfel als „Kahlkopf".

Plettentaljoch:
Übergang von *Pusterwald* nach *Oberwölz*, 2090 m/M.
Das Wort kommt aus dem Bair. und bezeichnet einen Zaun oder Verschlag mit Brettern.

Pletzen:
Berg in der *Gaal*, 2342 m/M, VB *Knittelfeld*.
Kessler leitet den ON von aslaw. ***ples(i),*plesa** - „kahle Stelle" ab. Möglicherweise liegt auch ein ***Ples(i)ko** als PN zugrunde. Vgl. *Plescheitz*.
EA: Der „Pletz, die Pletz'n" ist im Steirischen eine Hautabschürfung. „(An)pletzen" heisst auch das Anhacken von Bäumen[578]. Siehe *Plescheitz*.

+ Plintenbach:
Bei *Murau*: Urkundlich im Jahre 1259 erwähnt.
Zu mhd. **blint** - „blind, trübe, dunkel, versteckt"; der „versteckte oder trübe Bach".

+ die Plodritz:
Ried bei *Knittelfeld*: Urkundlich 1389, 1447 erwähnt.
EA: Kessler hat dazu keine Erklärung und geht von einem slaw. Wort aus. Bahlow kennt mhd. **plodern** - „rauschen"[579]. Das SWB nennt dazu das „Blasenwerfen von siedenden Flüssigkeiten"[580]. Vermutlich war damit eine Stelle an der *Mur* oder an der *Ingering* gemeint, denn andere rauschende Gewässer gibt es hier nicht. Es könnte sich auch um eine besonders fruchtbare Stelle gehandelt haben, denn slow. **ploden** bedeutet „fruchtbar".

+ der Plocz:
Berg bei *Judenburg*, möglicherweise Teil des *Liechtensteiner* Berges: perg, der da haizt der Ploczk 1351, am Plocz 1455.
Etym. nach M. Schiestl von aslaw. ***ples, *ples** - „die kahle Stelle", möglicherweise auch zum PN **Plesko** (Zahn, ONB)[581].
EA: Es könnte sich auch um eine verschriebene Bezeichnung für „Platz" handeln, in welche die mdal. Aussprache „plo:ts" stark eingeflossen ist. Im heutigen Slow. heißt **ploskva** „Fläche", **plošča** „Platte, Scholle", **ploščat** „flach, platt". Vgl. *Plescheitz* und *Pletzen*.

---

[577] StON, S. 146.
[578] SWB, S. 167.
[579] DNL, S.382.
[580] SWB, S. 167.
[581] ONJ, S. 31.

100

+ Plongken:

Flur bei *St. Peter ob Judenburg*: die Plewngken 1475, die Plongken 1484.
Zu mhd. **plank(k)e** - „Brett, Bretterzaun" oder zu slaw. ***plavnika** in der Bedeutung von „Gewässer, auf dem Flößerei betrieben wird oder eine Pferdeschwemme eingerichtet ist"[582].

Podol:

Flur und Gehöft (Podoller) westlich der Bahnstation *Mariahof - St. Lambrecht*, VB *Murau*: Peduel 1494, Mdal. „pod´ull". Von slaw. ***podol** - „Abhang".

Poiersbach:

Der Graben im VB *Knittelfeld* führt vom Hinteren *Glein*graben hinauf zur *Terenbachalm* und wird nach E. Lukas um 1440 erwähnt. Über idg. ***poi** und ***pan** „Sumpf, feucht", germ. **fanga** „Sumpf", ist dieses Wort in Fango - „Heilschlamm" erhalten[583].

+ Po(l)lan:

Ein Wehrbau dieses Namens soll bei *Puchschachen*, VB *Knittelfeld*, nördlich des einstigen Sitzes der *Galler* gestanden sein. Das gleichnamige *Seckauer* Dienstmannengeschlecht scheint erstmals 1232 auf. Es war unter anderem mit den *Prankh*ern und den *Graden*ern versippt. 1318 scheint ein Otto ab der Polan als Zeuge in einer zu *Judenburg* gegebenen Urkunde auf, 1352 hat Gertraud die Prankherin an der Polan auf „dem halben Hof" gewohnt. 1360 erwarb Ulrich der Prankher von Katrey, der Tochter von Otto dem Pollaner, Güter. Das Geschlecht wird nach 1365 in Urkunden nicht. mehr genannt[584]. Zur Etym. siehe *Pöllau*.

Pöllau:

Rotte südwestlich von *St. Marein bei Neumarkt*. Mdal. „in der pölla".
Als Flur und Dorf: Polan 1265, Polleins prope Scheuflich 1293, s. Leonardus in der Poella 1293, die Poelan 1329, die poellan 1339.
Zu slaw. ***poljana** - „das Feld, die Ebene". Wegen der Tonverlegung auf die erste Silbe liegt eine ahd. Entlehnung vor.
Nach Baravalle wird im Jahr 1320 ein „Ott aus dem Pollan" genannt[585]. Die Bezeichnung „Pöllau" findet man in der Steiermark oft, z. B. in
Pöllau am Greim: Polan 1285, Polanum 1285, Poelan 1316.
Pöllau bei Schöder: die Poela in der Kinsn 1450.

Pöls:

Bach, Ortschaft und OG im VB *Judenburg*.
Als Bach: Ueliza (?) 1007, a ponte fluminis Pels um 1080, flumen Pels, Pelsa ca. 1140, flumen Pelse 1192, die Pelse 1295.
Als Ort: ad Pelisam 860, Pelissa 890, Pelisa 982, Pelse ca. 1130.
Als Tal: daz Pelstal 1330.
Zu idg. ***bhel** - „glänzen, weiß schimmern"-***balissa** - „die Glänzende". Die auf **-issa** auslautenden ON gehören nach Kranzmayer in den Ostalpen sicher einem idg. und nicht, entgegen der Meinung anderer Forscher, einem voridg. Volk an[586]. Nach L-H enthält dieser Name idg. ***pel** – „fließen, gießen, Sumpf" mit dem Suffix **-issa**, die beide schon in alteuropäischen Gewässernamen weit verbreitet waren und auch in den schon seit der Antike überlieferten Namen des Neusiedlersees (Pelissa superior) und des Plattensees/Balaton (lacus Pelso bei Plinius, nat. hist. 3, 146) enthalten sind. Er hält aber auch die Ableitung von idg.***bhel** – „weiß, glänzend" mit ahd. Lautverschiebung für eine mögliche Grundlage[587].

---

[582] ONJ, S. 31.
[583] Ra. S. 331
[584] AEA, S. 79.
[585] BS, S. 499.
[586] ONK I, S. 100.
[587] StON, S. 23.

Nach Baravalle hat in diesem Ort zumindest ein Edelsitz bestanden. Im 12. Jh. wird ein freies Geschlecht mit Eberhard von Pöls erwähnt[588].

Pölshof(en):
Weiler nordwestlich von *Pöls*, VB *Judenburg*. Auch hier bestand im 15. Jh. ein Edelhof, der heute noch ein stattliches Bauerngut darstellt[589]. Siehe *Pöls*.

+ Pölstal:
Nach Baravalle ein Edelhof, dessen Lage nicht näher bezeichnet ist. Der Hof war im Besitz der *Pöls*er (1160 genannt)[590]. Siehe *Pöls*.

+ in pomerio:
Abgekommener Gehöftname in der OG *Rachau*, VB *Knittelfeld*, heute vermutlich das Gehöft vlg. Kerschbaumer, das nach P. Benno Roth erstmals in einem *Seckau*er Urbar zwischen 1301 und 1304 erwähnt wird.[591].
EA: Der latinisierte Name bedeutet „im Maueranger", lat. **pomerium** <*post–moerium - „der zu beiden Seiten der Stadtmauer freigelassene Raum"[592]. Das Gehöft liegt im Ortsteil *Mitter*bach an einem Übergang zwischen dem Graben des *Breitwiesen*baches und der Vorderen *Rachau*. Der ON lässt auf eine Wehranlage im südwestlichen Bereich des *Gobernitz*berges schließen.

Pörtschach:
Bach und Rotte bei St. Veit/*Gegend*, VB *Murau*: Porczach 1412, Purtschach 1425, Portschach 1442, Portscha 1494, Pertschach 19. Jh.
Zu aslaw. ***reka** - „Wasserlauf": ***porecach(u)** - „bei den Bachbewohnern".
Vgl. auch *Pörtschach* am Wörthersee in Kärnten, Pietschach und Pötschach. Der Umlaut im vorliegenden ON weist auf eine verhältnismäßig frühe Eindeutschung hin. Nach Baravalle lag ein Wehrbau etwas oberhalb des Ortes. Pörtschacher werden als ritterliche Dienstleute im 13. Jh. genannt[593].

+ Praitenfurt:
Ortschaft und abgekommener Wehrbau westlich von *Judenburg*.
Etym. dt.: „Breite Furt". Zu *Furt(h)* siehe dort.
Baravalle vermutet den Wehrbau von *Praitenfurt* östlich von *Furth* auf einem kleinen Hügel in der Nähe des Murufers. Am 30. 3. 930 erhielt der Vollfreie Markwart vom Erzbischof von Salzburg ein Gut zu *Furth*[594]. W. Brunner hingegen lokalisiert diesen Sitz in *St. Georgen ob Judenburg*[595].

Präbichl:
Übergang nördlich von *Leoben* zwischen Vordernberg und Eisenerz: mons Prepuhel 1314, der Prepuehel 1314.
Kessler lehnt hier jede slaw. Etym. ab und meint, im Grunde liege ein älteres dt. **Brettbühel** vor: „Der Hügel, der eine Wand hat, die steil wie ein Brett ist".
D. Kramer stellt diesen ON zu aslw. **Prepuchu** - „die windige Höhe", was örtlich zutrifft und am meisten überzeugt[596]. Der Übergang spielte in der Zeit der Erzgewinnung auf dem steirischen Erzberg eine wichtige Rolle.

[588] BS, S. 271.
[589] BS, S. 271.
[590] BS, S. 271.
[591] B. Roth, Seckauer Geschichtsstudien, Heft 1, S. 17ff, und S. 45.
[592] Der Kleine Stowasser, Wien 1971, S. 380.
[593] BS, S. 500.
[594] BS, S. 271f.
[595] Brunner, St.Georgen ob Judenburg., S. 81.
[596] Diether Kramer (1985) in: W. Brunner, Geschichte von Neumarkt in der Steiermark, S. 65.

Prankh:
Ortschaft und Schloss bei *St. Marein bei Knittelfeld*: Branka 1135, Branich 1172, Branic 1182, Brankem, Brang,Brange - 2. H. 12. Jh. Prank 1202.
Als Schloss: haws und sicz Prankh 1459.
Nach Kessler ist dieser ON von aslaw. ***branice** - „Dorf des bran (des Kampfes)" oder „das Dorf des Brana" abzuleiten. **Brana** wäre eine Koseform z. B. zum PN **Braneslav** - „Kampf - Ruhm"[597].
L-H verbindet diesen ON als ***Branъka** mit urslaw. ***bran** - „Wehrsiedlung"[598].
EA: Im heutigen Slow. bedeutet **branik** „Schanze, Bollwerk".
Zum Schloss: Heute gepflegter Renaissancebau aus dem Jahr 1582. Hier soll schon im 11. Jh. eine von einem Wassergraben umgebene Turmburg gestanden sein, auf der Angehörige der Hochfreien von Traisen - Feistritz saßen und sich „von Prankh" nannten. Diese Anlage stand vermutlich an oder nahe der „platea ab antiquis exaltata", einer alten Hochstraße, die um 1130 als „bei Feistritz" erwähnt wird[599]. Die Herren von Traisen - Feistritz scheinen später als „von Waldeck" auf. Hartnid II. hat im *Mareiner* Boden 2 Kirchen errichten lassen: 1070 die Kirche in *Feistritz* und 1075 jene von *St. Marein.* 1140 hat sein Sohn Adalram (allerdings mit dem Besitz seiner Ehefrau Richinza) hier jenes Kloster gestiftet, das zwei Jahre später nach *Seckau* verlegt wurde. Vgl. dazu auch: Hannes P. Naschenweng: Die Herren von Traisen in der Steiermark, ihre Verwandtschaft und die Gründung des Augustiner-Chorherrenstiftes *Seckau*, ZHVfST 96 - 2005, S. 9ff. Diese Arbeit gibt einen umfassenden und interessanten Einblick in die Umstände der Klostergründung und der handelnden Personen.

Preber:
Berg bei *Krakau*dorf, VB *Murau*: auf dem Prebarn 1321, der Prewar, Prebar 1414, wismad im Prebal im Krakaw 1381.
Der ON ist nach Kessler vermutlich durch Dissimilation aus aslaw. ***prerebro**, daraus ***prebro** - „die vordere Felsrippe" oder aus ***prerebr(u)** - „die vordere Anhöhe" entstanden.
Nach L-H enthält dieser Name ein anzusetzendes ***Prěvorъ** zu slow. **prevor** – „Graben, Rinne, Vertiefung". Dieser Name wurde später durch nhd. **Graben** erläutert und ist auf den Gipfel des Berges aufgewandert[600].
EA: Somit scheint es, dass die **Preber**rinne als Wahrzeichen dieses Berges namengebend gewirkt hat.

Predlitz:
Flur und Ortschaft westlich von *Murau* nahe der Landesgrenze zu Salzburg.
Als Landstrich: die Predelitz 1311, Predelitz 1312, die Predelicz ob Stadl 1469. Mdal. „af ti preadlits".
Von aslaw. ***predolica.** - „das kleine vordere Tal". L-H stellt diesen Namen als ***Prěděl-ica** zu ***prědělъ** - „niedriger Bergübergang, auch Wasserscheide"[601].
Östlich der Ortschaft fand man bei der im 19. Jh. erbauten Filialkirche Mauerreste einer verschollenen Burg. Zu Baravalles Zeiten waren diese noch so weit vorhanden, dass eine Grabung lohnenswert gewesen wäre. Er meint, dass hier die sagenhafte Burg Weissenstein zu suchen wäre, die angeblich durch ein Erdbeben im Jahre 1201 zerstört wurde[602].
EA: Heute vertreten Erdbebenexperten die Meinung, dass diese vom Erdbeben zerstörte Burg in Kärnten lag. Das Beben soll sich im Bereich südlich des Katschberges (nordwestlich von Villach) ereignet haben, das Epizentrum wurde bis 1994 in Murau vermutet. Diese Annahme ließ sich jedoch nicht länger aufrecht erhalten.

---

[597] DNL, S. 77.
[598] StON, S. 88
[599] AEA, S. 38ff.
[600] StON, S. 41f.
[601] StON, S. 98.
[602] BS, S. 500.

Preg:
Östlichvon *Knittelfeld*: Predigarn 1362, Predigern 1415, Predigern, in der Preg um 1500.
Als Bach: amnis Predigoy 1225, aqua Predige 1323; als Gegend: Predegoy solitudo 1080, Predegai 1171, Predigoy 2. H. 12. Jh. 1304 Predige, 1318 Predingen, die Predige 1346, die Pregaw 1335, Predinger 1368, die Predig 1376, in der Preg 1390.
Nach einer von Fritz Posch verfassten Karte wird „Predegoy" bereits zwischen 1043 und 1122 genannt[603]; im Jahr 1060 wurde der Zehent zu „Listah" (nahe *St. Lorenzen bei Knittelfeld)* von der „Einöde Predigoi (Preggraben)" vers (gegen) Gobernic dem Stift Admont übertragen[604].
Etym.: Ursprünglich zum slaw. PN **Predegoj** gehörig, eine aslaw. -**j**- Ableitung ***predegoj(i)** - „bei den Leuten des Predegoj, im Gebiete des Predegoj". Später wurde diese Bezeichnung zu „Praedige" verändert, als handle es sich um eine Predigt; eine weitere Verkürzung ergab *Preg*. Vielleicht wurde auch eine -**aren**-Ableitung gebildet, sie ergab 1318 und 1368 die Form **Predinger**.
EA: Den PN Predegoj vermag ich nicht abzuleiten. Im heutigen Slow.bedeutet **pred** „zuvor, früher, vor", **gojiti** heißt „hegen, pflegen aufziehen", **predgorje** sind die „Vorberge"[605]. Zur Zeit der Slawen war der Durchbruch der *Mur* bei Kraubath gar nicht oder schlecht passierbar, weshalb auch die unter *Prankh* erwähnte Hochstraße nördlich von *Ramberg* und *Gulsen* verlief. Eine Umgehung dieser Engstelle am rechten Ufer der *Mur* bot sich nur südlich des Schlosskogels bei *Pichl* an. Daher lässt sich die Gegend von *Preg* durchaus als „Vorberge" (im Verhältnis zum steilen Übergang über das sogenannte „Halskreuz") bezeichnen.

Pregetter:
Hofname in *Dürnberg* bei *Seckau*, VB *Knittelfeld*: in der Pregraden pey Seccaw 1392.
Von slaw. ***pregradna** - „die vordere Gegend beim Schloss, die Gegend vor dem Schloss".
EA: Mit „Schloss" könnte das ehemalige Schloss *Dürnberg* gemeint sein, welches 1727 abbrannte und noch bis 2005 in Teilen vorhanden war. Danach hat man es restlos abgerissen, um zwei Garagen zu bauen.

Preßnitz:
Graben nordwestlich von *St. Stefan ob Leoben*.
Als Bach: aqua Pressnitz 1227; als Gegend: Presniz 1200, Presnicz 1265, Pressnicz 1403, Preschnicz 1439, Presnicz 1479.
Falls der ON vor 1050 eingedeutscht wurde, kann man ihn mit slaw. ***precnica.** - „das Quertal, die Querlinie" in Verbindung bringen. Vor dem Jahr 1500 kann fremdes -**tsch** (**č**)- auch als -**ss**- entlehnt werden. L-H leitet den ON von urslaw.***berza** - „Birke" zu ***Brezьnica** ab[606].

Pretaller:
a) Gehöft bei *Wald am Schoberpass*, VB *Leoben*: im Predol ca. 1300, Prodol ca. 1500.
b) Prethaller bei *St. Veit in der Gegend*, VB *Murau*: Predel 1380, Predall 1413, Predal 1442;
c) Prethal in der OG *Amering*, VB *Judenburg*: in dem wenigen Predel ca. 1450, in der Clayn Predel 1434, der Chlain Predal 1437.
Diese ON gehen auf aslaw. ***predel(u)** - „Grenze" bzw. ***predol(u)** - ***predole** - „Übergangstal, Zwischental" zurück.
EA: Diese Deutung trifft auch auf den vulgo **Preth**aller zu, der auf einer Anhöhe zwischen *Kulm* und *St. Veit in der Gegend* (VB *Murau*) liegt. Es ist hier eine Grenze im Sinne von „Gescheide" zu verstehen. Siehe auch Preiner **Gscheid**, das **Gscheid** bei Birkfeld u. a. Auch in der OG *Amering* handelt sich beim *Prethal* um eine Grenze, nämlich den *Obdach*er Sattel, der eine Wasserscheide zwischen *Lavant*tal und *Mur*tal bildet.
Predel hießen aber auch die alten Salzsteige im Enns- und *Mur*gebiet; das Wort bedeutet soviel wie „Bergübergang, Steg, Steig".

---

[603] Fritz Posch, Atlas zur Geschichte des steirischen Bauerntums, Katalog Nr. 49, Graz 1966 und Das Werden der Steiermark, Graz 1980.
[604] StUB I/85, Urkunde Nr. 77.
[605] Slovensko-Nemški Slovar, o. J., D. 23, 116.
[606] StON, S. 74.

Prettach:
Bei *Leoben*: Pretich 1230, Pretoch 1267, Pretach 1381.
Nach Kessler eine dt. Kollektivbildung zu „**Brett**" - „Gestein oder Gegend, glatt oder steil wie ein Brett". Vgl. *Bretstein* und *Präbichl*.
EA: Ich halte eine Deutung wie bei *Präbichl* für zutreffend.

Priel:
Bei *Katsch*, VB *Murau*: Prvel 1320, in dem Pruel ze Chaitzsz 1332.
Zu mhd. **brüel** - „bewässerte, buschige Wiese". L-H übersetzt das Wort mit „umzäuntes Wald- oder Wiesengelände", entlehnt aus kelt. *****brogilos** - „eingehegtes Gehölz, Gebüsch"[607].

Probst:
Gegend bei *Murau*: die Brobst vnder Muraw 1425, die Probstey 1439, die Brobst vnder Muraw 1479.
Etym. dt.: „Die Propstei", also Kirchenbesitz. In den urkundlichen Belegen sind offenbar Schreibfehler vorhanden. Siehe *Propstei*.

Proleb:
Dorf östlich von *Leoben*: Winchilen 1178, Prilep, Chotech 1187, Prieleb 1195, Chotih, Wichel 1230, Prilep ca. 1300, Preöepp, Choedich (Ottokar, Vers 42. 448) 1331.
Der Ort wird in den Urkunden unter zwei verschiedenen Namen erwähnt: Der ursprüngliche dt. als „in den Winkeln" erwähnte ON ist in der zweiten, slaw. Form **Chotech** 1187 aber nicht übersetzt, das ergibt die urkundliche Schreibung. In dieser liegt ein aslaw. PN vor, vielleicht *****Chotech(a)**. L-H leitet den ON von slaw. *****prilěpъ** – „Angeklebtes, Ort in Nestlage" ab[608]. Der heutige ON kommt vom aslaw. *****prelep(u)** - „der Hübsche, Liebliche".

Propstei:
Befestigte Anlage östlich von Unter*zeiring*, VB *Judenburg*: Wengen ultra flumen Pelse ca. 1160, Wenige 1184, Wenge in parochia Pels 1420, Wenge apud montem Zeyrich 1287, Wenge prope Ceyricum 1303, prepositura Zeyrigk 1434, Wenge 1438, brobsthof an der Zeyring 1486.
Etym. dt. Die Propstei gehörte zum Benediktinerstift Admont und besaß wichtige Straßenzoll- und Bergwerksrechte. Das urkundliche **Wenge(n)** aus 1160 stellt einen Dativplural **wengin** zu ahd. **wanga** - „die baum- und strauchbestandene Niederung, Tallandschaft" dar, fällt also in die ahd. Siedlungsperiode.
EA: „Propst" (ältere Schreibweise Probst) war der Titel des Vorstehers eines Kapitels oder Stiftes; von vulgärlateinisch **propostus** (lat. praepositus – „der Vorgesetzte")[609]. Bei dem 1287 erwähnten „mons Zeyrich" handelt es sich um den unter *Zeiring* behanndelten Bereich.
Nach Baravalle wurde der Wehrbau des 13. Jh. im 17. Jh. völlig umgebaut. Der Hof „Wenige" gehörte zu den Gütern, die der Erzbischof von Salzburg im 8. und 9. Jh. von Kaiser und Adel geschenkt erhalten hatte[610]. Siehe auch + *Rotte apud Wenige* und *-zeiring*.

+ Puhel:
Nach Baravalle gab es einen Hof „zu Puhel" etwas oberhalb von *Pichl* (etwa beim Gehöft Wiesengelter) westlich von *Judenburg*, einen „Hof zu Puhel bei dem Scharsach[611] in der Nähe von *Pichlhofen*, einen weiteren ebenfalls in der Nähe von *Pichlhofen* und einen bei *St. Peter ob Judenburg* (den ich mit dem erstgenannten für identisch halte)[612]. Zur Etym. siehe *Pichl*.

---

[607] StON, S. 158.
[608] StON, S. 98.
[609] Hermann, Knaurs etymologisches Lexikon, S. 394.
[610] BS, S. 286.
[611] L-H erwähnt in StON, S. 146f, den Sarstein, der um 1474 „Scharstein" hieß, zu mhd. **schorre** – „schroffer Felsen".
[612] BS, S. 272.

105

+ Puhelhof:
Nach Baravalle bei *St. Stefan ob Leoben*, vermutlich im 11. und 12. Jh. ein wehrfähiger Hof[613]. Zur Etym. siehe *Pichl*.

Puchschachen:
Gegend in der OG *Gaal*, VB *Knittelfeld*: locus Puochskeho 925, alpis Puochschachen 1147, an dem Puchschachen zwischen der Vndrin vnd Graden 1318.
Skeho steht fälschlich für ahd. **skaho** - *Schachen*. Der ON bedeutet „Burgwald". L-H führt den ON entweder auf mhd. **burc** – „befestigter Ort" oder „Buche" zurück[614]. E. Lukas stellt den Gehöftnamen „Schachner" zu kelt. **schach** - „bewaldeter Berg, kleines, einzelstehendes Waldstück"[615]. Auch sie kennt diese Burgstelle und erwähnt die *Graden*er als kleines Geschlecht, das im 13. Jh. nach Kainach zog. 1103 hat Herzog Heinrich III. von Kärnten dem Stift St. *Lambrecht* unter anderem einen „Burgstall in der *Graden*" verkauft. Weitere Erwähnungen finden sich in den Jahren zwischen 1270 und 1304; 1399 scheint Niklas der Galler mit der Bezeichnung „in der *Graden*" auf. Auch der Besitz vulgo Musenbichler (+ *Musenbühel*, erstmals 1290 genannt) wird als eventueller Standort eines „alten Edelsitzes"erwähnt[616].
Den Standort des Wehrhofes im Puchschachen lokalisiert Baravalle beim Anwesen vlg. Grammer in Puchschachen Nr. 23. Ein Edelmann namens **Gramanus** hat 924 seinen Hof mit dem Bischof von Salzburg gegen andere Güter getauscht[617]. Der Familienname **Graman(n)** wird von „Graumann" abgeleitet, einer Zusammenziehung von „grau" und „Mann". Dies kann man als Übernamen von mhd. **gram** - „zornig, unmutig", als Herkunftsnamen von nordeuropäischen ON oder als Berufsübernamen zu mittelniederdeutsch **gram** – „Grummet, Nachmahd" für einen Bauern ableiten[618].
EA: Bei der Einmündung des *Puchschachen* in den *Gaal*graben, von der Straße *Knittelfeld-Gaal* aus gesehen rechts, liegt das Anwesen vlg. *Burgstaller*, oberhalb dessen befand sich ein *Burgstall*. Durch Grabungen Ende der Sechzigerjahre habe ich dort Gemäuer nachweisen können. In diesem Bereich soll auch ein Schwertgriff gefunden worden sein, der jedoch meines Wissens nicht mehr auffindbar ist. Da der Hausname und die Flurbezeichnung dt. sind, der ON *Graden* aber slaw., dürfteder ON mit dieser Burgstelle zusammenhängen.

Purbach:
Gewässername und Stadtteil der heutigen *Mur*vorstadt in *Judenburg*: Purbach 1330, der Purgbach, Purchbach 1351, Purkbach 1411, in der Nidern Purbach 1444.
Etym.: Zu mhd. **burc** - „Burg".
EA: Der ON bedeutet also „Bach bei der Burg". Eine abgekommene Bezeichnung „Purbach" gibt es für ein westlich des *Steinmetzgrabens* zum Allerheiligenbach bestehendes Gerinne, in dessen Nähe eine *Burg* bestanden haben muss[619].

+ das Purklehen:
Im Wolfsgraben bei *Kraubath*, VB *Leoben*, 1463 genannt.
Dt.: „Das zu einer Burg gehörige Lehen".
EA: Eine Burg ist im Nahbereich von *Kraubath* nicht zu finden, jedoch gibt es dort noch den Riednamen „Burgegg". Dabei handelt es sich um eine Wiese, die an einen wie ein *Burgstall* aussehenden Hügel nördlich von *Kraubath* angrenzt. Auch alte Vulgonamen in *Kraubath* wie „auf der Maur" weisen in diese Richtung.

[613] BS, S. 392.
[614] StON, S. 149, 151.
[615] Ra. S. 333.
[616] E. Lukas beruft sich in AEA, S 74f, auf die Gaaler Chronik von W. Brunner (S. 566, 568), sowie auf J. N. V. Sonntag, Hauschronik von Sachendorf, 1844, Privatbesitz.
[617] BS, S. 301.
[618] DFN, S.283.
[619] Brunner, Geschichte von Pöls, S. 340.

Puster:
Gehöft in der *Gaal*, VB *Knittelfeld*: die Pusterhueb in dem Tawrn 1335, guet gelegen vor der Gael vnd haizzet die Pusterhueb 1365. Mdal. „pusta".
Ableitung: Von vorslaw. ***bustrussa**, zu idg. ***bhus-ro** - „an-, aufschwellen, hervorbrausen, reißen, Wildbach". Der Name scheint in der Steiermark viermal (*Puster*wald etc.), in Kärnten und Tirol einmal auf[620]. L-H geht von einem urslaw. Flurnamen ***pustъ**, slow. **pust** – leer, öde, wild, unbebaut" aus[621].
Siehe *Pistrach* und *Pusterwald*.

Pusterwald:
Ortschaft, OG und Bach, nordwestlich von *Möderbrugg*, VB *Judenburg*: Pusterwald 1318.
Johann Tomaschek vertritt zu diesem ON die Auffassung, dass nur der Versuch bleibe, den ersten Teil des Namens als ehemals slaw. Wort aufzufassen. Der aslaw. Begriff ***pust** bedeute „(menschen)leer, öde, wild", „Pusterwald" wäre demnach der „öde, menschenleere Wald". Es liege also eine sprachliche Verdoppelung (Doublette) vor, wodurch die Baiern die Bezeichnung ihrer Vorgänger in ihrer eigenen Sprache ausgedrückt hätten[622].
Baravalle vermutet hier als Vorgänger des späteren Amtshauses einen kleinen, befestigten Hof[623].
Siehe *Puster* und *Scharnitz*.

Pux:
Rotte, Schloss und Ruine bei *Teufenbach*, VB *Murau*: Bucches 1130, Pux 1132, Puchse 1181, Pvochs 1239, 1433 Pux (Zahn 1897).
Als Schloss: das nider haws Puchs 1415, das Haus zu dem Lueg genandt Pux 1416.
Nach Kessler ist der ON von mhd. **buhs** - „Buchs, -baum (Taxus)" ab zu leiten. Wahrscheinlich war der Berg, auf dem später die Burg, das „*Puxer* Lueg" - entstand, mit Buchsbäumen bestanden. L-H hält als Wurzel dieses ON einen slaw. PN ***Bukešъ** für möglich[624].
Baravalle erwähnt einen Wehrbau, der bereits im 11. Jh. von den Herren von Creina erbaut worden sein dürfte. Unten an der *Mur* steht das Schloss *Pux*, in dessen (alter) Burgkapelle sich Reste von Fresken aus dem 13. Jh. befinden. Am orografisch linken Ufer verläuft eine offensichtlich sehr alte Straße (vgl. „Römerwand" bei *Katsch*). Im Planum der Straße finden sich jedenfalls Geleisespuren. In der (alten) Burgkapelle befinden sich Reste von Fresken aus dem 13. Jhd.
EA: Slow. **bukva** bedeutet „Buche".

Puxer Loch:
Höhlenburg am Südabhang des *Plescheitz* bei *Teufenbach*, VB *Murau*.
Wegen der guten Fernsicht vom *Puxer* Loch aus ist die Namensform des 15. Jh. **Lueg** als Imperativ zu **luegen** - „schauen" anzusehen. Die Ruine liegt in einer Höhle oberhalb des Talbodens, und zwar etwas östlich der Ruine *Schallaun*. Die Anlagen von *Schallaun* und die des *Puxer Loch*es sind im 14. Jh. wahrscheinlich an Stelle einer älteren Anlage errichtet worden. Die Höhlenburg dürfte schon im 16. Jh. verlassen worden sein[625]. Siehe auch *Pux*.

+ Rabenstein:
Abgekommene Burg südlich von *St. Stefan ob Leoben*: Ramstein um 1290.
Baravalle vermutet sie auf dem Ausläufer des vom Kramel Riegel nach Nordwesten ziehenden Rückens. Nicht zu verwechseln mit der Burg gleichen Namens nördlich von Frohnleiten[626].
EA: Der Name leitet sich wohl von „Rabe" (als Vogel, der den Kriegerscharen folgt, aber auch als „Galgenvogel") und „Stein" ab. Der Kramel Riegel ist als Örtlichkeit heute unbekannt. Nach der

---

[620] ONK I, S. 27.
[621] StON, S. 99.
[622] Tomaschek, 700 Jahre Pusterwald, S. 28.
[623] BS, S. 272.
[624] StON, S. 99.
[625] BS, S. 500.
[626] BS, S. 393.

Baravalle'schen Beschreibung sollte der *Burgstall* nordwestlich der Pfarrerhube oder des vlg. Peisiniger im Bereich des Liechtensteiner Berges zu finden sein.

Rach:
Flur südlich von *St. Peter ob Judenburg*: die Rache 1304, an der Raehe 1315, die Raehe 1335, Rae 1358, Ree 1375, an der Rech 1465, Raa 1885, in der Raah 1906.
Nach Kessler von mhd. **rache** - „rauh, steif, reif, lahm". Vgl. aber *Rachau*.

Rachau:
Gegend und OG südlich von *St. Margarethen bei Knittelfeld.*
Als Gegend: die Rachow 1348, die Rachaw 1348, s. Oswald in der Rachaw 1406, Rachaw 1489.
Als Bach: der Moderpach 1401.
Etym.: Nach Kessler zu mhd. **rache** - „Vergeltung eines Unrechts". Es handelt sich hier möglicherweise um eine Au, um die ein Rechtsstreit ging. Hier fällt auf, dass Kessler den ON *Rach* (bei *Rothenthurm*) von mhd. **rache**, ahd. **rahi** und nicht in der Bedeutung „rau, steif, lahm" wie beim ON *Rach* ableitet. E. Lukas führt einen Lewe ab der Raehe in Urkunden aus 1308 (gegeben zu Knittelfeld) und 1315 (gegeben zu Judenburg) an. Dabei könnte es sich um Leo aus dem Geschlechte der *Lobming*er gehandelt haben[627].

+ Rachaualm:
Abgekommener, nur mehr in Urkunden enthaltener Name einer Alm in der KG *Rachau*, VB *Knittelfeld*, auf dem Höhenzug der *Gleinalm*, neben dem „Stierkreuz", einem alten Übergang vom *Mur*tal nach Süden. Hier befand sich bis ins 18. Jh. eine *Höbstatt* und Raststation. Über diesen Höhenzug gibt es einige Sagen. 1671 wurde die Alm in einem Hexenprozess genannt, in dem Martha Meßner, die Almwirtin auf dieser Alm, angeklagt war, gefoltert wurde und an den Folgen der Misshandlungen starb[628]. Siehe *Höbstatt.*

Radstatt:
Streusiedlung in der KG *Ossach*, OG *Oberweg*, VB *Judenburg*: ain gut gelegen an der Rastat genant die Grashub 1423, die Ratstat bey Judenburg 1427, an der Rastat 1478, Rasstatt 1536, Rastat, 1617 an der Rastat, Rastatt 1631, Rastatter Landtstrassen 1644.
Der ON ist nach M. Schiestl möglicherweise als „Raststätte" von durchziehenden Fuhrleuten zu erklären[629]. Vergl. aber *+Rotte apud wenge!*

+ (die) Raegknicz:
Kessler siedelt den ON nordwestlich von *Frauenburg*, VB *Judenburg*, am Übergang nach *Zeiring* an: die aus dem weyer entspringt am schoenperg 1437.
Zu slaw. ***rakov(n)ica** - „der Krebsbach".
EA: Auf der Landkarte liegt der *Schönberg*, 1677 m/M, westsüdwestlich von Frauenburg. Nordwestlich von Frauenburg zeigt die Karte Schoberspitze und Bocksruck. Da es sich um einen Bach handelt, dessen Ursprung auf dem Schönberg angenommen wird, sollte dieses Gerinne der rechte Quellbach des *Wallersbach*es sein, welcher am NO-Abhang des Schönberges entspringt.

Raiming:
Flur südlich von Schiltern, VB *Murau*: Reibnik 1305, im Reymbing 1463.
Nach Kessler von slaw. ***ribnik** - „der Fischberg, die Gegend, wo etwas mit einem Fisch geschah". L-H vergleicht diesen ON mit slow. **ribnik** – „Fischbehälter, Teich"[630].
EA: Diese Ortsbezeichnung bezieht sich auf die gesamte die Talflur. Der ON wird s sicherlich mit einer Fischteichanlage im Zusammenhang stehen.

---

[627] Ra. S. 54f.
[628] Ra. S. 309ff.
[629] ONJ, S. 32.
[630] StON, S. 95.

+ Rain:

So hießen mehrere Örtlichkeiten um *Judenburg*, die sich nicht lokalisieren lassen: an der Rayn 1372, vnder dem Rayn 1424, im Purchfried underm Rayn so man gen Spital get 1471.
Das Wort stammt vom mhd. **rein** - „begrenzende Bodenerhöhung, Grenze, Ackergrenze"; meist in der Bedeutung von „abschüssiges Gelände"[631].

Rain bei *Neumarkt*:

Weiler südwestlich von *Neumark,* VB *Murau:* Runa proxima villa foro Grazlup 1265, Revn pei Newenmarcht 1319, Reu 1335, Rewn 1383, Rain in der Zeitschach 1435; der Rainberg ebenda.
Etym.: Ursprünglich zu mhd. **run, ron(e)** - „gefällter Baumstamm, -stumpf", bair. die **ron, ronen** - „vom Winde ausgerissener und liegen gebliebener Baum".
Baravalle ordnet Meinher und Albrich de Ruina (1189) dem hier gelegenen Edelhof zu, der bis ins 16. Jh. erhalten geblieben ist[632].

Rambach:

Flur nordwestlich von *Trofaiach* in der *Göss:* am Rampsbach in der Goss 1465.
Zu spätmhd. **ramse** - „Lauch".

Ramberg:

Berg bei *Feistritz bei Knittelfeld:* der Ramperch 1353. Mdal. zwischen „romberg" und „raumberg".
L-H leitet den Namen von ahd. **hraban, ram**, mhd.**rabe** - „Rabe" ab[633].

Ran(n)ach:

a) Almgegend, Berg Hohe Rannach, 1994 m/M, und Hütte in der KG *Ossach* auf dem *Zirbitzkogel,* VB *Judenburg:* am Renach 1392.
Als Landschaft: Rennach 1373, Ranach 1434.
b) Rannach bei *Mautern*, VB *Leoben:* Ranach, Ronach, Roanch.
c) Rannach im *Turrach*graben: Rannach 1464.
Eine Kollektivbildung zu bair. **ronen, ron** - „Gelände mit Windwurf". Zur Etym. siehe auch *Rain* und *Ran(n)ing*.

Ran(n)ing:

Berg, 945 m/M, Gehöft und Flur westlich des *Pölshals*es, VB *Judenburg:* in dem obern Raening in dem obern Pelshals 1415.
Als Gegend: Rennach 1373, Ranach 1434, der Raenigprunn 1461.
Flur bei *Kraubath*, VB *Leoben:* am Raening 1473.
Etym.: Von slaw. **ravnik** - „der, welcher bei der Ebene wohnt". Ursprünglich ein Hofname.
EA: Das Gehöft vlg. Ranninger liegt westlich von *Enzerssdorf* am Ostrand einer Verebnung.

Ranten:

Dorf nordwestlich von *Murau:* Radintin 1075, Raden tein 1080, Tantinge 1145, Rantingin 1155, Radenten siue Tewting 1178, Raedentin 1234, Radenten 1358, die Rendten 1406, die Renden 1425, die Ranten in Grakchaw 1451. Mdal. „hrantn".
Etym.: Von aslaw. ***rade(n)tina** - „die Gegend des Rade(n)ta". Der Name wurde schon in ahd. Zeit entlehnt. Die jüngere, mhd. Lehnform desselben Wortes erscheint in Radenthein in Kärnten[634].
Slaw. ***rad** bedeutet „Freude, Bemühen, Ruhm"[635]. Vom Wehrhof aus dem 10. Jh. ist nichts mehr erhalten[636].

---

631 ONJ, S. 33.

632 BS, S. 504.

633 StON, S. 167.

634 ONK II, S. 170.

635 http://de.wikipedia.org/wiki/Slawische_Vornamen, S. 3. Stand: 30.01. 2011.

636 BS, S. 504f.

Rapottendorf:
Weiler bei *St. Georgen bei Neumarkt*, VB *Murau*: Rapotendorf 1166, Rapotindorf 1184, Rappoten 1377, Rapotendorf 1897.
Nach Kessler vom ahd. PN **Rapot(o)** - „das Dorf des Rapot". Interessant ist hier das Fehlen des genetivischen **-s-**. Auch L-H nennt als Wurzel den ahd. PN ***Râtboto**[637].
Der Name **Ratbot(o)**, wird bei Kranzmayer zum ON **Rappersdorf** genannt[638]. Bahlow erwähnt mhd. **rât** - „Ratgeber"; ahd. **boto**, mhd. **bote** bedeutet „Verkünder, Herold"[639]. Dieses Wort hängt mit „bieten" im Sinne von „wissen lassen" zusammen[640].

Raschbichler:
Gehöft in der *Glein*, OG *Rachau*, VB *Knittelfeld*. E. Lukas hält eine Verbindung mit kelt. **reda** - „Fahrweg, Wagen" für nicht unmöglich, da dieses Wort zu „Rad" und „Ratten" sowie zu „Ratz" und „Rasch" wurde. Der „Raschpuhel" (Raschbühl) gleich hinter der Gleinbrücke sei bestimmt ein alter Fahrweg gewesen. Ältere Einwohner erinnerten sich noch, dass hier die „Weinstraße" vorbeiging und die Händler beim „Rastbichler" Station gemacht hätten. Im *Seckau*er Urbar wird ein „Guetlen der Grillpuhel" erwähnt, das B. Roth mit dem heutigen *Raschbichler*" identifiziert hat[641]; ferner ist im Franziszäischen Kataster der Hof als „Raschbichler, Wachter am Grillberg" ausgewiesen, obwohl der Grillberg dem Gehöft gegenüber liegt und auf ihm 1543 ein Hof „Grillpuh(e)l" bestand.[642] Als Vulgarname scheint nach Zahn erstmalig im Jahr 1472 als „guet genannt Raschpuhel in der Glein peym Syrning genannt der Gleynperg"auf[643]. Eventuell wäre der ON auch von ahd. **aldrîs** – „Strauch, Busch" abzuleiten[644]. Zu Grill siehe *Grill(en)berg*, zu Syrning siehe *Sirning*, zu Gleynperg siehe *Glein*.

Raßnitz:
Dorf östlich von *Knittelfeld*: Reysenz 1253, Revsnicz 1265, Raevsnitz 1265, Reusnitz 1285, Resnitz 1365, Raesenz 1407, Ressnitz 1141, Resnitz 1488.
Nach Kessler vielleicht zu aslaw. ***rovis(c)nica.** - zu ***rovisce** - „der Graben, Grabengegend". Die Entlehnung erfolgte frühestens im 11. Jh.
EA: Bei Raßnitz mündet der *Raßnitz*graben - offenbar eine Tautologie. W. Brunner leitet einen im Jahr 1462 in *Greith* bei *Neumarkt*, VB *Murau*, erwähnten ON „im Resnigk" von slaw.***reznik** aus aslaw. ***re(n)zati** - „schneiden, spalten" ab und beschreibt den Ort als einen tief eingeschnittenen Graben[645]. Diese Gegebenheiten treffen auch auf den *Raßnitz*graben zu.

Rattenberg:
Ortschaft östlich von *Fohnsdorf*, VB *Judenburg*.
Als Dorf: Ratinperch 1050, Raetinperge 1149, Rattenberch 1172, Ratinberch 1181.
Als Berg: Raetenperg 1347, am Retenperg 1427, der Ratemperg 1441, der Rattenperg 1468.
Etym. dt.: „Berg des (adeligen) Mannes Rato". Vom ahd. PN **Rato**. Bahlow kennt einen obd. PN **Ratold** „im Rate waltend"[646].
Oberhalb des Dorfes befindet sich ein *Burgstall*, bei dem es sich nach Herwig Ebner um die Wohnturmanlage „Rottenburg" handelt[647]. Auch der vom Turmhügel nach Süden abfallende Hang

---

[637] StON, S. 119.
[638] ONK, S. 173.
[639] DNL, S. 402.
[640]Drosdowski, Duden Herkunftswörterbuch, S. 93.
[641] B. Roth, Seckauer Geschichtsstudien, Heft 7.
[642] Ra. S. 220ff.
[643] ZOB, S. 38
[644] ADN, S. 844.
[645] Brunner, Neumarkt, S. 65.
[646] DNL, S. 402.
[647] Ebner, Burgen und Schlösser ..., S. 146.

wird „*Burgstall*" genannt. Man nimmt an, dass vor 1060 der Vogt des Erzbischofs von Salzburg, Willihalm von Rattenberg, auf dieser Burg gesessen ist[648].

+ Raysweg:
Westlich von *Judenburg*, möglicherweise ein Teil der *Reisstraße*: am Raysweg bei der pirchen ob Judenburg 1394[649].
EA: Vielleicht ist damit die Heeresstraße zwischen *Judenburg* und dem *Pölshals* gemeint. Vgl. *Reisstraße*.

Reifenstein:
Burgruine bei *Pöls*, VB *Judenburg*: Rifenstein 1145, 1160, Rifensteine 2. Hälfte 12. Jh. Riffensteine 1245, Reifenstein 1. H. 14. Jhd..
Höfischer Name: „Der von Reif weiß überzogene, hellschimmernde Fels". L-H führt den ON auf den ahd. PN **Rîfo** oder auf ahd. **rîf** – „Ufer, Abhang" mit ahd. **steine** - „Burg" zurück[650].
Die ältetsten Teile der Burg sollen aus dem 12. Jh. stammen. Der wesentliche Umbau der Burg erfolgte im 16. Jhd.[651]. Zu *-stein* siehe dort.

Reifersdorf:
Rotte in der OG *Kobenz* östlich von *Knittelfeld*: Reyfersdorf 1327, Reyfferstorf 1402, Reiffensdorf 1416, Reifferstorf 1489.
Zum ahd. PN **Rifhêri** - „Dorf des Rifhêri". Nach L-H geht der ON auf den PN **Reifold** zurück[652]. Der PN könnte aber auch mit „reiben" („Riefenstahl" als Übername des Schmiedes) oder mit mnd. **reve** - „freigebig, verschwenderisch" zusammenhängen. **Hêri** - bedeutet „Heer"[653].

Reifling:
Gebiet und OG südlich von *Judenburg*: yn dem Reyffnig 1407, in dem Reyffnik 1408, die Reyffnig 1427.
Von slaw. **ribnika** - „die fischreiche Gegend, der Fischbach". Das -î- von urslaw. ***ryba** wurde beim Übergang vom Mhd. zum Nhd. zu -ei-[654].

+Reising:
Flur bei *Judenburg*: die Reising bei Judenburg 1427, im Reyssing bey Judenburg um 1460.
EA: Für diesen ON liegt keine Erklärung vor. Im Steirischen gibt es den Ausdruck **Reisach** - „Reisig, Baumzweige"[655]. Es könnte sich um einen Schlag handeln, auf dem nach einer Schlägerung Reisig abgelagert wurde.

Reisstraße:
OG und Gegend südöstlich von *Judenburg*: Rayswege um 1220/1230 und 1265, Reisweg ca. 1300, der Reysweg an der Piberalm 1404.
EA: „Reisige" bezieht sich auf das Militär, eine „Reisstraße" ist eine Heeresstraße. L-H hingegen leitet diesen ON von mhd. **rîse** - „Wasser- oder Steinrinne an einem Berg" ab[656]. Nach E. Lukas trug diese Straße im Volksmund aber auch die Namen „Weinstraße", „Salzstraße" und „Römerweg"[657]. Der Name wird auch für die heutige Straße auf das Gaberl verwendet. Siehe + *Raysweg, Gaberl*.

---

[648] BS, S. 272f.
[649] ONJ, S. 33.
[650] StON, S. 184.
[651] BS, S. 273.
[652] StON, S. 119.
[653] DNL, S. 408.
[654] StON, S. 95.
[655] SWB, S. 176.
[656] StON, S. 173f.
[657] AW, Touren 1 und 2.

+ Reitenstein:

Baravalle stellt Vermutungen darüber an, ob diese verschwundene Burg südöstlich von *Neumarkt*, nördlich der Straße nach Hüttenberg, entsprechend der volkstümlichen Überlieferung 1000 Schritte westlich der Ruine *Karlsberg* stand.Sie soll gemeinsam mit dieser im 14. Jh. eventuell im Zusammenhang mit dem Dobratsch - Bergsturz von 1348, ebenfalls duch einen Erdrutsch verschüttet worden seint[658]. Der ON könnte mit ahd. **rinti** – „Rodung" zusammenhängen[659].

Reiter:

Häufiger Gehöftname aus der Rodungszeit, so u. a. in der OG *Rachau*, VB *Knittelfeld*. Siehe *Kreuth*.

Reiting:

Berg, 2214m/M, nordwestlich von *Mautern*, VB *Leoben*, in den Karten als *Gößeck*: der Reydan 1320, der Reydang 1403, der Reydung in der Goesss 1476, der Reyding 15. Jhd.

Vielleich zu aslaw. ***rud(i)nik(u)** zu aslaw. ***ruda** - „das Erz". Durch Umlaut von ahd. **-u-** entsteht **-ai-** (**-ei-**). Der ON wäre demnach in der Zeit vor 1200 eingedeutscht worden. L-H leitet den ON allerdings von mhd.**riute** – „Rodung" ab[660].

Es gibt noch heute einen Anstieg, der „Reitsteig" heißt, und ein Gehöft vlg. Reiterer westlich des Berges, sowie einen „Rittersteig" zwischen *Kammern* und *Mautern*.

+ alben gen. die Rennstat:

Diese Flur wird urkundlich im Jahr 1489 erwähnt und auf der *Schmelz* selbst bzw. in ihrer Nähe vermutet. Sie liegt in der OG *Oberweg*, VB *Judenburg*.

Das Verbum „rennen" besitzt hier die Bedeutung „(ge)rinnen machen, schmelzen" und bezieht sich auf das Ausschmelzen des Roheisens im Frischfeuer.

Das „Rennfeld" südlich des Mürztales verbindet L-H mit mdal. „Renn" (mhd. **renne**) - „Lab, vagulum, Ferment im Magensaft, das die Milch gerinnen macht"[661]. Vgl. *Schmelz*.

+ die Rennstrazzen:

Südöstlich von *Zeiring*, VB *Judenburg*: ze nagst der Obern Zeiring 1470.

Vor einigen Jahren wurde vom Bundesdenkmalamt ein ma. Schmelzofen etwas unterhalb der „Römerbrücke" rechts des *Blahbaches* ausgegraben. Dort könnte man diesen Ort vermuten. Zur Etym. siehe + *Rennstat*.

+ in der Reuschen:

Bereich zwischen Hauptplatz, Burg- und Riedergasse in *Judenburg*: in der Rewschen 1367, haws in der Rewshen 1383, in der Rewschen 1425, in der Reyschen 1435, in der Rewschen 1509, daz gässl genantt die Reischen 1534.

Nach M. Schiestl abgeleitet von „Fischreuse"[662]. Im Jahr 1595 wurde die Straße „clain Gäsl, als man in die Reischen geet", bezeichnet. Es handelte sich ursprünglich um eine Flurgasse, welche die Stallungen und Grundstücke, die zu den anliegenden Häusern gehörten, miteinander verband[663].

EA: Die Reuse ist ein sackartiges Netz und dient zum Fangen von Fischen und Krebsen. Die *Reuschen*gasse lag nach einer Darstellung *Judenburgs* im Mittelalter südlich des „Mercatus" und bildete eine Sackgasse[664].

+ Rieckersdorf:

Früher ein anderer Name für *Gabelhofen*.

---

658 BS, S. 505.

659 ADN, S. 863.

660 StON, S. 146.

661 StON, S. 146.

662 ONJ, S. 33, bei Popelka I, 226.

663 Schiestl, Die Straßennamen Judenburgs, S. 36.

664 Andritsch, Unser Judenburg, S. 61.

+ Riegersdorf:
Früher ein anderer Name für *Gabelhofen*.

Rinnofner:
Gehöft auf dem *Falkenberg* nördlich von *Rothenthurm*, VB *Judenburg*: Rinnofen 1416, am Rinofen 1454, Rinnofner 1893.
Zu mhd. **rinne** - „Quelle, Wasserrinne, -röhre"; *-ofen* siehe dort.

Ritzendorf:
Bei *St. Lorenzen bei Knittelfeld*: Ricendorf 1135, Ricindorf 1207, Riczendorf 1220, Ritzendorf 1334.
Vom ahd. PN **Rici (Rico, Ricili)** 1280 „das Dorf des Rici". Es könnte sich aber auch um eine Kurzform von **Heinrich** - „Heim - Herrscher" handeln[665]. Siehe auch *Ritzmoar*.

Ritzersdorf:
KG Tiefenbach, OG *Judenburg*: 1295 Ritzmannsdorf.
Vom ahd. PN **Rizaman** „das Dorf des Rizamann". Zum PN vgl. *Ritzendorf*. Bahlow sieht in **Ritze** eine friesisch-ingwäonische Form von „Richard"[666].
Baravalle nennt einen hier schon 1135 nachweisbaren Edelhof, auf dem Bazarich, ein Dienstmann des Adalram von *Feistritz*, saß. Der Hof dürfte zu Anfang des 16. Jh. zum Bauernhof geworden sein[667].
EA: Ich halte den PN **Rizamann** für eine Kombination von **Rico** und **-mann**. Um den Hof dürfte sich alsbald ein Dorf begildet haben. Zu Rico siehe *Ritzendorf*.
Für den PN Bazarich habe ich keine Erklärung gefunden. **-rich** bedeutet „Herrscher", **Baz-** könnte mit dem mhd. Wort **bast(hart)** zusammenhängen, das ein von einem Adeligen außerehliches, aber von ihm anerkanntes Kind bedeutet. Dabei handelt es sich um einen festen Terminus des Feudalwesens[668]. Siehe auch *Ritzmoar*.

+ Ritzmannsdorf:
Ein nach Baravalle bei *Judenburg* gelegener Edelhof. 1376 wird ein Offlein der Ritzmannsdorfer genannt. Eine genaue Lage des Hofes scheint nicht bekannt zu sein[669]. Siehe *Ritzersdorf* und *Ritzmoar*.

Ritzmoar:
Gehöft in der OG *Rachau*, VB *Knittelfeld*. Angeblich bedeuten kelt. **retos** und mhd. **ries, raes** „wasserreicher Abhang". „Ritz"-Namen sollen in der Regel auf diese Wurzeln zurückgehen. Vgl. *Ritzersdorf* und + *Ritzmannsdorf*.

Ros-, Ross–Namen:
Für diese ON gibt es mehrere Deutungsmöglichkeiten:
Ros-Orte waren oft kelt. Kultstätten. Dem Wort könnten auch kelt. **ruad/reda** - „Rad" oder kelt. **rosean** „Grünland, Weideland, Grabhain" zugrunde liegen. Auch eine Verschmelzung kelt. Kultbegriffe wie **rot** - „Sonnenrad" mit **ros** - „Totenkult" kann „Ross-Fluren" entstehen lassen. Nach L-H war in den „Rosenbergen" die wilde Heckenrose, mhd. **rôse**, namengebend, aber auch die Pferdehaltung. So bedeutet mhd. **ros** – „Ross, Stute"[670].

665 DNL, S. 421.
666 DNL, S. 421.
667 BS, S. 275.
668 Drosdowski, Duden Herkunftswörterbuch, S. 66.
669 BS, S. 275.
670 StON, S. 156, 162.

113

Rosenbach:
Gewässer und Schloss in *Obdach*, VB *Judenburg*. Das vermutlich im 15. Jh. schon bestehende Schloss könnte nach Baravalle aus einem der in *Obdach* nachweisbaren mittelalterlichen Höfe entstanden sein[671]. Zur Etym. siehe *Ros/Ross-Namen* und + *Rosenburg*.

+ Rosenburg:
Abgekommene Burg hoch über dem rechten Murufer oberhalb von *Unzmarkt*, gegenüber der *Frauenburg*, VB *Judenburg*. Nach Baravalle wird sie nur in der Sage (ungetreue Burgfrau, Tötung im Nagelfass) erwähnt[672]. Er führt als mögliche Eigentümer die Herren von Rase in Kärnten an, denen auch Roseck bei Villach gehört hat. 1201 fungiert ein Cholo von Rase bei einer Wildoner Stiftung als Zeuge, der vielleicht auf der *Rosenburg* gesessen ist. Kranzmayer leitet den Namen des heutigen Oberrosentales von ahd. **ras, rasa** ab, das, mit vorslaw. Sprachmitteln ausgedrückt, „Landschaft um den Bach oder Fluss" bedeutete[673].
EA: Soweit in der Bevölkerung noch eine Erinnerung an die Rosenburg vorhanden ist, spricht man davon, dass die Steine der Ruine nach einem Brand von *Unzmarkt* für den Wiederaufbau verwendet wurden. Ich habe selbst an Ort und Stelle die Reste von Gemäuer vorgefunden. Die Rose wird auch in einem Wappen der *Liechtenstein*er dargestellt.

Roßbach:
Flur in der *Gaal*, VB *Knittelfeld*: der Rospach in der Gewl 1322, der Rosspach 1337.
Dieser Name bezeichnet ein Gewässer, das selbst bei Hochwasser noch zu Pferde durchritten werden kann. Manchmal handelt es sich auch um Pferdetränken.
Der Name ist in allen Sprachen über alle Länder des idg. Sprachkreises verbreitet und ist auch in der Steiermark häufig anzutreffen. So z. B. in Roßwasser, Roßbachgraben, Rossbachalm im *Gleina*lmzug, Rosegg an Piberalben 1434, Roßeck, Rosegger . . .
Zur Etym. siehe *Ros-, Ross-Namen*.

Rosenkogel:
1919 m hoher Berg, nördlich des Sommertörls und ostnordöstlich des *Ruder Sattels*, VB *Judenburg* und *Knittelfeld*. An seinem Fuß bestehen alte Übergänge, die vom *Ingering*tal ins *Mur*tal bzw. zum *Triebental* führten. Etwa 100 Höhenmeter unterhalb des Gipfels steht die „Lorettokapelle", sicher ein altes Wegheiligtum. Denn es besteht noch immer ein alter Höhenweg über das *Lahn*egg, Glaneck, Kesseleck und den Amachkogel ins Bärental, zum Gasthaus Bruckenhauser und damit zur Straße nach Hohen*tauern*[674]. Zur Etym. siehe *Ros/Ross-Namen*

+ Rosseck:
Gegend südlich von *Judenburg* in *Ossach*: am Rossegk 1424, Roßeck 1843, Rosseck 1893.
Zur Deutung siehe *Ros-, Ross-Namen*.

+ Rötenstein:
Abgekommener Name für einen Berg bei *Trofaiach*, VB *Leoben*: Rotilstein 1080, Rotensteine ca. 1176, Roetenstein 1295, Roetenstain 1454.
Hier handelt es sich um eine Bezeichnung für den weichen Toneisenstein, der als rote Kreide, Anstreichfarbe und für Rotstifte verwendet wird. Ahd. **rotilstein**, mhd. **roetelstein**, nhd. der **Rötel**, vgl. engl. **ruddle**. Siehe auch *Reiting*.

+ Roter Ofen:
Rottenoffen 1679 (Grenzbeschreibung -„ . . . durchs Wiltegg (heute Wildeggkogel) nach der waßersag (Wasserscheide) bis zum Rottenoffen . . .").

---

[671] BS, S. 275.
[672] BS, S. 276.
[673] ONK II, S. 180.
[674] AEA S. 140, AW, CD-Wanderführer 2006.

Dieser ON wäre wesentlich älter als seine urkundliche Nennung, wenn die Etym. auf die Deutung zu „*Ofen*" aus dem Keltischen zurück ginge.
EA: Vgl. Etym. zu + *im Ruedlach*. Der Wildeggkogel liegt nordwestlich des *Türkentörls*, OG *Rachau*, VB *Knittelfeld*.

Rothaide:
Nach L-H hat dieser östliche Teil des *Zirbitzkogels* seinen Namen vom rot blühenden Heidekraut. Mhd. **heide** - „Heide"[675].

Rothenfels:
Schloss bei Ober*wölz:* Rotenvels 1305, Rotenuels 1319, Rottenfels prope Welz 1368. „Das Schloss, das auf rotem Felsen steht".
Die ganze Gegend von Ober*wölz* war. Kammergut der deutschen Könige Die Burg wurde um 1020 errichtet, die Burggrafen des Bistums Freising, dem die Güter Welz *(Wölz) und Lind* 1007 von König Heinrich II. geschenkt worden waren, nannten sich „von Welz". Der heutige Name wurde erst später verwendet[676].

Rothenthurm:
Dorf und Schloss in der OG *St. Peter ob Judenburg*.
Als Schloss: hof ob Judenburg ze Feustritz 1466, das haws zum turn zu Fewstritz ob Judenburg 1491, das haws zum turn zu Fewstritz ob Judenburg 1491, edlmanssiz . . . Rottenthurn 1623, Rothenturn 1774.
Als Dorf: Fiustritz um 1310, Veustritz auf dem Nidern Hof 1340, ze Fewstricz in sand Peterspharr 1423, dorf Feustricz 1443.
Der ON kommt angeblich vom Geschlecht der Rottal. Rottental heißt ein Seitengraben des *Feistritz*grabens südöstlich von *Rothenthurm*; er wird 1823 und 1894 „Rottenthal" genannt. Für diesen ON liefert M. Schiestl keine Erklärung[677].
Nach Baravalle ist das Schloss aus dem „Hof ob Judenburg gelegen zu Feustritz" entstanden, den Hans zu dem Thurm in der Mitte des 15. Jh. zu Lehen hatte[678].
EA: Vgl. aber + *im Ruedlach* und *Rötenstein* sowie *Reiting*. Ich gehe davon aus, dass der Name, der ja erst zu Beginn des 17.Jh. auftritt, mit der Farbe Rot zutun hat; der Turm war wahrscheinlich entweder rot gestrichen oder mit roten Ornamenten verziert. Die Rottal hatten den Besitz offenbar nie inne. Die Bezeichnung des „Rottenthales" könnte mit einer der Kurzform **Rotto** der ahd. PN **Rothard (hruom** - „Ruhm, Ehre" und **hart** - „hart, fest") oder **Rother (hrot** - „Ruhm, **heri** - Heer") zusammen hängen, aber auch mit dem steirischen Ausdruck **Rot, Rut** für „Rost, Schmutz"[679][680]. Vielleicht bezieht sich die letzte Deutung auf alten Eisenabbau oder alte Eisenverarbeitung und man hat den nicht mehr verstandenen Namen des Tales auf das Schloss übertragen.

Rötsch:
Bach und Flur in der OG *Obdach*: in der Retsch 1367, Rotsch 1434, die Roetsch 1478.
Etym.: Von slaw. *recica - „der kleine Bach". Die Entlehnung erfolgte nach 1100, weil slaw. -č- lautgetreu als dt. -tsch- übernommen wurde. L-H verweist auf slow. **rečica** -„Bächlein"[681].

+ Rotte apud Wenge:
Bei der *Propstei in* Unterzeiring. VB *Judenburg*.
Für die Namensdeutung bieten sich zwei Möglichkeiten an: Westlich von *Möderbrugg* befindet sich ein Gehöft **Roth**, jedoch könnte der Name auch von der bair. **Rott, Rottstatt** - „Salzniederlage,

[675] StON, S. 157.
[676] BS, S. 505.
[677] ONJ, S. 34.
[678] BS, S. 277.
[679] KVB, S. 384.
[680] SWB, S. 250.
[681] StON, S. 40.

Pferdewechselstation der Salzfuhrwerke" kommen. Dies träfe zu, da ja die Salzstraße über den Hohen *Tauern - Triebener Tauern* hier vorbeizog.
EA: Als Ort dieser Rottstatt bietet sich der Hof der Familie Dipl. Ing. Neuper („Mauthof") in Unter*zeiring* an. Siehe auch *Radstatt, Propstei, Rothenthurm* und *Wang.*

+ Rottenbach:
Flur und abgekommenes Schloss östlich von *Rattenberg*, VB *Judenburg.* Das Schloss wurde nach einem Brand in den Fünfzigerjahren des 20. Jh. mittlerweile vollständig abgetragen.
Als Flur: Chrotenbach 1398, Krotenbach 1462.
Als Edelsitz: hof Crotenbach, Crotenleit der hoff zwischen Fletzach vnd Rattenberg in Vonstorfer Pharr 1488.
Im Leobener Urbar der Pfarre Maria am Waasen aus dem 16. Jh. ist zu lesen: „diesen (hof) hat der Pfleger zu Wasserburg iczo zu ein Freyhof gemacht vnd Rotenbach genent". Dadurch ist der heutige Namenswechsel zeitlich genau fixiert.
EA: Die ursprüngliche Etym. - „der Bach, in dem viele Kröten hausen" - trifft noch heute für dieses versumpfte Gebiet zu. Vgl. aber auch *Rattenberg.*

Rottenmann:
a) Bei *Ranten,*VB *Murau:* Roetenmanne 1299, Rotenmanne 1305, Rotmann 1316, Rotenmann 1357.
b) Im *Paltental,* VB *Leoben:* ad Rotenmannum 927, prediolum Rotenmannumndictum in ualle pagoque Palta situm, slaunice etiam Cirminah nominatum, predium Rotenmanum siue Cirminach dictum 1048.
Etym. dt: „Bei dem roten Manne".
Der ON ist möglicherweise kultgebunden, da der keltische Totenkult Umzüge mit roten Schminkmasken kannte. Die Meinung, es könnten damit Kupferbergwerksleute gemeint sein, scheitert nach Kessler hinsichtlich beider ON daran, dass hier jeder Kupferbergbau fehle.
L-H stellt den urkundlichen Namen „Cirminah" zu urslaw. **čъrmьnъ,* slow. *črmljen* – „rot". Es handelt sich um einen Dativ/Lokativ/Plural „bei den roten Männern". Die ursprüngliche Wortform und das Benennungsmotiv sind nicht klar. L-H ist der Ansicht, dass die Siedlung nach einer oder mehreren Personen mit roten Haaren oder mit einem auffallenden roten körperlichen Merkmal bezeichnet wurde[682].
EA: Man hat in jüngster Zeit Reste einer bronzezeitlichen Verhüttungsanlage in Mitterdorf nahe *Rottenmann* im *Paltental* gefunden. Demnach ist also doch mit Bergbauanlagen in der näheren Umgebung zu rechnen. Ich halte keine dieser Deutungen für befriedigend. Einerseits liegt der kelt. Totenkult weit zurück, andererseits wäre es schon seltsam, dass an zwei Orten Menschen mit roten Haaren namengebend wirkten. Auch ist es sehr unwahrscheinlich, dass das Gesicht von Bergmännern von Kupferstaub rot gefärbt sein könnte - die Leute müssten ja in reinem Kupfer gewühlt haben. Vgl. + *im Ruedlach* und *Rothenthurm.*

Ruder Sattel:
Südwestlich des *Rosenkogels* beim Sommerthörl, OG *St. Oswald-Möderbrugg,* VB *Judenburg.*
EA: Zu diesem ON, für den mir keine Etym. bekannt wurde, siehe + *im Ruedlach* und + *im Rutnik.*
Dazu würde passen, dass sich am Weg von *St. Oswald* zum Sommertörl Stollen befanden. Beim Gehöft Wolfinger wurde ein solcher um 2002 zugänglich gemacht.

+ (im) Ruedlach:
Ried bei bei *Kraubath*, VB *Leoben,* urkundlich erwähnt um ca. 1500.
Mangels weiterer Belege ist hier die Etym. unsicher. Kessler hält eine Kollektivbildung zu „das Ried" - „von Buschwerk und Unterholz ausgeräutetes Gelände"- für möglich.
EA: Da es im Bereich *Kraubath* auch den Riednamen *Grammatlach* gibt, der mit Schmelzöfen zusammenhängt, und weil Kessler selbst erwähnt, dass auf der *Gulsen* Erz abgebaut worden sein soll, müsste man aslaw. * **ruda** - „Erz" in Betracht ziehen. Vgl. die Etym. zu *Reiting* und + *(im) Rutnig.*

---

[682] StON, S. 43.

Ruine Stein:
Siehe *Steinschloss*.

Rußdorf:
Teil der OG *Mariahof*, VB Murau: Rudolfsdorf, Russdorf, Rusdorf 1461.
Vom dt. PN **Ruodolf** „Dorf des Rudolf". Der Name ist germanisch (**Hrôd-wolf**) und bedeutet „Ruhm-Wolf"[683].

+ (der) Rustbach:
Abgekommener Name eines Gewässers und eines Gehöftes in der OG *St. Peter ob Judenburg*: guet genant das Rustpach 1412, der Rustzpach (in der Muchsnicz ob Judenburg) 1412, in der *Möschitz* 1414. Der Ruczpacher 1417, die Miespacher hueb 1425.
Von bair. **Rust, Ruster, Rüstbaum** - „die Ulme"; der „Bach, an dem Ulmen stehen". Wie es zur Änderung des Namens kam, ist nicht bekannt. Vgl. dazu den Vulgonamen *Untermiesbacher*.

+ (im) Rutnig:
Südwestlich von *St. Lambrecht*, VB *Murau*: in der Lassnicz, genannt 1436.
Etym.: Vielleicht zu aslaw. ***rud(i)nik(u)** - „die erzreiche Gegend"; vgl. aslaw. ***ruda** - „Erz".

+ Sabatinca:
Name der 10. Station der Römerstraße Virunum – Ovilava (Zollfeld - Wels), etwa bei St. Johann am *Tauern*, VB *Judenburg*, vermutet.
Der ON hängt vielleicht mit gallisch ***sapos** - „Tanne, Fichte" zur idg. Wurzel ***sap-,*sab-** - „Saft, Baumsaft, an der Fichtengegend" zusammen.
EA: Von der Römerstraße wurde bisher zwischen dem *Pöls*hals und Hohen*tauern* nichts gefunden, wenn man von einigen alt anmutenden Wegstücken absieht. Nördlich der *Pampererbrücke* (vgl. +*Pampormühle)* sollen neben der Bundesstraße in Stein eingemeißelte Spurrillen gefunden und sogleich mit Asphalt zugedeckt worden sein (Mitteilung OAR i.R. Majcen, Judenburg). Im Übrigen hält sich im *Tauern*gebiet die Meinung, dass die Straße etwa auf der Höhe des Anwesens vlg. Unterhauser nach Westen abgebogen sei, um bei Strechau das Ennstal zu erreichen. Typische Anzeichen für eine Römerstraße sind aber auch hier nicht belegt.

Sabathyalm:
Almgegend östlich des Schlosserkogels in den *Seetaler Alpen*, VB *Judenburg*: Savate 1912.
Zu diesem Namen gibt es keine nähere Erklärung. Im heutigen Slow. bedeutet sobota „Samstag".
Dazu stellen sich einige aktuelle Familiennamen wie **Zoppoth** und **Sabath,** ebenso der ON **Soboth,** den L-H von urslaw. sǫbota, slow. **sobota** - „Samstag", ableitet, der aber auch von einem slaw. PN kommen kann[684]. Kranzmayer übersetzt die schriftslow. Bezeichnung **Zapotnik** mit „Hinterweger".
Slow.- mdal. **Sopotnica** bedeutet „Fallbach"[685].
EA: Es könnte sich um den offenbar slaw. Namen eines früheren Besitzers oder Pächters handeln, wie das oft bei Almen vorkommt.

Sachendorf :
Ortschaft nordnordwestlich von *Knittelfeld*: Scachendorf 1151, Schachendorf 1155, Scachindorf 1197, Saechendorf 1330, Sakendorf 1408, Saechendorf 1444, Sehendorf 1145, Sechendorf 1479.
Etym.: Zu ahd. **scahho** - „mit Gehölz bestandene Uferlandschaft, Au, kleiner, hainartiger Wald, Waldsaum", das „Dorf am *Schachen*".
Man nimmt an, dass schon im 11. Jh. an der Einmündung des *Ingering*tales in das *Aichfeld* ein Edelhof gestanden sein dürfte, der den gleichen Namen wie das Dorf führte. Um das Jahr 1155 tauschte Hemma von *Sachendorf* mit dem Stift *Admont* Güter in der *Lobming* gegen dessen Gut zu *Hautzenbichl* ein. Ein Teil der Tauschgüter gehörte dem Erzbischof von Salzburg, der andere Teil war

---

683 DNL, S. 430.
684 StON, S. 99.
685 ONK II, S. 194.

freies Lehen und im 13. Jh. im Besitz der *Galler*. 1466 wurde der Hof als Edelsitz aufgegeben und vermutlich vom Stift *Seckau* an die Bauern verteilt[686].

+ Saiger:
Gehöft (heute vlg. Hiasbauer) in der OG *Rachau*, VB *Knittelfeld*.
Nach Kessler bedeuten lat. **sagina** und ahd. **sagga** „fette Weiden", im klassischen Latein bezeichnet **sagina** „Mast, Mastvieh".

Salchau:
Flur nördlich von Oberwölz, VB *Murau*: in der Salhaech 1338, Salichaec 1345, Solach, Solhaech, Salhach, Salhe, Salach 1425, Salchach 1425, Salcha 1897.
Etym.: Eine Kollektivbildung - das Salchach, Salach zu mhd. **salhe** - „die Salweide" - das „Salweidengebüsch". Als ON häufig.

Sand-Namen:
Mhd. **sant** bedeutet „Sand".

Sandeben:
Gebiet südöstlich von *Mautern* bzw. oberhalb des *Kniepaß*: Von mhd. **sant** - „Sand". Diese Ebene ist an einem alten „Kohlweg" gelegen[687].

+ Sandhof:
Zur Etym. siehe *Sand-Namen* und -*eben*.
Nach Baravalle ein bescheidener Edelsitz in der Gegend von *Obdach*,VB *Judenburg*. 1298 scheint auf einer Urkunde der Pfannbergische Dienstmann Heinrich von Sande auf, der vermutlich auf dem *Sandhof* saß[688]. Der Name ist nicht zu verwechseln mit der Bezeichnung für das Schloss *Weyer* von 1460.

St. Benedikten
Bei *St. Lorenzen bei Knittelfeld*: s. Benedictus 1147, s. Benedikten 1368.
Wie bei den folgenden ON ein **Patroziniumsname**:

St. Blasen :
Bei *St. Lambrecht*, VB *Murau*: s. Blasen 1300, s. Blasien 1366, s. Blasius 1395, s. Blasen 1398.

St. Egidi :
Bei *Murau*: s. Giligen 1322, s. Egidi 1335, s. Agidi, s. Gilgen 1456, s. Gilgen vor Muraw 1479.
Egidi stellt die bair. Kurzform für **Ägidius**, ebenso wie Gilg (Genetiv: Gilgen) im älteren Bair. dar.

St. Georgen bei *Neumarkt*:
Weiler und erst seit 2005 ausgegrabene Kirchenruine bei *Neumarkt*, VB *Murau*: s. Georgius in Grazlup 1163, s. Georgius circa Nouum forum um 1300, s. Jorgen 1358, s. Joergen 1413, s. Georigen 1416, s. Jorigen in dem Veld 1438.

St. Georgen ob *Judenburg*:
in sancto Georgio 1292.
Siehe + *Praitenfurt*.

St. Georgen im *Obdachegg*:
Ortschaft und Kirche am Westabhang des *Größenberges* in der OG *Amering*, VB *Judenburg*.

---

[686] BS, S. 302f.
[687] AW, Tour 17.
[688] BS, S. 277.

118

Ursprünglich lag hier ein Jagdschloss von Kaiser Friedrich III und Maximilian I. Im 16. Jh. wurde es zum Pfarrhof umgebaut.

St. Georgen ob *Murau*:
Ortschaft und Kiriche westlich von *Murau*: Georgius iuxta Mvoram 1234, s. Georin 1305, s. Georgius iuxta Muram 1333, s. Jorgen 1365, s. Gorein 1347, s. Goerigen 1347, s. Joergen ob Muraw 1443, s. Jorgen das dorf 1443.
Baravalle nimmt an, das im Ort oder oberhalb des Ortes ein Wehrbau stand, der im 14. Jh. von einem Edelhof abgelöst wurde. Die früheste Nennung eines Wehrbaues im Bereiche der Kirche geht vermutlich auf das Jahr 1326 zurück, als eine Windischgrätzerin dem Bischof von Gurk eine Hube zu St. Georgen „in der Pirch" (also: „in der Burg") verkaufte. „In der Pirch" lässt auf eine Burg bei St. Georgen schließen[689].

+ St. Jakob:
Ruine einer Wallfahrtskirche mit Nebengebäuden auf dem Mitterberg südwestlich von *Neumarkt*, VB *Murau*: s. Jakob auf dem perge pi dem Newenmarcht 1316, s. Jakob am Mitterperg 1452.
EA: Mittlerweile kümmert sich eine Stiftung um die Erhaltung dieser Kirchenruine, die, wie durch Mag. Susanne und Dr. Georg Tiefengraber, Graz, festgestellt wurde, auf einer „Motte", dem Ort einer ma. Burgstelle (Hügel), errichtet wurde. Eine Grabung unter der Leitung von Dr. Georg Tiefengraber im Jahr 2008 ergab, dass diese Kirche aus einer Burgkapelle hervorgegangen ist. Die Burganlage stammt aus dem 11. Jhd.

St. Johann im Felde:
Friedhofskirche in *Knittelfeld*: s. Johans am veld 1489, s. Johans ym veld 1489.
Der Errichtungszeitpunkt der Kirche wird um 1180 datiert. Sie besitzt eine romanische Apsis, ein romanisches Portal und romanische Fenster. Die Kirche fiel 1480 einem Türkeneinfall zum Opfer, mit dem Wiederaufbau begann man 1481. Die gotischen Fresken wurden 1516 vollendet[690]. *St. Johann im Felde* liegt auf einer Verbindungslinie mit den Kirchen *St. Benedikten* und *Lind* bei *Zeltweg*. Diese Linie weicht um 34,5 ° von der Ost - West - Achse ab. Nach einer persönlichen Mitteilung des verstorbenen Herrn Dr. Hubert Stolla, Kindberg, geht auf dieser Linie am 21. 6. jeden Jahres die Sonne auf. Lois Hammer erwähntin seinem Buch, dass in der Christnacht Lichterprozessionen von *St. Johann* aus nach *Lind* und auch in umgekehrter Richtung stattfanden, die später von *Seckau* wegen „allerlei Unfug und Totschlägen" abgestellt wurden[691].

St. Lambrecht:
Markt und Kloster im VB *Murau*: s. Lampertus in silua ca. 1066, s. Lambertus in Carinthia 1174, s. Lambertus (in) circa Grazlup 1265, s. Lantprecht 1314, s. Lambrecht in Kernden 1495.
Das Schloss, von dem heute nur noch Reste vorhanden sind, stand innerhalb des Stiftsbezirkes. Baravalle geht dabei von einem wehrhaften Haus mit Turm aus, das um die Mitte des 11. Jh. von Markwart von Eppenstein errichtet und mit einem Dienstmannengeschlecht besetzt wurde[692].

St. Lorenzen bei *Knittelfeld*:
Ortschaft, OG und Kirche südöstlich von *Knittelfeld*: s. Laurentii ecclesia in loco Listah 1075, s. Laurentius iuxta Lista 1150, s. Laurentzin bey der Mur 1299, s. Larenczen 1401, s. Laurenczen 1423.
Die Kirche wurde 1075 vom Edlen Hartnid (II) von Traisen, dem Vater des Adalram, gegründet (Eigenkirche). Dieser wiederum war der Stifter von *Seckau*. Siehe auch *St. Marein bei Knittelfeld*.
Südlich des Ortes erhebt sich direkt hinter dem Anwesen *Guggamoar* ein *Burgstall*, der schon zu prähistorischen Zeiten besiedelt war.

---

[689] BS, S. 476.
[690] Ubk. Autor. Festschrift zur Wiedereinweihung und Kirchenführer St. Johann im Felde, Knittelfeld 1979, S. 9ff.
[691] Hammer, Aus Knittelfelds Vergangenheit, S. 14.
[692] BS, S. 486.

St. Lorenzen ob *Murau*:
Ortschaft und Kirche westlich von Murau: Larentzen 1301, s. Lorentzen pey der Muer 1335, s. Larenten in dem Gotschidel ob Muraw 1443.

St. Marein bei *Knittelfeld*:
Ortschaft und Kirche nordwestlich von *Knittelfeld*: ecclesia Fiustrize constructa 1075, s. Maria in loco Fustriz 1141, s. Marein zu nachst Prank in Sekkawe piete 1360, Samarein prope Prankh 1437.
Die Kirche wurde im Jahr 1075 von Hartnid II aus dem Geschlecht der Herren von Traisen, die später auch als „von Waldeck" bezeichnet werden, errichtet. Im Jahr 1140 stiftete hier sein Sohn Adalram ein Kloster, das zwei Jahre später nach *Seckau* verlegt wurde. Die Kirche in ihrer heutigen Form stammt aus dem 15. Jh. und gilt als das bedeutendste Bauwerk aus der Zeit Friedrichs III[693]. Dass der *Burgstall* auf dem „Zuckerhut" im Westen des Ortes der früheste Sitz der Traisener gewesen wäre, lässt sich nicht beweisen. Siehe auch *Seckau*.

St. Marein bei *Neumarkt*:
OG und Kirche südlich von *Neumarkt*, VB *Murau*: s. Maria Grazluppe 1190, s. Marein bei dem Newenmarcht 1309, s. Marein 1339.
Ein Hof zu *St. Marein* lag neben der Kirche dieses Ortes; er war *Eppenstein*er Besitz und ist 1103 bei der Gründung des Stiftes *St. Lambrecht* an dieses gekommen[694].

St. Margarethen bei *Knittelfeld*:
Ortschaft, OG und Kirche südöstlich von *Knittelfeld*. Die Tochterkirche von Kobenz wird als capella s. Margaretha 1147, s. Margreten 1318 urkundlich erwähnt.
Nach Baravalle existierte ein möglicherweise ritterliches Geschlecht dieses Namens, das aber nur in der Zeit von 1396 bis 1399 mit Wilhelm urkundlich nachweisbar ist[695].
Bei Restaurierungsarbeiten an der Kirche wurden nach Abschlagen des Außenputzes am Turm Konturen sichtbar, die darauf hinweisen, dass dieser einmal an der Nordseite betreten worden war[696].
Die Hl. Margaretha wird oft mit einem Drachen abgebildet, der als Symbol des Bösen gilt und als Tiersymbol im Umkreis der (heidnischen) "Großen Mutter" beheimatet ist[697]. Sie gehört, wie auch die Heiligen Georg und Oswald, zu den "Drachenheiligen".
Zwei römische Grabstelen und ein Titulus aus dem 1./2. Jh. die in der nördlichen Kirchenwand eingemauert gewesen waren, sind heute sehr ansprechend neben dem Eingang zum Pfarrhof angebracht.

St. Martha bei *St. Marein bei Knittelfeld*:
Filialkirche von *St. Marein bei Knittelfeld*, nach 1466 aufgrund eines Pestgelöbnisses erbaut.
Eine Legende, wonach die Kirche nach einem Sieg über die Türken errichtet worden sei, entbehrt offenbar jeder historischen Grundlage.

St. Michael in der Obersteiermark:
Ortschaft, OG und Kirche westlich von *Leoben*: ad Liestinicham 860, s. Michael in Liesnich 1150, villa Liestinich 1180, Listnik 1210, s. Michael in Liznich 1298, Waltstorf (der ursprüngliche Gemeinname?) apud s. Michahelem 1318, s. Mychel 1341, s. Michel 1462.
Baravalle vermutet einen Wehrbau oberhalb des Ortes, wo auch die Kirche „ad Liestinicham" zu suchen sei, deren Besitz Ludwig der Deutsche am 20. 11. 860 dem Salzburger Erzbischofbestätigte[698].
Die Kirche war Mutterkirche für 14 Pfarren, sie wurde 1196 dem Stift Admont inkorporiert.

---

[693] AEA, S. 39.

[694] BS, S. 488f.

[695] BS, S. 297.

[696] Kurt Olschnögger (1988), St. Margarethen einst jetzt. St. Margarethen bei Knittelfeld, S. 25ff.

[697] Lützeler, Bildwörterbuch, S. 109.

[698] BS, S. 389.

St. Oswald:
OG *St. Oswald - Möderbrugg*, VB *Judenburg*: s. Oswaldus 1280, s. Oswald 1287, s. Asbolt 1450, s. Asbold 1486, s. Osbold 1496.
Der germ. PN **Ans-walt** bedeutet „Gottheit, Ase" und „walten"[699].
EA: Oswald, geboren um 605, König von Nordengland, wurde 617 von irischen Mönchen getauft. Er bemühte sich um die Verbreitung des Christentums und wurde 642 in einer Schlacht gegen einen heidnischen König erschlagen. Er ist der Patron der Viehzüchter und Kleinbauern und gehört zu den sogenannten „Drachenheiligen". Dargestellt wird er mit Zepter und Raben, die den Teufel, den Geiz, aber auch die Weissagung symbolisieren.[700]. Dabei fällt auf, dass auch der Patron der Kirche von Eisenerz der Hl. Oswald ist, obwohl insbesondere die Hl. Barbara als Schutzpatronin der Bergleute fungiert. Ein Oswald - Patrozinium besteht auch in *Graden, Rachau* und *Kalwang*. Zwischen *Graden* und *Rachau* findet alljährlich eine Wallfahrt statt (persönliche Mitteilung von Dr. Elfi Lukas, *Apfelberg*). Im Graben von *St. Oswald* in Richtung Sommertörl gab es Erzstollen, auch am Nordrand des *Tremmelberges* soll es Bergbau gegeben haben. Vielleicht hat dieser Heilige als einer, der im Kampf durch das Eisen gefallen ist, eine mittlerweile vergessene Verbindung zur Erzgewinnung und -verhüttung besessen. Auch die Raben, die in der germ. Mythologie zu Wotan gehören, scheinen eine Verbindung zu Schlacht und Metall an zu zeigen. Siehe auch *Ruder, Sattel*.

St. Peter am Kammersberg:
OG und Kirche nordwestlich von *Katsch*, VB *Murau*: s. Petrus 1245, s. Petrus iuxta Welz 1258, s. Petrus iuxta provinciam Longawe 1262, s. Peter pey Welz 1360, s. Peter vnder dem Chammersperg 1413.

St. Peter ob *Judenburg*:
Dorf und Kirche westlich von *Judenburg*: s. Petrus supra Judenpurch prope fluuium Mvram1239, 1265 ain tafern pey sand Peter gelegen pey der pruken, 1325 Dominus Carolus plebanus ad s. Petrum prope Judenburgum.
Nach M. Schiestl hieß das Dorf mit der Kirche St. Peter ursprünglich *Dornach*[701].

St. Ruprecht ob *Murau*:
Dorf und Kirche westlich von *Murau*: s. Ruprecht 1331, s. Rueprecht bey der Muer 1405, s. Ruprecht 1444.
Etym.: Es handelt sich um den germ. PN **Hrôd-berht** - „ruhmglänzend"[702]; das Patrozinium weist auf den Hl. Rupert hin, der im Zuge der Slawenmission vom Salzburger Bischof Virgil entsendet worden war. Virgil war ein Ire, daher dürfte sein Name richtig **Feargal** gelautet haben. Dieser PN wird zu lat. **ferrarius** - „Schmied", lat. **ferrum** - „Eisen" oder zu kelt. - „tapfer" gestellt[703].

St. Stefan ob *Leoben*:
OG und Kirche westlich von *Leoben*: Lominichakimundi, nach anderer Schreibung Lom(i)nic(h)amundi 927, Goggendorf 1130 - wahrscheinlich der frühere Vulgarname, den der Kirchenpatron später ersetzte - pons s. Stephani 1130, Goggendorf iuxta pontem s. Stephani 1155, s. Stephanus Chrowat 1160, s. Stephanus Chrowat in Augia, id est in der Avue 1175, s. Stephanus iuxta Chrowat 1275, s. Stephanus prope Chaysersperg 1331, s. Stephan das dorf 1393, dorf zu s. Stephan 1454.
EA: Der ON von 1130 bedeutet „Dorf des Goggo". **Goggo** könnte eine Kurzform von **Godehart** (Gotthard) sein. Der ON von 927 bedeutet „Mündung der Lobming". Siehe *Lobming*.

---

[699] KVB, S. 360f.

[700] Leopold K. Mazakarini (1987): Die Attribute der Heiligen. Die Symbole in der mittelalterlichen Kunst. Wien: Wilhelm Braumüller Universitäts-Verlagsbuchhandlung. S. 64, 123.

[701] ONJ, S. 38

[702] DNL, S. 342.

[703] KVB, S. 269.

St. Veit:
Z. B. in der *Gegend*, VB *Murau*: Dieser Patroziniumsname stellt einen Hinweis auf eine Slawensiedlung dar[704].

St. Waldburg (Walpurgiskirche):
Kirche St. *Walpurga* bei *St. Michael in der Obersteiermark*, VB *Leoben*: s. Waldburga ca. 1175, s. Walpurg, s. Walpurgis in Liesnich 1188, s. Walpurga prope castrum Chaisersperch 1294, s. Baldburga 1410, s. Walpurga vndern Kaysersperg 1488.
Im Nahbereich dieser Kirche wurden zwei Gräber aus fränkischer Zeit gefunden; die Fläche zwischen Bahntrasse und der Landesstraße steht unter Denkmalschutz. Wo die fränkische Herrschaft saß, ist noch unbekannt. Die Kirche wurde vom Edlen Tridislaw ("Drei - Ruhm") und seiner Frau Slawa ("Ruhm") 1088 gegründet[705].

St. Zillen:
Kapelle bei *Bodendorf*, westlich von *Lutzmannsdorf*, VB *Murau*: s. Caecilien 1300, s. Cecilen, s. Cecilie 1335, s. Caecilien 1432, s. Zyln 15. Jh. Mdal. „tsülln".
EA: Dieses Gebäude ist keine Kapelle, sondern eine kleine Kirche am rechten Ufer der *Mur* mit gotischen Flügelaltären; sie wurde vor etlichen Jahren leider der gotischen Statuen beraubt.
Man sieht in der Cäcilienkirche den Teil einer abgekommenen Burganlage[706].

Sauerbrunn:
Schloss in *Thalheim*, OG *Pöls*, VB *Judenburg*: Das Schloss wurde unter Franz Freiherr v. Teuf(f)enbach 1552 fertiggestellt und befindet sich heute in Privatbesitz.
EA: Leider sind viele Teile der alten Anlage bereits verschwunden. Seinen Namen wird der Bau von dem Umstand her haben, dass er über einer Mineralquelle errichtet wurde. In unmittelbarer Nähe des Schlosses steht die *Stern(en)schanze*. Das Schloss soll demnächst in ein Schlosshotel umgebeut werden.

Saurau:
Westlich von *Frojach*, VB *Murau*: Surowe in pago Lungowe 1140, Surovvi ca. 1140, 1160 Sőre, Sove 1161, Soraw, Saura 12. Jh. , Surouwe 1240, Saurauwe 1340.
Etym.: Von mhd. **surouwe** - „die saure, feuchte Au, die versumpfte Au". L-H stellt den ON als *Žurov-* zu urslaw. *žurъ – „trübe Flüssigkeit" als Bezeichnung eines sumpfigen Geländes[707].
Nach Baravalle befanden sich dort zwei Burgen. Von jener auf der Schotterterasse scheint nichts mehr erhalten zu sein, während von der zweiten Anlage südlich der ersterwähnten auf einer kleinen Rückfallkuppe zu Baravalles Zeit noch Reste bestanden. Die untere Burg wurde im 12. Jh. errichtet, beide Anlagen wurden schon im 15. Jh. verlassen[708].

(der) Schachen:
Häufige Flurbezeichnung im Obermurgebiet. Urkundlich meist „im Schachen", mdal. „schoxn". Der Name mhd. **schache** bezeichnet ein alleinstehendes Waldstück, oft den Rest eines großen Waldgebietes. Die Waldtomi sagen: „Schachen oder Schächen ist ein Ort Waldes von einem geringen Umkreis". In Komposita gibt das Bestimmungswort meist näheren Aufschluss über die Baumart. Der Feld -oder Heimschachen dagegen ist ein kleines Gehölz, das von den Feldern und Wiesen des Besitzers umgeben ist.

+ Schachenturn:
Siehe *Tschakathurn*.

---

[704] Brunner, Mühlen, S. 46.
[705] BS, S. 396.
[706] BS, S. 486.
[707] StON, S. 99.
[708] BS, S. 507ff.

+ (das) Schalklehen:
Bei Oberwölz,VB *Murau*, 1387 genannt.
Dt. „Das Lehen, das dem Schalk, Schalch gehört". Mhd. **schalc** bedeutet „Knecht, Leibeigener".
Vielleicht hängt dieser ON auch mit **Barschalk** zusammen, einer Bezeichnung für eine unterworfene
romanisch - slaw. Bevölkerungsschicht[709].

Schallaun:
Höhlenburg unmittelbar westlich des *Puxer Loches* am linken *Mur*ufer im Südabfall des *Plescheitz* bei
Teufenbach, VB *Murau*: Schalvn 1181, Schaluon 1232, die veste das Lueg ze Puchs 1419, vest Pugks
im Lueg 1469, vest gen. der Schallaun 1472, das gesloss Lueg bey Puchs 1476.
Der Burgname weist wahrscheinlich auf mhd. **Schalune** - die Stadt „Chalons" in Frankreich. Das
Auftreten französischer Burgnamen und Adelsgeschlechter wiederholt sich ein zweites Mal in mhd.
Anschouwe aus französisch **Anjou**. In den benachbarten Bundesländern sind solche
Fernübertragungen nicht nachzuweisen. L-H erwähnt als Deutungsmöglichkeit romanisch **scala**
„Treppe, Leiter, steiler Felsweg" mit dem Suffix **-ône**[710]. Eine Sage erzählt von ledernen Hängeleitern,
mittels derer die Burg zu erreichen war.
Zum ON selbst sei noch erwähnt, dass es nach Bahlow ein mhd. **schaller** - „Prahler" als PN gibt. Der
PN **Schallehn** ist nach Bahlow an seiner Endbetonung als slaw. Ortsname erkennbar[711]. Baravalle
nimmt an, dass diese Burg älter als die Höhlenburg des *Puxer* Loches ist; sie könnte im 12., vielleicht
schon im 11. Jh. errichtet worden sein. 1181 wird ein Marchwardus de Schalun genannt[712].
EA: Im heutigen Sprachgebrauch wird die östliche Ruine als **Puxer Loch**, die westliche als *Schallaun*
bezeichnet, obwohl, wie die urkundlichen Benennungen zu zeigen scheinen, beide Anlagen
zusammengehört haben dürften. Im *Puxer* Loch wurden vor 1974 Reste eines römischen Glasgefäßes
gefunden. Von beiden Höhlen aus kann man in das Bergesinnere vordringen, allerdings wird der Gang
teilweise sehr eng. Die Legende, dass von diesem Ort aus ein geheimer Gang bis nach Oberwölz
geführt habe, konnte bis heute nicht bestätigt werden. Was das *Puxer* Loch betrifft, habe ich dies
selbst überprüft.

Schardorf:
Bei *Trofaiach*, VB *Leoben*: Sawisdorf 1155, Sawesdorf 1160, Schaestorf 1316, Scherstorf 1396,
Scharstorf 1478 bis 1945.
Dieser possessive **-dorf**-Name weist nach Kessler wohl auf einen slaw. PN hin. Bahlow verweist auf
ein mhd. **scher** - „Maulwurf". Ein oberdt. **scha(e)r** würde den „Gewand-, Tuchscherer" bezeichnen[713].
Das ADN führt den ON auf **-dorf** mit dem slaw. PN **Čava* zurück, ohne ihn zu erklären[714].
Slaw. ***ca** bedeutet „Ehre"[715].

(die) Scharnitz:
Graben in der OG *Puster*wald, VB *Judenburg*: in der Schernitz in Vinsterpels ca. 1130, in der
Schernecz, Scherncz ca. 1400.
Nach Kessler ist es nicht ganz unwahrscheinlich, dass dieser Name dieselbe Wortwurzel besitzt wie
der ON Scharnitzklause in Tirol. Man hat diesen Namen zu kelt. ***skarantia** angenommen, von idg.
skar- einer Ablautstufe zu idg. ***sker - *skor** - „schneiden", also „die tief eingeschnittene
Talschlucht". Die Erfahrung zeigt aber, dass sich in abgelegenen Gebieten viele Namen aus vorslaw.
Zeit erhalten haben. Allerdings befindet sich der *Scharnitz*graben („die Scharnitz") bei *Puster*wald,
dessen ON sprachwissenschaftlich ebenfalls vorslaw. Herkunft sein soll. Außerdem liegt der Ort
zwischen zwei uralten Heer- und Handelsstraßen, nämlich zwischen der Straße über das Glattjoch und
der Römerstraße über den *Tauern*.

[709] Paul W. Roth, Fragen zu „Nußdorf". In: BlfHK, Heft 1/2, Graz 1999, S. 48.
[710] StON, S. 184.
[711] DNL, S. 439.
[712] BS, S. 509f.
[713] DNL, S. 439.
[714] ADN, S. 974.
[715] http://de.wikipedia.org/wiki/Slawische_Vornamen, S. 3.

Johann Tomaschek erkennt in der ältesten Schreibweise den slaw. Wortstamm **c(e)rn** - „schwarz", der ON stamme daher vom slaw. **cernica**. - „der schwarze Bach" [716]. L-H hingegen meint, dass der ON auf auf slaw. **šar** „Riedgras" beruhe[717]. Vgl. *Pusterwald*.

EA: Nach Wadler hat die Konsonantenfolge **s-(k)-r** etwas mit „schneiden" zu tun, mit „Schwert" und „(Pflug)schar", mit „Scharte", „schreiben" und „gravieren" (Kentumvariante)[718]. Der Scharnitzbach bildete vor seiner Regulierung einen tief eingeschnittenen Graben, in dem angeblich Gold gewaschen wurde.

+ Scheckel:
Ehemaliges Gehöft in der *Salchau* bei Oberwölz, VB *Murau*: am Schekl 1469.
Etym.: Von aslaw. ***cekati** - „warten, erwarten", ***cecalo** - „der Spähort, die Warte". Damit zusammenhängt der Name des Schöckels bei Graz, von dem aus man eine weite Sicht nach Süden und Osten hat.
EA: Als Hofname erscheint diese Bezeichnung u.a. beim vlg. Schekl (Tschekl) in *Paisberg*, OG *Eppenstein*. Siehe dazu auch *Schöttl*.

Scheiben:
Weiler in der OG *St. Georgen ob Judenburg*: ecclesia Scheiben 1203, s. Joanns in Scheyben 1227.
Dt.: Vom runden Aussehen der ebenen Ackerfläche (mhd. **schibe** - „Kugel, Scheibe, Kreis"). Als Riedname häufig. *Scheiben* heisst auch ein Acker bei *Göss*: acher due Scheiben 1414. Baravalle vermutet hier einen alten Edelhof. Die Ritter von Scheiben, nämlich die Brüder Ulrich, Hermann und Dietmar, Söhne des verstorbenen Hermann von Scheiben, kommen lediglich in einer Urkunde von 1335 vor[719].

Scheib(e)lalm (Scheipl-):
Alm und See in den Bergen westlich von Hohen*tauern*.
Mhd. **schibelec** - „rund, scheiben-, kreisförmig" als Hinweis auf die Form des Geländes. Auch L-H leitet den ON von mhd. **schîbelîn** - „kleine Scheibe" ab[720]. Zum Wortteil -*alm* siehe dort.

Scheib(e)lsee:
Siehe *Scheib(e)lalm*.

Scheifling:
Ortschaft und OG westlich von *Unzmarkt-Frauenburg*, VB *Murau*: Sublich 890, Subvelich ca. 1030, Suphlich 1103, Schiuflich 1151, Scuflich 1180, Scheuflich 1203, Schivelic 1220, Schiuflich 1227, 1228, Schövlich 1232, Schveflic 1252, Scheuflic 1316, Scheufling 1316 (Zahn 1897).
Etym.: Zu aslaw. ***siba** - „die Rute, das Gesträuch", etwa ***sib(i)nica** - „die Gegend, wo viel Gebüsch ist". Der Name ist bereits in frühahd. Zeit, also vor 800, wegen der Ersetzung von slaw. **-b-** durch dt. **-b-** eingedeutscht worden. L-H stellt den ON zu urslaw. ***šub-**, eventuell zu urslaw. ***šuba** – „Pelz" , oder zu urslaw. ***škof** – Bischof[721].
Baravalle führt einen Wehrbau an, der vermutlich nordöstlich des Ortes knapp unter der Höhenmarke 875 m zwischen den Gehöften Granitzer und Pirker gelegen und um 1030 errichtet worden war. Das Schloss *Scheifling* wurde 1496 von Kaiser Maximilian I. als Jagdschloss erbaut[722].

Scheiplalm:
Siehe *Scheib(e)lalm*.

---

[716] 700 Jahre Pusterwald, S. 28.
[717] StON, S. 94.
[718] Arnold Wadler (o. J.): Germanische Urzeit. Wiesbaden (Nachdruck): Fourier. S. 146.
[719] BS, S. 278.
[720] StON, S. 135.
[721] StON, S. 48.
[722] BS, S. 501f.

+ Scherm:
Ehemaliger Flurname bei einem alten Bergwerk westlich von Ober*zeiring*, VB *Judenburg*: der sherm 1294.
Etym. bair. „der Scherm, Schirm". Nach Schmeller (II, 486) zitiert Kessler: „Der Scherm- oder Schirmbau, der Schermgang in Bergwerken so neben der Fundgrube pflegt verliehen zu werden". Es handelt sich dabei um Holzpalisaden zum Schutz der Bergleute bei Sprengungen und Abbrüchen. Ursprünglich verstand man darunter ein kleineres Grubenmaß, welches als Anhangsmaß zu dem Hauptgrubenmaß (Fundgrube) erteilt wurde.

Schiltern:
Weiler bei Nieder*wölz*,VB *Murau*: Schiltarn 1260, 1461; Schiltaren 1316.
Von mhd. **schiltaeren** - „bei den Leuten, die Schilde machen, bei den Schildnern".

Schindelbacher:
Gehöfte in der *Gaal* (Oberer und Unterer Schindelbacher), VB *Knittelfeld*: Schintelpach 1295.
Etym.dt.: Von „die Schindel", hier in der Bedeutung von „Leere, Abgenütztheit, Ausgehungertes", wahrscheinlich ein Bach, der zeitweilig austrocknet. Die Bezeichnung leitet sich von ahd. **scintala** - „Schindel" her[723].

Schladming im Ennstal:
Ortschaft im VB *Liezen*: Sleabnich ca. 1180, sowie im 13. Jh. Als Übersetzungsname gilt Burg **Seusenstein**. Diesen slaw. Namen findet man in der Steiermark oft. L-H leitet ihn von slaw. ***Žlebьnika** zu urslaw. **želbь** – „Schlucht, Rinne" oder zu urslaw. ***solpъ** – „Wasserfall" ab[724].

Schladnitz:
Flur bei *Leoben*: Sclatetiz 1148, Sletniz 1230, die Sledencz 1333, Slaednicz 1358, Schlednicz 1373, Sladnicz 1424, die Schladnitz 1488.
Der Name ist rein slaw. Ursprungs, doch es ergeben sich nach Kessler zwei Möglichkeiten der Deutung:
Entweder enthält der Wortstamm das slaw. **zlato** - „Gold", vielleicht auch, genauer gesagt, dessen adjektivische Ableitung **zlaten** - „aus Gold, goldhaltig", oder die Gegend weist auf slaw. **slatina** - „Sauerbrunn, Mineralwasser" hin. L-H stellt den ON als slaw. ***Slatьnica** zu urslaw. ***soltina, slatina** – „Sauerwasser, Säuerling, Moorgrund"[725].
Baravalle erwähnt, dass der Wehrbau von Schladnitz auf einer das Tal beherrschenden Terrasse am Ausgang des Schladnitzgrabens lag. Ausgrabungen hätten den Bestand eines alten Edelhofes ergeben. Die Burgstelle heisst heute „Ritzerkogel", wird aber noch vielfach als „*Burgstall*" oder *Burgstall*ried" bezeichnet. Gegenüber am Kirchbühel liegt die im Jahre 1142 erstmals erwähnte, aber schon 995 erbaute St. Lambertikirche. 904 schenkte König Ludwig an Arbo, den Sohn des Markgrafen Otacher, 20 Königshuben (etwa 1800 Joch) in der Gegend von „Zlatina". 1020 kam der Wehrbau an das Stift *Göss*[726].
EA: Das Gebiet liegt auf der gleichen Thermenlinie wie der *Fentsch*er und *Thalheim*er Sauerbrunn.

Schlapfkogel:
Höhenrücken in der OG *Fohnsdorf*, VB *Judenburg*: Mdal. auch „schleifko"g'l".
Mdal. „die schloapfn" ist eine rillenartige Vertiefung im Gelände, namentlich in Hohlwegen, die durch einen am Wagenende zu Bremszwecken angehängten Holzbloch (mdal. „da schloapf") entsteht (mündliche Auskunft des alten Seebauern in der *Karchau*). L-H erwähnt ein mhd. **sleipfen, sleifen** - „über den Boden ziehen"[727]. Ahd. ***sleif** soll „Abrutschung" bedeuten[728]. Im Steirischen bedeutet **Schlapfe** „sanft abhängige Bergseite, Leitenabhang, Leite"[729]. Zu -*kogel* siehe dort.

---

[723] ADN, S. 979.
[724] StON, S. 48.
[725] StON, S. 78.
[726] BS, S. 393f.
[727] StON, S. 172.

Schlatting:
Gegend und Rotte bei *Laßnitz* ob *Murau*: Slatmyng 1428, Slattmyng 1428, im Zlating 1465;
der Schlattingbach: ripa Slapnich 1333, der Pach Zlattning 1461.
Von slaw. ***slap(i)nica.** - „der Bach, der einen Wasserfall bildet". L-H erwähnt einen ON
„Schlattham" östlich von Irdning, führt diesen jedoch auf ahd. **slate** – „Schilfrohr" zurück[730].
Vgl. dazu *Schladming* und *Schleining*.

Schleining:
Flur bei *St. Georgen ob Judenburg*
Wahrscheinlich von aslaw.***sliv(i)nica.** - „die Gegend, der Bach, wo viele Zwetschken wachsen". Der
Name wurde schon in ahd. Zeit entlehnt.

Schloaffer:
Gehöft in der OG *Rachau*, VB *Knittelfeld*.
Das bair. Wort **slaifer** entwickelte sich zu **slafer** [731].
Etym.: Siehe *Schlapfkogel*. Im Steirischen, bedeutet **Schleipfe** einen Wagen zum Befördern von
schweren Frachten auf Gebirgswegen[732].

Schmelz:
Gegend in der OG St. Wolfgang-*Kienberg* am *Zirbitzkogel*, VB *Judenburg*.
EA: Der ON leitet sich davon ab, dass hier Eisen geschmolzen wurde. Man hat das Erz seit dem
Mittelalter an den Hängen des *Zirbitz*kogels gewonnen; die Stadt *Judenburg* besaß bis ins 18. Jh.
Abbaurechte[733]. Der gemauerte Schmelzofen besteht noch, seine Umkleidung ist vor Jahrzehnten
abgebrannt.

Schmieding:
Rotte bei *Feistritz* am *Kammersberg*, VB *Murau*: Smidarnn 1425, Smydern, Smydorn 1425, Smydarn
1498, Schmidern 1897.
Der ON ist von mhd. **smidaeren** - „bei den Schmieden" abzuleiten.

Schöder:
Ortschaft nordnordwestlich von *Murau*: Seder 1181, Scheder 1316, Schöder 1381 (späte Abschrift).
Als Bach und Tal: die Scheder 1348, Schedir 1387, Schedaw 1414, die Scheder 1459.
Der vermutlich vorslaw. Bachname läßt sich möglicherweise dem idg. ***squ(h)ed** - „zerspalten, -
sprengen, mit Gekrach zerbersten" zuordnen. Nach L-H gibt es für die Deutung dieses ON derzeit nur
Vermutungen[734]. Vielleicht ist der ON auch zu slaw. **šed** - „grau" zu stellen[735].
Vgl. „die mit Gekrach (Getöse) Gesteinstrümmer Zerbrechende", aslaw.***lom(i)nica** (*Lobming*).
EA: Die Felsen der nahen *Künsten*er Wasserfälle, die mit Getöse ins Tal fallen, sind grau.

Schönberg:
a) Im *Lachtal*, VB *Judenburg*: Schonperge 1290, der Schonperg 1358,s. Vlrich bei Oberwelcz 1464,
der Schonperg 1489; Schonperg 1171, Sconemberch 1197, Sconberc, Sconenberch 2. H. 12. Jh.
b) Bei *Knittelfeld*: Meginhardus de Sconenberch 1152, in Schonberg 1164, 1171. Der Pfarrhof von
Schönberg besaß schlossartigen Charakter, er wurde abgetragen[736].

---

[728] ADN, S. 886.

[729] SWB, S.190.

[730] StON, S. 106.

[731] Lochner von Hüttenbach (1980) : Zur Bildung deutscher Ortsnamen in der Zeit der Traungauer.
   In: Das Werden der Steiermark, Hsg. Gerhard Pferschy, Graz. S. 371.

[732] SWB, S. 191.

[733] Andritsch, Unser Judenburg, S. 113

[734] StON, S. 201.

[735] ADN, S. 985.

[736] BS, S. 301, Waldhuber, Spielberg, S. 151ff.

126

c) Berg westsüdwestlich von *Frauenburg*, VB *Judenburg*. Siehe +*die Raegknicz*.
L-H leitet diesen ON von mhd. **scœne, ahd. scôni** –„ schön, glänzend, weiß" ab[737].

Schöttl:
Bei Ober*wölz*, VB *Murau*: auf dem Schechel 1310, in dem Schekel, Schetel 1316, am Scheckl 1469.
Die Bedeutung dieses Wortes deckt sich auch mit aslaw. ***strazil(i)na*** - „Warte, Spähort" (vgl.
Straßengel bei Graz), ad strazinola 860.
Nach L-H ist dieser ON entweder zu slaw. ***čekalo*** - "Warte, Spähort" oder zu urslaw. ***ščeglъ***
"einzig, allein" als "einzeln herausragender Berg" zu stellen[738]. Vgl. *Tschakathurn*.
Schöttl besitzt einen dt. Übersetzungsnamen: **Hohenwart**, ein Berg in den *Wölzer Tauern*, 2367 m/M.
Vom Gipfel dieses am Ende des Schöttltales gelegenen Berges hat man eine weite Übersicht,
besonders auf die ehemals bedeutsame Straße über das Glattjoch (1987 m/M), die Saumpfade über den
*Pöls*sattel (2065 m/M) und über das *Pöls*enjoch (2022 m/M) sowie über weite Teile des *Mur*-und
Ennstales. Solche Spähorte sind seit altersher bekannt und wurden bis in die jüngste Vergangenheit zu
strategischen Zwecken benutzt. Man vergleiche die vielen **-straze-** ON in der ehemaligen
Untersteiermark und die zahlreichen dt. ON auf **-wart-** (z. B. Wartberg im Mürztal - Wartenberch
1185). Auch die Gehöftnamen „Wartbichler" als Vulgo-Übersetzungsnamen am Schöckel - „am
Wartbühel" 1341 und „Lug" weisen auf diese Späheinrichtungen hin.

+ (die) Schrathube:
Bei *Weißkirchen*, VB *Judenburg*, urkundlich im Jahr 1380 erwähnt.
Zu mhd. **schrat, schrate,** ahd. **scrato** - „der Waldteufel, Kobold, Poltergeist, Schrattl".
Dieses mit abergläubischen Überlieferungen verbundene Wort erscheint in vielen ON der
Alpenländer. Baravalle erwähnt als Vorgänger einen Wehrbau, der erstmals 1144 genannt wird[739].
Vgl. die folgenden ON:
a) + (am) Schraeten bei *Murau* 1316: Der Umlaut weist hier auf eine ahd. Benennung.
b.) Schrattenberg: Berg, Ruine und Rotte nahe St. Lorenzen bei *Scheifling*, VB *Murau*:
Als Berg: Scratinberch 1162, Schratinberch 1185, Schraetenperge 1185, Schraetenperig 1320,
Schreten-Schraten-Schrattenperig 1356, 1436.
Als Burg: Turn Schrettenperg 1448, der hoff am Schraetenperg 1451.
EA: Der ON könnte auch ein Hinweis auf einen alten Tabuplatz sein, von dem behauptet wurde, dort
ginge ein Waldteufel um.

+ (der) Schreinhof:
Nördlich von *Obdach*, VB *Judenburg*, im Jahr 1478 erwähnt.
Etym. nach Kessler dt.: Der „Schrein" ist ein Schrank, eine Kiste oder ein Kasten, aber auch eine
Bezeichnung für Dinge des täglichen Gebrauchs; so z. B. ist das **Schreinpfand** ein liegendes,
bewegliches Pfand wie Schmuckstücke oder Geld, während mit dem **essenden Pfand** ein Viehpfand
bezeichnet wurde. Das Wort „Schrein" kann auch eine Archivtruhe bezeichnen[740].
EA: Vielleicht handelte es sich bei diesem Hof um ein Bauwerk, in dem Archivmaterial untergebracht
war. Eine andere Möglichkeit wäre, dass der Name anders ausgesprochen als geschrieben wurde,
nämlich „schra:n". Dann könnte der Name mit „Schranne", der alten Bezeichnung für „Gerichtsort",
zusammenhängen.

Schütt:
Streusiedlung in der OG *St. Georgen ob Judenburg*.
Dt. ON: Die „Schütt" ist eine Aufschüttung. In den das steir. Obermurgebiet betreffenden Fällen
handelt es sich stets um angeschwemmtes, aufgehäuftes Erdreich am Ufer fließender Gewässer,
manchmal auch um wiederholt auftretende Erdabrutschungen an Uferböschungen. Mhd. **schüt, schüte**
- „angeschwemmtes Erdreich".

---

[737] StON, S. 172.
[738] StON, S. 86.
[739] BS, S. 512.
[740] Drosdowski, Duden Herkunftswörterbuch, S. 651.

Siehe auch wiederholt auftretende Riednamen wie die *Schütt* bei *St. Lorenzen/Knittelfeld* und + *in der Schütt* bei der Magdalenenkirche in *Judenburg*[741].

<u>+ (in der) Schütt:</u>
Anschwemmung bei der Magdalenenkirche in *Judenburg*: in der Schut hie pei Judenburg 1440. Es handelt sich hier um die Bezeichnung einer steinigen Sandbank in der *Mur*[742].

<u>Schüttgraben:</u>
Auch *Einasbach*graben, westlich von *Judenburg* bei *St. Peter*: in Amaizpach ob s. Peter 1319, hueben gelegen in dem Amaspach, in dem Amemaispach ob sand Peter 1320, Amaspach 1327, Anmaizpach 1494, Ameisgraben 1844, Amasgraben 1936.
Nach M. Schiestl von mhd. **ameize** - „Ameise"; möglicherweise auch von mhd. **meiz** - „Holzschlag" (**meizen** - „hauen, anschneiden, abmeißen", mdal. „omoaßn")[743].

<u>Schwarenbrunn:</u>
Alm südwestlich von *Stadl* an der *Mur*, VB *Murau*: Coniuratus fons 898-1140, Swaerenbrunn 1414. Der Name stammt sicher aus ahd. Zeit. Worum es bei diesem „verschworenen Quell, Quell der Verschworenen" ging, lässt sich heute nicht mehr feststellen. Nach L-H enthält der ON das ahd. **scario**, mhd. **scherge**, das „Gerichtsperson", vor dem 13. Jh. aber „Anführer, Hauptmann einer Truppe" oder „Vorsteher von zur Fronarbeit verpflichteten Leuten" bedeutete[744].
Kranzmayer nennt den Berg als nördlich des Metnitztales gelegen und übersetzt den ON mit „der geschworene Brunnen"[745].
EA: Es könnte sich auch um einen „zugeschworenen" Brunnen gehandelt haben, der nach einer Streitigkeit über seine Zugehörigkeit einer der Parteien durch Eid zugesagt wurde.

<u>Schwarzenbach:</u>
Bei *St. Lambrecht*, VB *Murau*: Suarzabach, Schwarczenpach 1130, Svvarzinpach 1134, Swarczenpach 1461.
Der Name bedeutet „Dunkles, Düsteres" und kommt häufig als Geländebezeichnung vor. Vgl. *Scharnitz*.
EA: Auch in den OG *Amering* und *Eppenstein* gibt es Fluren dieses Namens.

<u>Schwarzwald:</u>
Gebiet südlich des *Glein*grabens, westlich des *Poier*baches, VB *Knittelfeld*.
Dieser ON steht vermutlich in Zusammenhang mit der Köhlerei. Die „Schwarzbachwaldung" ist lange Zeit für die Entnahme von Holz durch die *Seckau*er Untertanen vorgesehen und von der an *Seckau* entgeltungspflichtigen Nutzung der Radmeister Communität ausgenommen gewesen[746].
EA: Im Steirischen ist „Schwarzgeher" eine Bezeichnung für den Wilddieb[747]. Es könnte sich aber auch um einen „Diebsweg" gehandelt haben, einen Schmugglerpfad, der hier hindurchgeführt hat.

<u>+ Seccauburg:</u>
Siehe *Wasserberg*.

<u>Secher:</u>
Gehöft in *Pausendorf*, OG *Spielberg*, VB *Knittelfeld*. Auch als Söcher bezeichnet.
Etym.: Der Söcher ist ein Bauer, der ein „Pflugsech" hergestellt hat. „Secheisen" ist das Pflugeisen, das Pflugmesser, die Pflugschar.

---

[741] ONJ, S. 36.
[742] ONJ, S. 36.
[743] ONJ, S. 36.
[744] StON, S. 193.
[745] ONK, S. 203.
[746] Ra. S. 333.
[747] SWB, S. 199.

Seckau:
Ort, OG und Kloster im VB *Knittelfeld*: locus Seccowe 1142 (Anm.: Urkunde über die Klosterverlegung von *St. Marein bei Knittelfeld* nach *Seckau*), Seccowa 1147, Sechowe 1151, Sekawe 1250, Seccaw 1400, Sekgaw 1431, Seka 1489.
Etym.: Ein slaw. ***sekava** (zu **sekati** - „hacken, hauen") für eine ausgehackte Rodung wäre naheliegend, doch tritt im Ahd. und Frühmhd. für vokalisches scharfes -s- des Slaw. im Anlaut sonst im Dt. -ts (geschrieben -z-) ein. Diese Deutung scheitert hier an lauthistorischen Schwierigkeiten. Es muss daher an aslaw. ***cakat** - „lauern, erwarten", gedacht werden, etwa ***cekalo** - „die Warte, der Spähort". L-H nimmt als Wurzel slaw. ***Sěcov-**, zu slaw. ***sěka, sěkъ** - „Lichtung, Schlägerung" mit Suffix -ov- an[748], Franz Brauner leitet den ON von slow. **žegova** - „Platz der Brandrodung" ab[749].
EA: Der Ort selbst liegt in einer geschützten Mulde und ist daher als Spähort wenig geeignet. Es fällt aber auf, dass es im Mareiner Boden drei ON mit *Pass*- „Lauer" gibt: *Grill*paß, *Stein*paß und *Kniepaß*. Die erste Bezeichnung lässt auf eine Lauerstellung mit hürdenartiger Sicherung (Flechtwerkzäune oder Dornenhecken) schließen, die zweite auf eine Anlage nahe dem heutigen *Sulzberg*, auf dem im Mittelater eine Burg stand, die dritte auf eine solche im nördlichen Bereich des Mareiner Bodens. Auch der ON *Pran(c)kh* deutet auf slaw. Befestigungsbezeichnungen hin. So spricht wenig dagegen, dass der Ort, an dem später das Kloster entstand, seinen Namen von einem nahegelegenen Spähort erhalten hat.

Seegraben:
Bei *Leoben*: Hier wird vor 1270 wiederholt ein Wehrbau eines kleinen Rittergeschlechtes nördlich von *Leoben* genannt. Er ist zu Ende des 13. Jh. abgekommen, 1460 wird noch ein „purgklehn" erwähnt. Der Graben war in alter Zeit von einigen kleinen Seen erfüllt, daher der Name[750].

(die) Seetaler Alpe(n):
Gebirgsstock östlich von *Obdach*, VB *Judenburg* und *Murau*: alpes Setal 1103, alpis Sealb supra Judenpurch 1177, alpis Sewen 1208, alben Seetal 1483.
Mhd. se, sewes - „stehendes Gewässer, See". L-H führt den Namen auf die Seealm und den Ort See bei *Neumarkt* zurück[751]. Walter Brunner bezeichnet jene Urkunden, durch die Kirche und Güter zu *Lind* sowie die Almen Seetal und Schwalbental wie auch die Kirchen *Weißkirchen* und *Baumkirchen* an das Stift *St. Lambrecht* gekommen sind, als Fälschung. Darüber hinaus ordnet er diese Alm Seetal dem Gebiet um den *Ingeringsee* zu und führt Argumente dafür an, dass die Alm auf dem *Zirbitzkogel* 1177 **alpis Sealb** genannt wurde[752]. Das Wort „See", ahd. sēo, mhd. sē, in der Bedeutung „Binnensee, Meer", ist offenbar etym. unerklärt[753].
EA: Der ON bedeutet sicher „die Alm mit Seen in Tälern", weil in diesem Gebiet mehrere Seen (*Wildsee, Linder*see, *Lavant*see) in vom Gletscher ausgeschliffen weitläufigen Mulden liegen. Die höchste Erhebung dieses Gebirgsstockes ist der *Zirbitzkogel*.

Seiz:
Dorf bei *Kammern*, VB *Leoben*: Sits 1145, Sitse 1160, Seicz 1230, Seits 1277.
Von aslaw. ***zites(i)** - „die Siedlung des Zitech(a)". Die Entlehnung dürfte schon in ahd. Zeit erfolgt sein. Der aslaw. PN ist eine Koseform zu z. B. ***Zitomir**. Nach L-H könnte dieser Name mit slow. **žito** „Getreide" zusammenhängen[754]. Während nach Bahlow obd. **Zitter** ein modriges, feuchtes Gehölz bedeutet[755], konnte für den slaw. PN Zito- keine Erklärung gefunden werden.

---

[748] StON, S. 48.
[749] Brauner (Hg.), Steirische Heimathefte, Heft 5, S. 99.
[750] BS, S. 393.
[751] StON, S. 147.
[752] Brunner, Die Almen Setal und Cirke von 1103/1114, Blätter für Heimatkunde, 81. Jahrgang, Heft 4, Graz 2007, S. 93ff.
[753] Drosdowski, Duden Herkunftswörterbuch, S. 262.
[754] StON, S. 97.
[755] DNL, S. 569.

Siechenkreuz:

Westlich von *Judenburg* zwischen *Mitterdorf* und *St. Peter*: bei dem Siechencreuz 1624, vom Siechencreuz, so an der gemainen landstraßen stehet 1643[756]. Mhd. **siech** - „krank"[757].
EA: Mir ist zu diesem ON, den ältere Einwohner noch kennen[758], keine Legende und auch keine sonstige Überlieferung bekannt geworden. Vielleicht befindet sich in der Nähe ein vergessener Pestfriedhof.

Sieding:

OG *Eppenstein* und *Maria Buch-Feistritz*, VB *Judenburg*: Siernik 1353, Syrnich 1288, in dem Syerning 1402, im Syernyng ca. 1500.
Von slaw. **zirnik** - „Berg der Eichelmast, Eichenberg".
Siehe *Si(e)rning, Gleinberg, Zirknitzbach*.

Sieglgraben:

Bei St. Johann am *Tauern*, VB *Judenburg*.
Zur Deutung: Mdal. **sigl** bezeichnet den Seidelbast.

+ an der Silberplatten:

Östlich von *Murau* in der *Karchau*: Urkundlich ca. 1500 erwähnt. In der Nähe des vlg. Seebauer hat es früher Silber- und Bleierzabbau gegeben. Kessler selbst ist dort in einem alten Silberstollen gewesen, ebenso der Verfasser.

Sillweg:

Dorf östlich von *Fohnsdorf*, VB *Judenburg*: Silwic 1162, Silwich 2. H. 12. Jh. Silwik 1288, Silweg 1897.
So wie alle Namen im steirischen Obermurgebiet, die auf **-weg** und älter auf **-wig** auslauten, ist auch dieser ON slaw. Ursprungs. Die Ortsbezeichnung ist nach den ältesten urkundlichen Belegen und aufgrund seiner Nähe zu *Fohnsdorf*, einem früh eingedeutschten Gebiet, gewiss schon im 12. Jhd entlehnt worden, wenn nicht sogar früher. Es muss an einen PN aus dem aslaw. Stamm ***z(i)l(u)** -„lebend" im Sinne von lat. **vivus** gedacht werden. Das ADN führt den ON auf die Form ***Žilovik´e**, slaw. **žila** - „Ader" als Bezeichnung für ein Gewässer oder auf ***Žiloviki** zum slaw. PN **Žilъ** oder ähnlich zurück[759]. Mitte des 14. Jh. werden in *Sillweg* ein *Liechtenstein*erhof, der „Rinerhof", der „Stubenberger Hof" und der „Vorpichlerhof" angeführt[760].

Sinibelkirchen:

In der *Laßnitz* bei *Murau*, südwestlich von *St. Lambrecht*, 1414 erwähnt.
Zu mhd. **sinewel, -wal** - „völlig rund", „die als Rundbau errichtete Kirche". Diese Form der Konstruktion weist auf eine frühe Errichtung hin. Das alte germ. Adjektiv ist heute nur mehr in wenigen oberdeutschen Mundarten erhalten, war aber im Bair. verbreitet, wie z. B. im Falle von **Sinabelkirchen** in der Oststeiermark, oder **Sinabell**, eines Berges im Dachsteinmassiv. Die Maximilankapelle bei *Baumkirchen* stellt noch unverändert einen solchen Rundbau dar, auch die Grazer Leechkirche war ursprünglich ein Rundbau.

+ Sirnich:

Abgekommenes *Dorf* bei *Kobenz*, VB *Knittelfeld*: Urkundlich in den Jahren 1220 und 1245 erwähnt, Siernik 1353, Syrnikch 1354, Sierning 1449.
Etym. wie bei *Sieding*. Das insgesamt dreimalige Auftauchen dieser slaw. Entsprechung für den Begriff *Aichfeld* bzw. die A(E)ichberge in diesem Bereich rechtfertigt den Schluss auf einen echten Übersetzungsnamen. Auf dem Eichberg zwischen *Kobenz* und *Feistritz* befindet sich ein *Burgstall*.

---

[756] ONJ, S. 37.

[757] Drosdowski, Duden Herkunftswörterbuch, S. 672.

[758] Persönliche Mitteilung von Herrn Dr. Michael Schiestl, Judenburg.

[759] ADN, S. 1012.

[760] BS, S. 278.

Östlich von *Knittelfeld*, in der Gegend von *Kobenz*, lokalisiert Baravalle einen Wehrbau: Am 1. 3. 1265 versetzt Märchlin von Herwigsdorf einen Hof zu Sirnich an Rüdiger von Preitenfurt (siehe *St. Georgen ob Judenburg)*. Dieser dürfte jedoch nicht der eigentliche Sitz der Sirnicher gewesen sein. 1287 wird ein Ott (Ortel, Ottel) von Syernik erwähnt, der bis 1322 als Zeuge in Urkunden aufscheint[761].

+Sirning:
Abgekommener Flurname im *Aichfeld*, VB *Knittelfeld*. Nach E. Lukas wird dieser ON auch „Syrni(n)g" geschrieben; an Deutungen böten sich kelt. **isseros, siros** - „lang" bzw. slaw. **zirknik** - „Berg der Eichelmast" an, wobei der letzteren Deutung der Vorzug zu geben ist[762]. Vgl. *Sieding*.

Sölk:
Tal, Bach und Flur nordwestlich von *Ranten*, VB *Murau*: Selicha ca. 1080, Selicha 1130-1135, Selch ca. 1150, Selchalben 1342.
Von aslaw. ***celica.** - „der Stirnbach" zu slow. **celo** - „Stirne".
Gemeint ist damit wohl die Talstufe bei der Einmündung des *Sölk*baches in die Enns. Der ON ist sicher eine ahd. Entlehnung. L-H führt ihn auf alteuropäisch ***sal**-„Bach, fließendes Gewässer, Strömung" zurück[763].

Sparsbach:
Weiler bei *Kammern*, bzw. *Mötschendorf*, VB *Leoben*: guet Spaerbersbach 1392, Sperwespach 1405, Sperbersbach 1415.
Dt.: „Bach des Sperbers (hier als PN)". Der Umlaut weist auf eine ahd. Siedlungtätigkeit hin.

Speikkogel:
Rückfallkuppe des Kreiskogels in den *Seetaler Alpen*, VB *Judenburg*. Der Name kommt vom reichen Bewuchs der Umgebung mit Speik, einer im Mittelalter begehrten Pflanze, für deren Handel *Judenburg* von 1460 bis ca. 1560 ein Monopol besaß[764].

Spielberg:
OG, Ort und Schloss bei *Knittelfeld*: Spileberch 1141, Spilleberch 1147, Spigelberch 1202, Spilberch 1295, Spiegelperc 1240.
Etym. dt.: „Wartberg". Das Wort **Spiegel** (von lat. **speculum**) unter Dissimilation, in den urkundlichen Belegen als zu ahd.***spil**- gehörig erkannt, hat namentlich in ON die Bezeichnung „Warte, Aussichtsposten".
E. Lukas weist darauf hin, dass der ON von **spila** - „dünner, zugespitzter Pfahl" kommen und damit eine Thingstätte, die mit Pfählen umfriedet war, bezeichnen könnte. 1141 wird ein Engilbrecht de Spieleberch erwähnt, vermutlich ein Dienstmann des Markgrafen, ebenso Dietmar de Spilleberch[765].
EA: Vgl. aber ON wie *Mitterspiel* bei *St. Peter ob Judenburg* oder in der OG *Puster*wald.

Spiegelbach:
Gewässer im hinteren *Feistritz*graben südwestlich von *Judenburg*: Spieglbach 1721, dz wasser von Spiglbach auf der Almb 1734[766].
Zur Etym. siehe *Spielberg*.
EA: Kleine Gerinne in den Gräben haben immer wieder den Namen des Gehöfts erhalten, in dessen Nähe sie entspringen oder fließen. Hier könnte man von einem früher vorhanden gewesenen landwirtschaftlichen Anwesen vlg. Spiegel ausgehen.

---

761 BS, S. S. 303, ZOB S. 214, 463; Paul Roth, Diss. S. 216, Ra. S. 199ff.

762 Ra., S. 333.

763 StON, S. 24.

764 ONJ, S. 37.

765 AEA, S. 46ff, BS, S. 303f, Schnetz, Flurnamenkunde, S. 78, Ebner, Burgen und Schlösser ..., S. 122ff.

766 ONJ, S. 37.

Spornhub:
Gehöfte in *Bretstein* und *Pöls*, VB *Judenburg*: die Spornhueb 1423.
Dt.: Als „Spornholz" wird eine bestimmte Art Bauholz, vor allem leichtere Balken und Dachsparren, bezeichnet.

Stadl an der *Mur*:
Ortschaft im VB *Murau*: Stadl 1272, Stadel 1285, Stadlaeren ob Mvoraw 1299, Stadlaeren vndter Owe 1311, Stadl 1335, s. Johanniskirchen bey Muraw 1445.
Etym.: Von mhd. **stadelaeren** - „bei den Stadlern, den Leuten, die Heustadel besitzen".

Stadlob:
Dorf bei *Mariahof*, VB *Murau*: Stadlern 1461.
Zur Deutung siehe *Stadl*. Die heutige moderne Schreibweise ist durch eine irrtümliche Zusammenziehung der 1494 urkundlich belegten, näheren Ortsbestimmung „Stadl**ern ob** Newnmarckt" entstanden und bestehen geblieben. Siehe auch *Haslob*.

+ Stadtbach:
Frühere Wasserversorgung der ma. Stadt *Judenburg*: Statpach 1351, Stattpach bey der Klosterfrawen anger 1426.
Der Bach in *Judenburg* führte, anders als der *Purbach*, zur civitas in der heutigen Burggasse - Wickenburggasse und bog ausserhalb des „Purcktores pey der Mawtstat" in den *Purbach* ab.
EA: Der Bach versorgte Teile der Stadt mit Wasser; die erste Wasserversorgung bewerkstelligte Ulrich von *Liechtenstein*. Da der *Oberweg*bach zeitweise versiegte, wurde über *Oberweg* ein Teil des Wassers des *Kienberg*baches zugeleitet (pers. Hinweis Dipl. Ing. Diebold, Judenburg).

+ Stain:
An der Kreuzung Friedhofgasse - *Oberweg*gasse in *Judenburg*: an den stain, der da leit in dem perg an dem anger 1351.
Etym. zu mhd. **stein** - „Fels, Stein"[767], siehe *Stein* und + *Hangunderstein*.

+ Stallhube:
Gehöft im *Möschitz*graben, VB *Judenburg*: die Stelhueb 1412, Stallhueb 1417.
Stell(e) bedeutet nicht nur „Ort, Stelle, Platz", sondern weist nach Kessler auch auf einen gewissen rechtlichen, bestimmte Aufwendungen und Abgaben umfassenden Begriff hin.

die Stanglalpe:
In der *Turrach*, VB *Murau*, mdal. „stanglolm": die Stang 1414.
Unter **Stang, Stangen, Gestäng** versteht man im Bair. nicht nur einen länglichen Pfahl, ein Geländer, eine Latte, sondern auch, wie z. B. im Bezirk *Judenburg* (nach Unger-Khull, zitiert bei Kessler) ein Flächenmaß für Äcker.

+Starglhube:
Gehöft im *Möschitz*graben, VB *Judenburg*: im Lugendorff 1425, Lugendorffhube 1603, Starg(g)l ab der 1. H. 17. Jh.
Zu „Lug" siehe *Luckner*, zu -*dorf* siehe dort. Zu Stargl habe ich keine Erklärung gefunden.

---

[767] ONJ, S. 38.

Starrenberg:

Berg, 1488 m/m und Rotte südwestlich von *St. Lambrecht*, VB *Murau*: die oede Starrenpuehel, am Sternperg Staernperg 1494.

Dt.: „Berg des Sternes", das heißt, der „Berg, der nach irgendeinem Stern benannt ist". Manchmal werden auch Rodungsstellen, die, von der Höhe aus betrachtet, innerhalb des Waldgebietes eine sternähnliche Form zeigen, „Stern" genannt.

EA: Dies ist angeblich gerade für die Gegend um *St. Lambrecht* typisch. L-H führt den ON auf den Vogel Star zurück[768]. Im Schriftslow. bedeutet **star** - „alt"[769].

Stehringmühle:

Heute OG *St. Margarethen*, Gleinstraße 14a und 16, VB *Knittelfeld*.

Etym.: Im Steirischen bedeuten **Ster(r)ing**, **Stör(r)ing** –„Baumstumpf von gefällten Bäumen"[770]. E. Lukas hält es für wahrscheinlich, dass diese Realität zu Anfang des 12. Jh. der Standort des **molendinum apud glin** war, einer Mühle, die im Jahre 1150 von Walter von der *Glein*, einem Vollfreien, dem Stift Admont geschenkt wurde. Schon der unter dem ON *Glein* erwähnte Edle Enzi (1005) könnte hier begütert gewesen sein[771].

Stein, -stein:

Oft als Ausdruck für „Felsen" gebraucht. Vgl. *Steinschloss* sowie den im Volksmund bekannten Namen für die Burganlage auf dem *Sulzberg* bei *Fentsch*, „Stein", aber auch den „*Stein*paß" im Mareiner Boden und zahlreiche weitere Burgennamen mit „-stein".

L-H erklärt das Wort mit „Stein, Felsen, feste Burg"[772]. Das gemeingermanische Wort lautete ahd. und mhd. **stein**. Es beruht auf einer Bildung zur idg. Wurzel ***stäi**- „(sich) verdichten, gerinnen". Mit „Stein" ist demnach wohl „der Harte" bezeichnet worden[773]. Baravalle weist darauf hin, dass die Bezeichnung „Stein" meistens auf einen Wehrbau hindeutet[774].

Steinmetzgraben:

Bei *Fohnsdorf*, VB *Judenburg*: im Stainmaiss 1427, hueben gen. der Stainmaizz 1428, in der Steinmess 1467.

Das „Maiß" bezeichnet einen Jungwald, die heutige Form ist eine Umdeutung, ebenso die urkundliche Form von 1467. L-H verweist darauf, dass in bair. Mundart **maißen** „abhauen, abschneiden bedeutet. Das Wort geht zurück auf mhd. **meizen**, bair. **maiß** bedeutet „Abholzung", mhd. **meiz** „Holzschlag"[775]. Siehe *Maßweg*; zu *Stein*- siehe dort.

EA: Mdal. „jungmoaß" wird noch heute in der Jägersprache für einen Jungwald verwendet. Siehe auch *Ameisbach*. Es könnte sich ursprünglich um einen Holzschlag bei einer Burg gehandelt haben, worauf der namensteil „Stein-„ hindeuten könnte. Vgl. *Purbach*.

Steinplan:

Berg bei *Knittelfeld*: Mdal. „ti stoapla(n)".

Dieser ON stellt ein Mischkompositum dar; als Grundwort steht ein slaw. **planja** - „Ebene". Daher auch das (auffällige) weibl. Geschlecht der mdal. Aussprache. L-H führt dazu mhd. **plân** - „Ebene, ebene Fläche" an[776]. Heute wird der Berg als „der Steinplan" bezeichnet.

---

[768] StON, S. 168.

[769] ONK, S. 212.

[770] SWB, S. 212.

[771] Ra. S. 206f.

[772] StON, S. 185.

[773] Drosdowski, Duden Herkunftswörterbuch, S. 706.

[774] BS, S. 477.

[775] StON, S. 104

[776] StON, S. 147.

Steinschloss, auch Ruine <u>Stein</u>:
Burgruine (des höchstgelegenen Wehrbaues der Steiermark) oberhalb von *Teufenbach*: Stein ca. 1130, Staine 1142, Stain, Saxum 1151, castrum Lapis 1331.
„Dy von Liechtenstein vertrugen sich mit dem kunig von Vngern, vnd gaben all ir geschlosser vber, vnd wurden die Vngrischen eyngelassen zw Muraw in stat vnd geschloss, zw gruenfels, zw Stain" (1479)... die Vngrischen räumbten Muraw, Stain bey der Muer, Altenhofen, vnd kamen allzusamen zw Friesach" (1490). Nach L-H ursprünglich nur „(Burg) auf einem Felsen", von mhd. **stein** - Stein, Felsen; feste Burg"[777].
Nach Baravalle dürfte der älteste Teil der Burg im 12. Jh. entstanden sein[778].
EA: Die Ruine befindet sich im Besitz des Stiftes *St. Lambrecht* und wird gegenwärtig umfassend archäologisch erforscht.

Stern(en)schanze:
Zur gleichen Zeit wie *Schloss Sauerbrunn* errichtetes Festungsbauwerk in *Thalheim*, VB *Judenburg*, das als Getreidespeicher verwendet wurde[779]. Seinen Namen hat die Anlage, die im Jahr 1552 fertiggestellt wurde, von ihrem sternförmigen Grundriss.

+ Stiriate:
Römische Poststation bei *Liezen*.
Etym. umstritten. Der Name **Steyr** leitet sich vom alten Flussname **Stira** ab. Die **Stiriates** oder **Stiriati**, die „Steyrtaler", benannten sich erst nach dem Fluss, illyro–keltisch ***stiroa(s)**, vermutlich idg. ***stei–r** - „starr", weil sich nach Kranzmayer die Steyr bei Hochwasser an der Einmündung in die schneller fließende Enns aufstaut[780].
L-H bezeichnet den Gewässernamen der Steyr (1092-1121 fluuium Styram) als voreinzelsprachlich und stellt ihn zu idg.***stī-r-iā** - „die Aufstauende" und zur idg. Wurzel ***stē**- „sich verdichten, aufstauen".Vermutlich denkt auch dabei an die Enns, welche die Steyr bei Hochwasser aufstaute[781].
EA: Mittlerweile nimmt die Sprachwissenschaft nicht mehr an, dass in unseren Breiten eine illyrische Sprache gesprochen worden ist.

Strettweg:
Ortsteil der OG *Judenburg*: Strecuic 1149, Stretewich 1181, Strecwich 1221.
Der ON kommt nach Kessler von aslaw. ***streckovice** - „das Dorf, das viele Bremsen hat". Vgl. aslaw. ***streck(u)** - die „Rinderbremse". Der Name wurde schon in ahd. Zeit entlehnt.
M. Schiestl hält auch eine Ableitung des ON von aslaw. ***straza** - „Warte" für möglich und zitiert eine Herführung nach Kronsteiner von slaw. ***strachowiki** - „Siedlung des (Kroaten) Stracho"[782]. L-H stellt den ON zum slaw. PN ***Stratъ** mit dem Suffix **-ov-ike** .[783]
Vom Strettweger Wehrbau ist nach Baravalle noch ein langgestrecktes Gebäude erhalten. Die Strettweger waren landesfürstliche Dienstmannen und mit den *Gallern*, den *Reifenstein*ern und den *Teuf(f)enbach*ern verwandt. Als erster scheint Chunrad de Stretvic am 15. 5. 1149 als Zeuge in einer Urkunde auf[784].
EA: Strettweg umfaßt uralten Kulturboden; es wurde hier nicht nur der bekannte hallstattzeitliche Wagen gefunden, sondern in letzter Zeit auch im Obstgarten des von Baravalle erwähnten Anwesens eine bronzezeitliche Abfallgrube entdeckt. Beim Landwirt Bleikolm befindet sich ein Schalenstein, der angeblich auf dem Feld östlich des Marterls gefunden wurde. Ein weiterer Hallstatthügel wurde vom damaligen Grundbesitzer in den Nachkriegsjahren vernichtet.

---

[777] StON, S. 185.
[778] BS, S. 514.
[779] BS, S. 279.
[780] ONK I, S. 78.
[781] StON, S. 25.
[782] ONJ, S. 39.
[783] StON, S. 89.
[784] BS, S. 279.

Im Jahr 2006 hat man aufgrund meines Hinweises an das Bundesdenkmalamt in der Nähe des Ortes eine ausgedehnte hallstattzeitliche Siedlung gefunden[785].

Westlich der Ortschaft befinden sich mindestens vier mittelalterliche Turmhügel, jener in *Strettweg* selbst (hinter dem Gebäude mit den Rundbogenfenstern) wird im Volksmund „Hausberg" genannt.

+ Stretweger perc:
Siehe *Falkenberg*.

Strimitzen:
Bach (auch *Olsa*) und Flur nördlich von *Neumarkt* und bei *Judenburg*: Scremesniz 1190, die Strimitz 1381, Strimitzen 1441.

Von slaw. ***strumnica** - „die enge Geländestelle". Vgl. slow. **strumen** - „eng, straff".

L-H vermutet im ON ein urslaw.***strъmъ** – „steil, abschüssig, schroff". Die Überlieferung des Jahres 1190 „Scremesniz" ist demnach historisch nicht abgesichert[786]. Daher erscheint die Erklärung des ADN, wonach der ON über ***Čremъšnica** zu slaw. ***črĕmъda** - „Traubenkirsche" zu stellen sei, nicht zutreffend[787].

EA: Die *Strimitzen* bei *Neumarkt* liegt am unteren Ende der „Hammerlklamm", also an einer Engstelle. Steil sind hier allerdings die einengenden Felswände am Südende der Klamm. Lat. **struma** bedeutet „geschwollene Drüse", im heutigen Medizinerlatein „Kropf".

Strimitzriegel:
Berg südwestlich von *St.Peter ob Judenburg*: Strimizelee 1242 (Gegend am Strimitzriegel), die Strimitz in der Muschnitz 1406, Striemez Riegel 1912[788].
Zur Deutung siehe *Strimitzen*.

Stüblergraben:
In der OG *Reissstraße*, VB *Judenburg*: dy drei Stubler ca. 1420, an der Stuben 1420.

Das altgerm. Substantiv ahd. **stuba**, mhd. **stube**, bedeutet das „heizbare Gemach, den Baderaum"; das heute noch übliche, englische **stove** - „Ofen" bezeichnete zunächst wahrscheinlich einen beheizbaren Baderaum oder den darin befindlichen Ofen. Das Wort ging dann auf die beheizbare Wohnstube über. Die Herkunft des germ. Wortes ist umstritten, seine Ähnlichkeit mit Wörtern wie französisch **étuve** - „Badestube, Schwitzbad" von vulgärlateinisch ***extuphare** („mit Dämpfen füllen") und griechisch **typhos**- „Dampf" ist vielleicht nur zufällig[789]. **Stube** bedeutet also hier wohl „Unterkunftshaus". Dieselbe Bedeutung findet tritt an Gebirgspässen häufig auf. In diesem Fall stellt der *Stüblergraben*, wie eben hier unter dem *Gaberl*,eine Annäherungsmöglichkeit an einen der Übergänge über die Stubalpe dar; ein weiterer typischer Name, in dem die Bedeutung „Unterkunft" erhalten blieb, ist **Stuben** am Arlberg.

Um 1114 war nach E. Lukas die Stubalpe als „Püberalpe, Piber(er)alpe" bekannt. Eine von den „Stuben", deren es mehrere gab und von denen der ganze Gebirgsstock seinen Namen hat, befand sich dort, wo heute der Alpemgasthof Stüblergut steht. Er wurde um 1372 erbaut und ist urkundlich 1420 als Taverne und Hospiz mit einem Weinfuhrrecht und einem Niederlagsrecht belegt. Es bestand hier also eine *Höbstatt*. Später war an diesem Platz auch eine Wechselstation für Postkutschen und Pferde eingerichtet. Man nannte beheizbare Raststätten und Unterkünfte so wie den beheizbaren Raum im Bauernhaus „Stube". Für den Verkehr über die Berge stellten sie wichtige Stützpunkte dar, da die Transporte auch im Winter nicht eingestellt wurden, denn der gefrorene Boden erwies sich oft als besonders günstig für den Lastentransport[790].

---

[785] Franz Ferk, Über Druidismus in Noricum, Sonderabdruck aus dem ersten Jahresbericht der hiesigen k. k. Lehrerbildungs-Anstalt, Graz 1877.

[786] StON, S. 79.

[787] ADN, S. 1054.

[788] ONJ, S. 40.

[789] Duden Herkunftswörterbuch, S. 722.

[790] AW, S. 35, Tour 2.

Sukdol:
Flur in der OG *St. Georgen ob Judenburg*. Siehe *Zugtal*.

Sulzberg:
Anhöhe südöstlich von *Fentsch*, VB *Knittelfeld*.
Etym.: Mdal. „sults, su'ts" - „feuchte Gegend, *Moos*wiese", ahd. **sulza**. Nach L-H bedeutet mhd. **sulz** „Salzwasser". Diese Bezeichnung sagt aus, dass in früheren Zeiten hier salzhaltiges Wasser, also Mineralwasser, aus dem Boden austrat[791].
Auf diesem Hügel befindet sich ein leider stark beschädigter *Burgstall*.
Der ON bezieht sich auf die mittlerweile verschwunden Mineralquellen am Südrand des Berges.

Sulzgraben:
Südlich von *Großlobming*, VB *Knittelfeld*: Als Bach: riuus Sulczpach sub pede montis castri, Lobnich 1242, der Sulczpach 1421, im Sulczpach in der Lobnig 1424.
Etym.: Siehe *Sulzberg*.
EA: Die älteste Erwähnung weist auf den Burgstall der frühen Burg der *Lobminger* in diesem Graben hin. Vgl. dazu *Benker, Lobming*.

+ Sunhashof:
Gehöft nordöstlich der Kirche in *St. Lorenzen bei Knittelfeld*: Nach Baravalle im Jahre 1320 erstmals erwähnt, Sunhazz 1384, Sunhashof 1410[792].
Hier stand vermutlich ein Wehrhof der *Eppensteiner*, der Wildoner und Stadecker, der in Zusammenhang mit den Grafen von Pfannberg von 1302 an in Urkunden als **Sunnesmoar** oder **Sunner ob der Kirchen** aufscheint[793]. Mit Beginn des 15. Jh. wurde er zum Bauernhof. Südlich des Hofes liegt der „Schlossberg", auf dem sich eine abgekommene Anlage befindet, die noch nicht genauer bestimmt ist. Der alte Hof ist abgetragen, heute steht dort ein modernes Bauernhaus.
EA: Eine Erklärung des ON war bisher nicht möglich; ein Zusammenhang mit „Sonne" kann nicht ausgeschlossen werden, weil der Hof durchaus auf einer ebenen Fläche in der Sonne liegt. Ahd. **sunna** bedeutet „Sonne".[794]. Vielleicht handelt es sich auch um eine nasale Version von slaw. **suho** - „trocken". Tatsächlich fließt dort kein Gewässer. Der Wortteil - **has** könnte von slaw. ***has** - „Haus" kommen (vgl ungarisch **haza** - „Haus"). Dass das ahd. **hûs** für „Haus" in diesem Namen steckt, bezweifle ich, da ohnehin die Begriffe „-hof" oder „-moar" das Vorhandensein eines festen Hauses implizieren. Der Vulgoname des Anwesens lautet heute mdal. „s'unnesmoar". Siehe *Mayer-Namen*.

Sunk(bach):
Flur und Bach in der OG *Hohentauern*, altes Bergbaugebiet im VB *Judenburg*: Sunch 1. H. 14. Jhd.
Etym.: „die Sunk, die Vertiefung im Gelände, geologischer Einbruch". Nach L-H handelt es sich um eine nach einer Vertiefung benannte Flur, in welcher der *Sunkbach* unter dem Geröll verschwindet (mhd. **sunc** – „versinken")[795].
EA: Von Einheimischen wird das Gebiet auch als **der** Sunk (maskulinum) bezeichnet.

Süßmaier:
Gehöft bei *Frojach*, VB *Murau*: in der Suezz pey Saura 1436, i. d. Suessaw 1481.
Etym.: Von ahd. **gisiezida**, mhd. **gesieze** - „der Besitz eines Herren, der Einkünfte bringt, Gut".

+ Swaig
Flur bei *Schöder*berg, VB *Murau*: an der Sbaig 1445.
Von mhd. **sweige** - „der Viehhof".

---

[791] StON, S.42.
[792] BS, S. 304f.
[793] BS, S. 304; Leitgeb, Mehr als 900 Jahre …, S. 78.
[794] ADN; S. 106.
[795] StON, S. 175.

T(h)al, -t(h)al – Namen:
Das gemeingerm. Wort, ahd. **tal**, mhd. **tal**, geht zurück auf die idg. Wurzel **+dhel** - „Biegung, Höhlung, Wölbung" und bedeutet eigentlich „Biegung, Vertiefung, Senke"[796].

Tanzmeistergraben, -boden, Tanzstatt:
Der Graben liegt südwestlich von Hinter*lobming* bei *St. Michael in der Obersteiermark*, VB *Leoben*: Tanczmeister in der Lomnich um 1300.
Nach Kessler wohl ein ON, der mit abergläubischen Vorstellungen verbunden ist, die sich auf den Teufel als „Hexentanzmeister" beziehen und oft auch eine ebene Stelle bezeichnen, die zum Tanzen geeignet wäre. Urkundlich meist als „Tanczstatt" erwähnt.
EA: Alte Tabuorte wurden von der Kirche gern mit Geistern und dem Teufel in Verbindung gebracht, um die Menschen vom Aufsuchen dieser Plätze abzuhalten. Eine „Tanzstatt" gibt es auch im Bereich *Lachtal*.

+ Tartusana, Tartusanis:
Name der 8. Station der Römerstraße Virunum - Ovilava (Zollfeld - Wels), etwa bei Hohen*tauern* vermutet.
Etym.: Wahrscheinlich aus idg. **ter-*, illyr. **tar* (als Präposition „hindurch, hinüber, über") und idg. **(s)teur-*tauros*, illyr.* turos - „Stier, großer Berg", also „am Bergübergang". Vgl. dazu die dt. Entsprechung „**Hohen***tauern*". Nach L-H handelt es sich um eine alte Benennung, die, obwohl sie im Altertum nicht belegt ist, sich auch im Mittelmeerraum (Taurusgebirge) findet. Der Name ist sicher voridg. Herkunft und bedeutet „Berg, hochgelegene Region"[797][798].
EA: Die Station wurde (noch) nicht aufgefunden. Beim Abriß des Gehöftes vlg. Schulterer kam ein behauener Stein zutage, der heute am Rande der Durchzugsstraße aufgestellt ist. Dass es sich um einen Meilenstein handelt, wird seitens des Denkmalamtes bezweifelt, seine Form erinnert aber daran.

(die) Taubenplan:
Kleine Verebnung nordwestlich einer Anhöhe, des „Steinmandls" (1990 m/M) im Höhenzug südwestlich des *Ingeringsees*, VB *Knittelfeld*.
Etym.:Der Wortteil „plan" ist slaw. Ursprungs („Ebene"), besitzt aber in **plân** auch eine mhd. Entsprechung. Ob der Platz zur Zeit seiner Benennung ein Nistplatz für (Wild)tauben war, bleibt unbekannt. „Taube" heißt auf mhd. **tûba**, mhd. **tûbe**. Diese Bezeichnung könnte auf der Nachahmung ihrer Laute (dû) beruhen oder aber zu der Wortgruppe von „Dunst" gehören. Dann wäre die Taube nach ihrem rauchfarbenen oder dunklen Gefieder benannt (vgl. altirisch **dub** - schwarz)[799]. Das Wort „Dunst" hängt auch mit „Düne" zusammen, was im Grunde etwas bezeichnet, das auf einen Erdhügel aufgesetzt ist. Zu -plan vgl. *Steinplan*.
EA: Etwa in der Mitte des Plateaus befindet sich auf gewachsenem Felsen eine Steinformation, die den Eindruck erweckt, dass man drei Steinblöcke so platziert hat, dass sie einen waagrechten Visierschlitz (O - W) bilden.

Tauchendorf:
Bei *Kulm/Zirbitz*, VB *Murau*: Tawchendorf 1346, Dawhendorff 1464.
Etym.: Zu aslaw. ***tuchna** - „Bach, Gewässer etc, die fauliges, stagnierendes Wasser führen". Die Form von 1464 zeigt im Anlaut die mittelbair. Konsonantenschwächung. L-H führt den ON auf den slaw. PN ***Tuch-** zurück[800].

Tauern:
Gebirgszug (*Seckau*er, *Wölz*er, Hohe T.), ferner als Eigenname von Passübergängen; quicquid ad Tauern proprietatis visus fait habere - ca. 860 in Freisinger Urkunde I Nr. 17, Taurus inferior ca. 1140,

---

[796] Drosdowski, Duden Herkunftswörterbuch, S. 732.

[797] StON, S. 84,

[798] TOK, S.87ff.

[799] Dosdrowski, Duden Herkunftswörterbuch, S. 736.

[800] StON, S. 91.

Duri mons 1141, Turus 12. Jh. Thaurus mons 12. Jh. montes Tovver 1234, mons Thuro 1282, Turo, Taurus mons 1. H. 14. Jh.

Etym.: Nach Kranzmayer zu idg. ***(s)teur** - „Stier, groß, Berg"[801]; vgl die Überlegungen bei Finsterwalder[802] und die Erklärung zu *Terenbachalm*. Nach L-H handelt es sich um eine alte Benennung, wenn auch nicht aus dem Altertum belegt. Sie tritt nicht nur im Alpenbereich, sondern auch im Mittelmeerraum und in Kleinasien (Taurus) auf. Der Name ist sicher voridg. Herkunft in der Bedeutung „Berg, hochgelegene Region"[803][804]. Vgl. *Tartusanis* und *Terenbachalm*.

Taureralm:

Alm in der *Glein*, VB *Knittelfeld*. Nach E. Lukas könnte sich der ON ähnlich wie beim ON *Tauern* von kelt. **duro** - „Übergang, Tor" ableiten[805]. Nach B. Maier bedeutet kelt. ***duro** - „befestigter Platz"[806]. Vgl. *Terenbachalm*.

Taxwirt:

Ehemaliges Wirtshaus, später Sägewerk an der Grenze zu Kärnten südlich von *Obdach*. Obwohl sich hier die erste steirische Maut befand und überdies an Grenzkontrollstellen seit altersher Wirtshäuser errichtet wurden, weist nach Kessler und auch Kranzmayer die mdal. Aussprache auf den Tiernamen „Dachs". Die Tax(e), Zollabgabe heißt in der Mundart stets „Maut", es liegt also eine Namensbildung wie beim „Bärenwirt" oder „Hirschenwirt" vor[807]. EA: Beim Zusammenfluß von *Lavantbach* und *Roßbach*, westlich des Anwesens, befindet sich ein *Burgstall*. Das Gehöft unmittelbar nördlich davon heißt vlg. „*Steiner*", im Volksmund „Katzen*steiner*". Zu *Stein* siehe dort.

Teichen:

Tal bei *Kalwang*, VB *Leoben*: Mdal. „ti taixn". Hier wurde Kupfer abgebaut. Als ON treten hier die Lange und die Kurze *Teichen* auf. Von aslaw. ***ticha** - „das stille Tal".

+ Teppsawguet:

Abgekommener Gehöftname in der *Glein*, VB *Knittelfeld*. Der ON wird im *Seckau*er Urbar 1534 genannt. Das Wort **Tepe** wird auf eine niederdt. - friesische Form von „Diebald" zurückgeführt (ahd. **thiot** - „Volk", ahd. **bald** - „kühn")"[808]. Es könnte sich um ein dem Diebald gehöriges Gut in einer *Au* gehandelt haben.

Terenbachalm:

Große Hochfläche auf dem *Glein*almkamm, VB *Knittelfeld*. Etym.: Slaw. ***terenje** - „Dornbusch". Nach Kessler handelt es sich bei **teren** um eine vorrömische Bezeichnung, die man entlang der ersten Handelswege findet. Nach L-H hat die *Alm* möglicherweise „Dürrenbachalpe" geheißen[809]. Zu *-bach* und *-alm* siehe dort. Vgl. *Tauern* und *Taureralm*.

Teufenbach:

Ort und OG im Verwaltungsbezirk *Murau*: Tivfinpach 982, Dufenbach ca. 1130, Tovfenbach 1135, Tivfenbach 1170, Tivmphen- Tevphen- Tiphenbach 2. H. 12. Jh. Tewffenbach 1433.

---

[801] ONK II, S. 21.

[802] TOK, S.87ff.

[803] StON, S. 83.

[804] TOK, S. S 87ff.

[805] Ra., S. 333f, zitiert nach Kessler, S. 41.

[806] KLN, S. 58.

[807] ONK II, S.220.

[808] DFN, S. 658.

[809] StON, S. 147.

Dt. „Der tief eingeschnittene Bach". Nach L-H von ahd. **tiof**, mhd. **tief** - „tief"[810]. Zu -*bach* siehe dort. Die Burg Alt*teufenbach* wurde nach Baravalle um die Mitte des 12. Jh. errichtet, Neu - *Teufenbach* entstand aus dem sogenannten „Hof zu *Teufenbach"*, den die *Teu(f)enbacher* schon im 12. Jh. besessen hatten[811].

+ Teufenbach:
Zur Etym. siehe *Teufenbach*. Vgl. *Purbach*.
Eine Burg *Teufenbach* lag nach Baravalle im *Pöls*tal westlich von *Kumpitz*, VB *Judenburg*, vermutlich auf einer schmalen Bergzunge oberhalb des Tiefenbachgrabens, VB *Judenburg*. Der Wehrbau dürfte schon im 12. Jh. seine Bedeutung an die *Offenburg* abgegeben haben und lässt sich nicht urkundlich nachweisen[812].
EA: Bei diesem Bach dürfte es sich um den westlichen Ast des Allerheiligenbaches in der OG *Pöls* handeln. Der Bereich wird mdal. „tiafnbox, tiafngrob´m" genannt.

+ Teuppelstein:
Alter Name des Kalvarienberges bei *Judenburg*: Teuppelstain 1339.
Bahlow nennt einen obd. PN **Teipel**, den er als Kurzform zu **Tiepold, Diebold** (altgermanisch **Theudebald**, mhd. **Diebold**) stellt. **Theut** - „Volk" (diet), **bald (bold)** - „kühn"[813].
Nach Obermüller bedeutet kelt. **dubh-il** „groß-schwarz", im Gälischen hießen die „Teufelssteine" **dubh-ail** - „schwarzer Fels"[814]. Ob auf dem Kalvarienberg schwarzes Gestein zutage tritt, ist mir nicht bekannt.

+ an dem Teyssing
Bei *Fohnsdorf*, VB *Judenburg*: in Vanstorfer pharr 1441 urkundlich erwähnt.
Vermutlich slaw. *tisa - „Eibe", bzw. *tisnika - „Eibenberg".

Thajagraben
Graben und Flur bei *St. Blasen*, VB *Murau*.
Als Bach: aqua Theodosia 1103, 1196, riuus Theodosya 14. Jhd..
Als Flur, in der Mundart verschollen: Techowe, techav 13. Jh. die Techaw 1351, die Techa 1461.
Der urkundliche Beleg von 1103 - **aqua Theodosia** - rührt vielleicht vom langobardischen *thiudissa - „die zur Deuz Gehörige". Das Bestimmungswort ahd. **thiot(a)**, germ. *theuda - „Volks-, Volk", wird nach den Belegen als „Versammlungsort (Zufluchtstätte) des Volkes" zu interpretieren sein. In der Nähe des Baches wurden zwei langobardische Bodenfunde bestätigt. Die antike Lautform muß sich ohne Veränderung (Lautwandel) bis ins Ahd. erhalten haben. Das gibt in eindeutiger Weise die urkundl. Schreibung wieder. Die gleiche Merkwürdigkeit antiker Schreibtradition liegt auch bei Stiriate - Stira vor. Der zweite urkundliche Beleg „Techowe", 13. Jh. weist auf slaw. *techowa - „die Gegend eines Mannes namens **Techa**" hin, nach Balow eine Kurzform des slaw. PN **Techomir** – „Trost" und „Frieden"[815].

+ Thailfeld:
Flur östlich von *Grünhübl*, VB *Judenburg*: Thailfeld 1613, thailfeld zu Wazendorff 1624, das Thailfeld beim Gottsackher, im ausser Thailfeld zu Wazendorf 1629, zu Wäzendorf im Thailfeldt 1640.
Der Name rührt von der Tradition her, Boden an die Bürger turnusweise zu verteilen[816].

---

810 StON, S. 135.
811 BS, S. 517.
812 BS, S. 281.
813 DNL, S. 502.
814 DKW II, S. 780.
815 DNL, S. 501.
816 ONJ, S. 40.

Thal:
Sattel im *Laintal*, VB Leoben: Oberduel 1434, Ober Duel im Langtall 1477, Oberthull 1760.
Etym.: **Tal** und **Duel** stellen ein Übersetzungspaar dar: Mhd. **tal** ist mit slaw. **dol** sinngleich; **tal** -
„vallis". **Dol** wurde in der karantanischen Mundart „**duol**" ausgesprochen, daher die urkundliche
Schreibung. Dazu auch „Tularn", welches eine Mischform aus aslaw. ***dol(u)** und mhd. **-aren** zeigt
und vielleicht eine halbe Eindeutschung für „Duelach", slow. **Doljach** - „bei den Talern, den Leuten
im Tal" darstellt.

Thalberghof:
Aus einem Bauernhof entstandene Gaststätte in der OG *Rachau*, VB *Knittelfeld*.
Etym.: Siehe +*Thailfeld*.
E. Lukas berichtet dazu, dass nach einer Urkunde aus dem Jahr 1434 der Grundbesitz als „tailperig",
also als „Teil eines Berges" oder „geteilter Berg" bezeichnet wurde. Er gehörte zum Besitz des Gutes
Landschach, das 1120 inmitten des großen Besitzes der Aribonen lag und der Stammsitz der
Wildonier war. Später nannten sich seine Besitzer die Edlen von Lontsa (*Landschach*)[817].

Thalheim:
Ortschaft in der OG *Pöls*, VB *Judenburg*: Talheim 1171, Talhaim 1275.
Dt. „Das Heim, das im Tale liegt, die Herbergsstätte im Tal". Das Grundwort weist in die ahd. Zeit
(siehe *Thal*). Der Ort liegt am alten Übergang *Pöls*hals - Hohen*tauern*.
Zum Ausdruck **-hals** siehe *Häuselberg*.

Thaling:
Dorf in der OG Ober*kurzheim*, VB *Judenburg*: Tularn ca. 1185, Talern 1364, Talern 1385.
Etym.: „Bei den Leuten im Tal". Siehe *-ing-Namen*.

Thann:
Ortschaft und Schloss in der OG *Maria Buch-Feistritz*, VB *Judenburg*: Tanne ca. 1175, Tann 2. H. 12.
Jhd.
Oberthan(n) Schloss: „... dar kom von Tann her Eckehart ..." (Ottokar, 1227), guet Ober Tann 1402,
hof Ober Tann 1422.
Dt. „An der Tanne". Besonders hohe Bäume werden oft als auffallendes Merkmal im Gelände zur
Orientierung benützt. H. Ebner nimmt an, dass im 12. oder 13. Jh. bereits ein Herrensitz „Tanne"
bestanden hat[818]; Baravalle wiederum meint, dass die mächtige, viereckige Burganlage, von der noch
Reste vorhanden sind, kaum vor dem 14. Jh. entstanden ist[819].

+ Thurnegg:
Diesen Namen trug nach Baravalle der Amtshof zu *Baierdorf* bei.*Schöder*, VB *Murau*. Er stand etwa
1000 m nördlich des Turmes und könnte schon vor diesem im 9. Jh. als wehrfähiger Hof erbaut
worden sein. Von ihm soll später ein unterirdischer Gang zum Turm geführt haben. Der Hof scheint
im Ungarnkrieg niedergebrannt worden zu sein; erst 1651 wurde er notdürftig ausgebaut[820].
EA: Ein Vischer - Stich zeigt den so genannten „Römerturm" in *Baierdorf* und trägt die Schrift
„TVRN". Zu **-egg** siehe dort.

Timmersdorf:
Dorf bei *Traboch*, VB Leoben: Dumersdorf 1135, Dumirsdorf 1165, Dumersdorf 2. H. 12. Jh.
Dümersdorf 1897.
Etym.: Zum aslaw. PN ***Domomer(u)** oder ***Domomir(u)**: „das Dorf des Domomer".
Dieser aslaw. PN, auf den die urkundliche Form von 1165 weisen könnte, ist mehrfach als
ortsnamenbildend belegt (vgl. die Gehöfte Temmerer in Göritz und *Pausendorf*). Dieser ON zeigt,

---

[817] AW, S. 78., zitiert nach Steiner - Wischenbart, Chronik des Gutes Landschach, o .J.
[818] H. Ebner, Burgen und Schlösser ..., S. 129f.
[819] BS, S. 280f.
[820] BS, 466f.

dass eine der beiden gleichen unmittelbar aufeinanderfolgenden Silben verloren geht, indem **Domomer(u)** zu **Dumer**(sdorf) wird. Diese Erscheinung, die von den Fachleuten **Haplologie** genannt wird, ist erst in ahd. Zeit eingetreten und fällt daher zeitlich nicht in die aslaw. Haplologie. L-H verbindet den ON mit dem slaw. PN ***Domamirъ**[821].
Nach Baravalle stand ein Wehrbau vermutlich südlich des Ortes auf einem vom *Fressen*berg herabziehenden Rücken, der durch zwei kleine Taleinschnitte gebildet wird[822].
EA: Der PN hat etwas mit Heim(at) zu tun: Slow. **dom** - „das Heim", **mir** - „Frieden".

Topritzbach:
Siehe *Dobritschbach*.

T(h)orhof:
Gehöft südlich von *Judenburg* in der OG *Reifling*: Thormann1443, Tarhof, Taerhof 1443, Thorhoff am khienperg 1585, der hoff der Thorhoff genannt 1616, den prunen aus dem fleischerperg zum Thorhoff zu führen 1622, Hainrichperg, Thorhoff 1635.
Leider liegt keine Erklärung vor, auf welches Tor sich im 16. Jh. der Hausname bezog. Der zu Beginn des 17. Jh. aufscheinende Name **Hainrichperg** orientiert sich am Namen der Besitzerfamilie, der „Heinrich" (Hainrich)"lautete[823]. Um die Mitte des 17. Jh. werden in Ukrunden beide Namen verwendet.

Totengraben:
In der südlichen Klein*lobming*, OG Groß*lobming*. VB *Knittelfeld*, mdal. „t´oatngrobm".
Dt. ON. Kessler wurde erzählt, das Erdreich und die kleinen Gewässer nähmen bei Regen eine blutigrote Färbung an, wohl ein Hinweis auf eisenhältige Schichten. Er weist aber darauf hin, dass sich in der Nähe das Gehöft Kamper befindet, die Stätte eines alten Femegerichtes. Eine örtliche Sage bringt den Graben mit einem Gemetzel in der Türkenzeit in Verbindung.
E. Lukas erwähnt, dass der Name von „Totem" abgeleitet und mit „Taiding" (Richtstätte) in Verbindung gebracht würde. Auch sie weist auf das beim Anwesen vlg. Unter*kamper* abgehaltene Femegericht hin, wo eine Gerichtsstube und eine Verhörzelle bestanden haben [824].

Totenweg(äcker):
Ried nordöstlich von *Waltersdorf*, OG *Fohnsdorf*, VB *Judenburg*: Totenwegäcker 1957.
EA: Ein auf dem alten Katasterplan noch ersichtlicher Teil des Totenweges liegt heute unter dem westlichen Ende der Rollbahn des Flughafens *Zeltweg*. Worauf sich der Riedname gründet, ist nirgendwo erklärt. Jedoch existieren Theorien, wonach es sich hier um einen von alters her bestehenden Weg handelt, auf dem traditionell Pesttote transportiert wurden (woher und wohin?), oder dass es sich um ein altes Wegerecht handle, Verstorbene zum Friedhof in *Fohnsdorf* oder *Lind* zu transportieren. Auffällig erscheint das Schweigen der Urkunden - so etwas kann Kessler kaum entgangen sein.

Traboch:
Dorf nördlich von *St. Michael in der Obersteiermark*, VB *Leoben*: Treboch um 1150, Treuoch 1160, Treuboche 1265, s. Nycolaus 1282, Traboch 1410.
Zum aslaw. PN ***Treboch**, einer Koseform zu ***Trebegost** o. ä. Ursprünglich liegt wohl ein Hofname vor. Der Kherrhof zu *Traboch* war vermutlich der Meierhof eines Wehrbaues der *Traboch*er, der auf dem schmalen Rücken zwischen *Liesing*tal und Feitschergraben lag. Das Geschlecht der *Traboch*er, kommt in Urkunden des 12. und 13. Jh. wiederholt vor. Der Wehrbau dürfte im 13. Jh. abgekommen sein.

---

[821] StON, S. 91.
[822] BS, S. 394.
[823] ONJ, S. 40.
[824] AW, S. 49.

Traidersberg:
Bei St. Peter/Freienstein, VB *Leoben*: Truntisperch 1239, der Truentesperg 1342, Truenterperg 1465, der Trwentersperg 1473, Traittersperg 1499, Tranitlasperg um 1500.
Vom ahd. PN **Truont** „Berg des Truont".
EA: Für diesen PN habe ich in der Fachliteratur keine Erklärung finden können. Germ. ***thruth(i)**
„Kraft, Stärke", in ahd. Zeit umgedeutet zu **trūt** - „vertraut, lieb"könnte ihm aber zugrunde gelegt werden[825].

Tratte(n), -tratte(n):
Etym. siehe *Trattner*.

Trattner:
Häufige Flurbezeichnung im steirischen Obermurgebiet, urkundlich meist „an der Tratten, die Trat(t)en"; mdal. nahezu einheitlich „trotn" gesprochen. Die **Trat** ist jener Teil der Feldflur, der in der Dreifelderwirtschaft stets unbebaut und dem Viehtrieb vorbehalten bleibt, also Brachland. Mhd. **trat(e)** - „Tritt, Spur, Weg, Trift, Brache". Die Waldtomi definieren: „Tratten oder Trättl heißen ein größerer oder kleiner Ort, so mit keinem Holz beschüttet oder mit Gras so schlecht bewachsen ist, dass hierauf meistens blos die Schwein geweydet werden".
EA: Siehe *Tratten* bei *Predlitz, Ranten*, in der *Glein* (vlg. *Trattner*), *St. Georgen ob Murau*, die *Bleitratte* in *St. Peter ob Judenburg*, aber *Galgen*tratten *bei Murau*, deren Besitzer das Holz für den Scheiterhaufen beizustellen hatte. Auch der weit verbreitete Name „Sautratten", eine Weidefläche für Schweine, z. B. nahe der Stadt *Judenburg*, zeigt die häufige Verwendung dieser Bezeichnung. Vgl. *Trattnig*.

Trattnig:
Gegend bei *Hafning*, VB *Leoben*: Drednig 1375, der Drettnig 1377, im Trading 1400, am Traiting 1461, Tradning 1897.
Etym.: Von slaw. ***tratnik** „der Berg des Trata, beim Rasenplatz, Anger". Slow. **trata** ist als Lehnwort aus bair. „Tratten" entstanden. Siehe auch *Trattner*.

Trauner:
Gehöft in der OG *Fohnsdorf*, VB *Judenburg*: Nach L-H enthält der Gewässername „Traun" idg.
*dreu-/dru- „laufen, eilen, fließen", eine in der alteuropäischen Hydronymie häufige Wortwurzel, mit -nā-Suffix und sekundärer Dehnung des -u-, das im Mhd. zu -au- wird. Für diesen Gewässernamen kann auch eine keltische Herkunft angenommen werden[826].

Treffning:
Bei *Hafning*, VB *Leoben*: in der Trevench um 1300, Treffling 1434, Trefling 1477, die Drefning 1498.
Vom aslaw. ***trebenica** - „die Rodung". L-H führt den ON auf slaw.***trebiti**, urslaw. ***terbiti** - „roden, reuten" zurück[827].

Tremmelberg:
Berg, 1194 m/M, nördlich von *Knittelfeld*.
Dt. „der Knüttelberg".
Der **Tremel, Tremeling** ist ein Knüttel, ein Prügel, auch ein Stangenstück, das als Hebel benutzt werden kann. Im Bereich dieses Berges gibt es zwei Hofnamen, die einen solchen Namen führen- den Vorderen und den Hinteren Tremel. Vgl. *Aichfeld, Knittelfeld*).

---

[825] DFN, S. 762.
[826] StON, S. 24f.
[827] StON, S. 39.

Tre(a)nchtling:
Berg und *Alm* nordwestlich des *Präbichl*, VB *Leoben*: die alben Truentin bey Tragoss 1441.
Dt. „Die Alm des Mannes Truent". Das **-ing** wird häufig an Geländenamen angehängt, das Geschlecht
richtet sich nach jenem des Kompositums, also der Berg Trenchtling oder oder die Trenchtlingalm.
EA: Eine Übersetzung für den PN konnte ich in der Fachliteratur nicht finden. Vgl. aber *Traidersberg*.

+ an der Triben:
Am *Fressenberg* bei *Wasserleith*, VB *Knittelfeld*, im 13.Jh. urkundlich erwähnt.
Wohl zu aslaw. ***trebynje**; vgl. illyr. ***treboniam**, idg. ***treb -** „die Siedlung" - „die Siedlung in der
Rodung". Die Entlehnung erfolgte vor dem Jahr 750 (770), als ahd. **Triabuna**, weil slaw. -e- durch dt.
-ia-, bzw. -b- als -b- ersetzt wurden. Hingegen sind die Namen mit inlautendem -f- erst zwischen 800
und 1050 eindeutscht worden: Ahd. **trevuna**. Siehe *Treffning*.

Triebendorf:
Ortschaft im VB *Murau*: Triebendorf 1320;
Etym.: Siehe *Treffning*. Komposita dieses Rodungsnamen sind auch Triebengraben, Triebener Thörl,
Trefentaler.

Triebental:
Tal im Norden des VB *Judenburg*: Trieben ca. 1080, amnis Treba 1174, die Trieben1. H. 14. Jhd.
Etym.: Siehe *Treffning:*
Der *Triebental*bach ist ein ein rechter Zubringer zum *Trieben*bach und mündet beim *Brodjäger* in
diesen ein.

Tristaller:
Siehe *Dristhaler*.

Trofaiach:
Stadt und OG im VB *Leoben*: Treua 1080, Triueiach, Treuia 1155, Traueyach 1450, Traphaya 1450,
Trofeyach 1485, um 1500, Trafeyach um 1500.
Wahrscheinlich aus vorslaw. (kelt.) ***trebeia**, zur idg. Wurzel ***treb -** lat. **domus -** „Ort des heiligen
Hauses, Tempelstätte". **-eia-** ist ein **Kultsuffix**. Der Name ist vielleicht von den Slawen als
gleichlautendes ***trebeia -** „das zur Rodung Gehörige" übernommen und gedeutet worden. Nach L-H
von slaw.***Drevachъ**, Lokativ Plural von ***Drevane** – „Waldleute" zu urslaw. ***drevo** – „Wald, Holz",
also „bei den Waldleuten"[828].

Troin:
Flur in den Bergen nordöstlich von *Murau*: am Troyn 1305. Mdal. „am troi(n)".
Dieses präindogermanische Wort bezeichnet einen eingezäunten Weg zwischen Feldern für den
Viehtrieb, auch einen Hohlweg. Auszugehen ist vielleicht von einem voridg. ***troju -** „Fußweg, Steig,
Holzschleife".

Tschakathurn:
Ruine bei *Scheifling*, VB *Murau*: Schachen ob Schevfling 1315, der Schachenturn 1492, im
Tschachen 1479, der Schachenturn 1897.
Dt.: „Der Turm am *Schachen*". Die modernen Formen sind durch eine Zusammenziehung eines
allfälligen „ze dem Schachen", mdal. „ts´ soxn" entstanden.
EA: Csaka bedeutet im Ungarischen „Aussichtswarte, Spähturm" (persönliche Mitteilung Dr. J.
Andritsch, Judenburg). Auf diesem Turm ist ein einschildiges Rittergeschlecht, das Lehen nur mehr
empfangen, aber nicht vergeben durfte, die **Schachner,** nachgewiesen. Vgl. *Tschekel* und + *Scheckel*.

Tschekel:
Gehöft in *Paisberg*, OG *Eppenstein*, VB *Judenburg*.
Zum Namen siehe + *Scheckel*.

---

[828] StON, S. 49.

+ alpis Tultental:
Abgekommene *Alm* östlich der *Ingering*, 1174 urkundlich erwähnt.
Zu mhd. **dult** - „die Feier, das (religiöse) Fest", nach Kessler also ein religiöser Name, der ihr vom Stift *Seckau*, dem die Alpe gehörte, gegeben wurde. Das ADN nennt das Tultental als vermutliches Seitental der *Ingering* und hält den ON für eine Zusammensetzung aus ahd. **tal** - „Tal" und dem dt. PN **Dulto**. Dieser ist lediglich in seiner weiblichen Form als **Dulta** belegt[829], seine Bedeutung ist unklar.

+ der Tumpen:
Ein Acker bei *Kurzheim*, VB *Judenburg*: Urkundlich im Jahr 1487 erwähnt.
Bair. „ der **Tumb**" (mhd. **tuom**) bezeichnet ursprünglich den „Dom". Später definiert man damit ein rechtliches Maß für Kirchenwidmungen, namentlich an Marienkirchen. Es handelt sich in diesem Falle um solch ein Grundstück.

Turrach:
Dorf, Berggegend und Passübergang nach Kärnten im VB *Murau*: dieTurah ca. 1089. Mdal. „tuarax". Das „Dürrach" ist eine Kollektivbildung zu „die Dürr, Durr" - „Baum, der auf dem Stamm abgestorben ist, Dürrling". Man sagt, „die Dürr steht, die Ron liegt". So auch Kranzmayr, der ein deartiges Ried bei Reichenau erwähnt[830]. Vgl. *Ran(n)ach, Ronach*).

Türkenkar:
Berg in der *Gaal*: 1360 Dultenchar.
Zur Etym. siehe +*alpis Tultental*. Die moderne Schreibweise stellt eine Umdeutung auf die Türken dar, verbunden mit einer schaurigen Sage über gequälte Christen. Zu -**kar** siehe *Karrer*.

Türkentörl:
Höhe zwischen dem Lenzmoarkogel und dem Wildeggkogel in den OG *Rachau* und *St. Lorenzen*. Auch um diesen Ort rankt sich eine Türkensage[831]. Eine etym. Ableitung ist nicht bekannt, jedoch dürfte auch dieser ON nichts mit den Türken zu tun haben.
Siehe + *alpis Tultental* und *Türkenkar*.

Ugendorf:
Weiler östlich von *St. Margarethen bei Knittelfeld*: Uogendorf, Ungendorf 2. H. 12. Jh. Vogendorf 1290, Vgendorf 1360.
Dieser ON weist sicher besitzanzeigenden Charakter auf und dürfte auf einen sonst nirgends belegten ahd. PN **Uogo** zurückzuführen sein.
Bahlow nennt als PN **Hug**-bald und **Hug**-bert, mhd. **hügen** bedeutet „denken, sinnen, sich freuen", **Hug**in heißt ein Rabe des Wotan („Gedanke")[832]. Ahd. **hugu** bedeutet „Gedanke, Verstand, Geist, Sinn"[833]. **Hugbald** heißt also ungefähr „der mit/in/ durch Gedanken Kühne", **Hugbert** wäre „der Gedankenprächtige". Das Nichtvorhandensein des „H" in den Urkunden lässt sich aber nicht wegdiskutieren.

(der, das) Umadum:
Dt.: „Von einem Kreis (Graben) umgebene(r) Fläche, Hügel".
a) Der Umadum in der KG und OG *Kammern*, VB *Leoben*: Turmhügelburg auf einem Ausläufer des Kienberges. Sie dürfte im 12. – 13. Jh. errichtet worden sein[834].
b) Das Umadum: Ma. Turmhügel im Hinteren Geierleitengraben, OG *Rachau*, VB *Knittelfeld*[835].

---

[829] ADN, S. 292.
[830] ONK II, S. 231.
[831] AW, S. 71.
[832] DNL, S. 251.
[833] DNF, S. 761.
[834] Werner Murgg (2010). In: Beiträge zur Mittelalterarchäologie in Österreich 26/2010, S. 159.
[835] AW, S.76f.

+ undrima:
Alter Name der *Ingering.*

Ungern:
Flur in der KG *Kraubath*, VB *Leoben*: Nuegaren 1145.
Die Herkunft des ON ist unklar. Vielleicht ist diese echte -ern- Ableitung als „*Nüegelaren" (zu mhd.
nüegel - „der Hobel") zu lesen - „bei den Hobelleuten, Tischlern". Oder es handelt sich um eine
Zusammenziehung von „bi den-Wegaren" - „bei den Leuten am Weg". Es gibt in Niederösterreich
einen ON „Ungendorf", dessen Name als Verbindung von *–dorf* und ahd. Ungara - „Ungar"
angesehen werden kann[836]. Ahd. hungar bedeutet aber „Hunger, Mangel"[837]. Schließlich gäbe es
noch einen altdt. PN Hûngêr [838], der aus ahd. Hun und ahd. ger - „Speer" zu bestehen scheint.
Vgl. die Ableitung von *Ingering.*

+ Untermiesbacher:
Nach M. Schiestl Flur und Gehöft im *Möschitzgraben*, VB *Judenburg*: guet genant das Rustpach
1412, der Rustzpach, der Ruczpacher 1417, die Miespacher hueb 1425, Miesbacher 1535,
Miesbacherhube 1633[839].
Von bair. rust, ruster - „der Bach, an dem Ulmen stehen". Der Name mies gehört möglicherweise zu
ahd. mis - „Mangel haben, entbehrend".
EA: Mhd. mies bedeutet „Moos". Dieses Wort wird mdal. oft „mias" gesprochen. Es könnte sich
um einen „Unteren Moosbacher" gehandelt haben, der ursprünglich „Ulmenbacher" hieß. Vgl. + *(der)*
Ruestbach.

Unzdorf :
a) Bei *Scheiben*, OG *St. Georgen ob Judenburg*: Hvntesdorf 1260, Hunzdorf 1330. Mdal. „huntstorf".
b) Bei *Allersdorf*, VB *Judenburg*: Hvntstorf 1278, Huntesdorf 1297, Vncztorf 1361, Hundsdorf 1425.
c) Bei *Knittelfeld*: Huntesdorf apud Underim 1163, Huntsdorf prope Vndrim 1183, Hunczdorf 1398.
Nach Kessler dt.: „das Dorf der Hunde". Es handelt sich um eine Verpflegsstation der
landesfürstlichen Hunde. L-H führt den ON auf den altdeutschen PN Hunt zurück[840]. Baravalle
erwähnt hier einen kleinen Edelhof, auf dem im 12. und 13. Jh. das gleichnamige Edelgeschlecht
saß[841].

Unzmarkt:
Ortschaft westlich von *St. Georgen ob Judenburg*: chirche s. Marein Magdalen ze Huntsperch 1311,
Hunczmarcht 1324, Hundsmarkt 1387.
Zur Deutung siehe *Unzdorf.*

(der) Ursprung:
Quellflur bei *Zeutschach*, VB *Murau*: der Vrsprungen 1340, der Vrsprung 1435. Mdal. „am uᵃsprung".
Dt. ON - „da, wo ein Bach entspringt, Quelle".
EA: In einer Senke nahe dem Ort *Zeutschach* entspringt eine starke Quelle (Tiefenquelle, „Waller").

Ursprunghube:
Gehöft und Ried südwestlich von *St. Peter ob Judenburg*: ain gut gelegen am Vrsprung 1423, da der
Vrsprunger aufsiczt in sand Peterspharr.
EA: Nach der ÖK Nr. 160 entspringt etwa 500 m nordöstlich des Gehöftes ein Gerinne. Es handelt
sich um einen Hof nahe einer Quelle. Vgl. *(der) Ursprung.*

---

[836] ADN, S. 1071.
[837] ADN, S. 543.
[838] ADN, S. 543.
[839] ONJ, S. 40.
[840] StON, S. 120.
[841] BS, S. 305.

145

Urtel:
a) Flur und Rotte bei *St. Lorenzen bei Scheifling*, VB *Murau:* in der Vrtel 1409.
b) Flur westlich von *Neumarkt:* Nach L-H Vrttel 1359[842].
Dt.: „Die Gegend, die einst durch ein Gerichtsurteil jemandem zugesprochen wurde". Mhd. **urteil(e)** -
„richterliche Entscheidung".
Über diese *Urtel* gibt es auch die Sage von einem durch List erschwindelten Acker. Ähnliche
Ortsnamen in der Obersteiermark sind: *Streitwiese(n)*, *Urtel*acker, + *Urtelfeld*.

+ Urtelfeld:
Flur bei *St. Peter ob Judenburg:* in Vrtel pey der Muer 1300, in dem Vrtai 1452l, das Vrtail veld 1469,
das Virtailfeld 1476, ackher ... in Sant Petterambt ob der statt Judennburg im Vrtailveld 1538, das
Urtlfeld, Uorfeld 1588[843]. Siehe *Urtel*.

+ Uuolfratesdorf:
Abgekommene Siedlung an der *Pöls* in der OG *Fohnsdorf*, VB *Judenburg*[844]. Der ON wird in einer
Urkunde aus 1030, spätestens 1041, erstmals erwähnt. Wolgerestorf 1140, Wolfenstorf 1346,
Wolferstoerff 1386, Wolfferstoerff an der Pelsen 1441, Wolfstorf 1443.
Vom ahd. PN **Wolfrât** („Wolf" und „Rat") das Dorf des Wolfrat. L.H denkt an einen PN **Wolfgêr**
(„Wolf" und „Speer")[845].

+ Vedigust:
Siehe *Feeberg*.

Velden:
Rotte und Schloss bei St. Veit in der *Gegend*, VB *Murau:* Velden 1309, Veld 1413, Veldern 1471,
Velden 1498.
Nach der urkundlichen Form von 1471 wohl zu mhd. **veldaeren** - „bei den Leuten im Feld, in der
ausgedehnten Niederung". L-H stellt den ON zu mhd. **vëlt** - „freie Fläche, Feld, auch Ackerfeld"[846].

+ Vinsterpelse:
Ehemaliger Name des *Authales* und Auwinkels in *Bretstein*, im Jahr 1245 urkundlich erwähnt.
Dt. ON: Die „finstere *Pöls*en". Siehe *Pöls*.

+ Viscellae, Viscellis:
Name der 7. Station der Römerstraße Virunum - Ovilava (Zollfeld - Wels), ihr Standort wird etwa in
der Gegend von Unter*zeiring* - *Möderbrugg*, VB *Judenburg*, angenommen.
Vermutlich gehört der ON zu irisch **usce, uisge, esc** (uisge sprich isch´gi) - „Wasser, Sumpf"; vgl.
altcymrisch ***uisc** - „Wasser". Siehe aber die Anmerkungen zu *Möderbach*.
EA: In der unmittelbaren Umgebung von *Möderbrugg* fallen die ON Zwischenwässer, Möderbach,
Mitterspiel auf, allesamt Gewässernamen. Die Flur südlich von *Möderbrugg* heißt laut Kataster **Zelle**.
Allerdings wird auch ein Ried in der Gemeinde *St. Peter ob Judenburg* „Zöllen" genannt.
Gottfried Somek schließt aus der Namensgebung **peri kellas** - bei den Höhlen - darauf, dass der
Silberbergbau im *Zeiring*er Bereich schon zur Zeit des Königreiches Noricum bestanden hat[847]. Vgl.
Zöllen.

---

[842] StON, S. 193.
[843] ONJ, S. 41.
[844] Brunner, Fohnsdorf, S. 550ff.
[845] StON, S. 121.
[846] StON. S. 138.
[847] Gottfried Somek (2004): Noreia und die Tabula Peutingeriana. In: Carinthia I 2004, S. 305.

Vockenberg:
Berg und Rotte bei *Mariahof*, VB *Murau*: Vvkkenperge 1181, Vokkenperge 1223, Vochebperg 1316.
Vom ahd. PN **Focko** - „Berg des Focko". L-H nennt einen PN **Fokko**[848]. Der PN könnte nach Bahlow
zu einer Kombination mit **Volk**- gehören, wie Volk-mar, Volk-walt[849].
EA: Man fand dort in der Vergangenheit eine Herdstelle sowie ein Steinbeil (Nachricht von OSR Josef
Reichenpfader, *Mariahof*). Nach Baravalle hat hier ein Edelhof oder Wehrbau bestanden, auf dem die
„Vokkenberger" saßen. Als erster dieses Geschlechts erscheint urkundlich am 25. 12. 1181 Poppo
(Robert) de „Vockenperger"[850].

Vormacher:
Gehöft nordwestlich von *Fohnsdorf*, VB *Judenburg*: am Vormach ob Vanstorf 1468, am Varmach,
Farmach 1493.
Etym.: Eine Kollektivbildung zu „**Farm, Form**" - „der Farn" - „das Gelände, das von viel Farnkraut
bestanden ist".

+ Vorwitzhof:
Bei *Puchschachen* nordwestlich von *Knittelfeld*: Forwiz 1159, curia Worwiz 1174, Voruwiz 2. H. 12.
Jh. curia iumentalis Vorwiz 1202, Varbicz 1428. Aus dem Jahr 1171 ist eine alpis Vorwich
urkundlich belegt.
Etym.: Von slaw. ***borovica** - „die Föhrengegend, der Bach, an dem viele Föhren wachsen, der
Föhrenbach". Wie die urkundliche Tradition zeigt, wurde der ON in zwei Formen ins Dt. entlehnt,
nämlich als **Vorwich** und als **Forwiz**. Es gibt noch heute die Bezeichnungen „Vorwitzbrandl" als
Vulgonamen für ein Gehöft und ein Jagdhaus „Vorwitz"; der Graben in Richtung *Seckauer Zinken*
heißt „Vorwitzgraben".

+ Vuigantesdorf:
Nordwestlich von *Neumarkt*, VB *Murau*: Ca. 1066 urkundlich erwähnt.
Vom ahd. PN **Wigant** „Dorf des Wigant". Mhd. **wigant** - „Kämpfer, Recke".

Waasen:
Pfarre in *Leoben*: s. Maria Liuben 1160, Vnser Fraw auf dem Wasen 1409, Vnser Fraw am Waseb
1445.
Mhd. **wase** - „Rasen". **Wasen**, der weitaus volkstümlichere Ausdruck als „Rasen", bezeichnet die
Grasnarbe, manchmal auch einen lieblichen Wiesengrund, einen Anger. L-H leitet den ON ebenfalls
von mhd. **wase**, ahd. **waso** ab und übersetzt diesen Begriff mit „ Rasenfläche, (feuchter) Boden,
Flusswiese"[851].

Wabitzer:
Gehöft bei *St. Marein bei Knittelfeld*. Mdal. „wawitza oder woawitza".
Etym.: Vermutlich von slaw. **babec** - „der Ort der Weiber" oder von slaw. **babica**. - „das kleine, alte
Weib" (als Hofname).

+ der Wagram:
beim Dorfe *Liesing*, VB *Leoben*: ca. 1500 genannt.
Dt.: Der Wagram ist der Abhang, bis zu dem bei Hochwasser die Wogen des Flusses gelangen. Siehe
+ *Wagrein*.

---

[848] StON, S. 133.
[849] DNL, S. 145.
[850] BS, S. 521.
[851] StON, S. 157.

+ Wagrein:
Flur östlich von *Stret*t*weg* auf der *Mur*terrasse im Bereich der heutigen Murtalschnellstraße, VB
Judenburg: vnderm Wagrein an dem Hekkinger 1394, im Muerfeld . . . unter dem Wagrain unter den
dreyen Khreyzen 1551.
M. Schiestl verbindet das Wort mit mhd. **wac** - „bewegtes, wogendes Wasser". *Wagrein* ist der „über
dem Fluß befindliche Rain, das Hochufer"[852]. L-H führt den ON auf ahd. ***wâgrein*** aus ahd, * **wâg** -
„bewegtes, wogendes Wasser" und ahd. **rein** - „Rain, Flussterrasse" zurück.

+ Walchacker:
Flur bei *St. Peter ob Judenburg*: die Walchaecker 1452.
Mhd. **walch** - „Welscher, Romane"; der Acker, der nach einem Welschen benannt ist, der „Acker des
(eines) Welschen". L-H führt dazu aus, dass der PN **Walcho** auf ahd. **wal(a)h** – „Walche, Romane",
ursprünglich „Kelte", beruht. Der Name geht zurück auf den gallischen Volksstamm der **Volcae**. Im
Zuge der fortschreitenden Romanisierung Galliens wurde wurde mit **Volcae** die romanische
Bevölkerung bezeichnet[853].

Walchengraben:
Seitengraben des Großen *Feistritz*grabens bei *Rothenthurm*, OG *St. Peter ob Judenburg*.
Siehe + *Walchacker*.

Wald, -wald - Namen:
Mhd., ahd. **walt** bezeichnete ursprünglich das nicht bebaute Land. Es ist vielleicht mit der Wortgruppe
lat.**vellere**- -„rupfen, zupfen, raufen" verwandt und bedeutet dann eigentlich „gerupftes Laub"[854].
L-H umschreibt die Bedeutung dieses Wortes mit „ „unwirtliche Landschaft"[855].

Wald am Schoberpass:
Ortschaft am Schoberpass, VB *Leoben:* Vualde ca. 925, Gaizzerwalde ca. 1080, Gaizerwald ca. 1175,
Gaisserwalt 1324, s. Chinigund in dem Walt 1418.
Dt.: „Im Walde, im Wald der Ziegenhirten"; vgl. mhd. **geizer** =„Ziegenhirte" sowie das nahe
Gaishorn. Zu *Wald* siehe dort.

Wallersbach:
Flur, Dorf und Bach in der KG *Frauenburg*, VB *Judenburg*: im Waldersbach 1421, der Walderspach
1437, im Walersbach 1455, 1897 Waltersbach (Zahn).
Vom ahd. PN **Waldhêr**. Die Formen mit -**ll**- beruhen auf Assimilation. Siehe *Waltersdorf* und
+ *Waltinpurch*.

Walpurgiskirche:
Siehe *St. Waldburg*.

Waltenbach:
Bei *Niklasdorf*, VB *Leoben:* Waltenpach 1140, Waltinpach 1160, Waltenbach 1393.
Wohl zum ahd. PN **Waltin** „der Bach des Waltin" gehörend.
Nach Baravalle gibt es hier einen Kohlmayrhof, der 1160 an das Stift *Admont* ging. Nach bäuerlicher
Überlieferung soll an seiner Stelle ein „Ritter*g*schloss" gestanden sein[856]. Siehe auch *Lindmayrhof*,
Waltersdorf und + *Waltinpurch*.

---

[852] ONJ, S. 41.

[853] StON, S. 30.

[854] Duden Herkunftswörterbuch, S. 798.

[855] StON, S. 148.

[856] BS, S. 382.

Waltersdorf:

Weiler nördlich von *Judenburg*: Waltensdorf 1177, Waltinsdorf 1184, Waltendorf 1465.
Dt.: „Das Dorf des **Waltîn**", nach M. Schiestl eine Kurzform zu **Walthari**, „der im Heer
Waltende"[857]. Baravalle erwähnt einen Hof nordwestlich von *Judenburg* am rechten Talhang des
*Pöls*tales als Adelssitz eines gleichnamigen Geschlechtes, das erstmals 1301 aufscheint. Die letzte
Nennung der *Waltersdorf*er erscheint mit Chunz im Jahr 1366[858].

+ Waltinpurch:

Abgekommene Burg im im *Liesing*tal, VB *Leoben.*
Der PN **Walther** bedeutet „der im Heer Waltende"[859].
Wo die Burg stand, ist unbekannt. Zur Etym. siehe *Wallersbach, Waltersdorf, Waltendorf.*

Wandritsch:

Rotte und Gegend bei *St. Georgen ob Murau*: die Wodez ca. 1300, die Wanders, Wodeschze, Woderz,
an der Wandritsch 1303, Wanderichs 1323, Wanttritsch ca. 1450, die Wandritsch 1464. Mdal. „ti
wandrits".
Bei diesem ON ist vermutlich von aslaw. ***(v)o(n)dreha** auszugehen, einer Koseform zu **O(n)draz** -
„Andreas", bzw. von einer **-ica**-Ableitung dazu, etwa ***(v)e(n)dresica** - „die Gegend des
(V)e(n)dreha".

Wang, -wang:

Ahd. **wanga** - „baum-, gebüschbestandene Niederung, Tallandschaft". ON mit -wang fallen in die ahd.
Siedlungsperiode. Siehe auch + *Rotte apud Wenge.*

Warbach:

Flur in der OG *Obdach*, VB *Judenburg*: Warpach 1. H. 14. Jh. Wartbach 1434.
Zu mhd. **warte** - „die Warte, Aufsicht, Hut". Kessler leitet den Begriff aus der Jägersprache ab: „Wo
sich das Wild aufhält, seinen Wechsel hat".
EA: Ich glaube, dass sich der Gewässername von einer abgekommenen Burgstelle, vielleicht von
einem Edelsitz, herleitet. Die frühere Hofanlage des vlg. Korbmoar käme dafür in Frage.
Vgl. *Obdach* und *Lauslingbach.*

+ Warfen:

Flur bei *Judenburg* an der *Mur*: wissen . . . bey der Muer genant der Warfen 1587.
EA: M. Schiestl, der diesen ON anführt, gibt dazu keine Erklärung[860]. Im SWB wird **Warf, Wurf** für
„Sensen– und Sichelstiel" erwähnt[861]. Vielleicht besaß die Wiese diese langgestreckte Form oder es
hängt das Wort mit ahd. **hwerban**, mhd. **werben**, „sich drehen, sich bewegen, sich umtun, bemühen"
als Bezeichnung für einen Wasserwirbel (der Mur) zusammen[862]. Zum ON **Werfen** im Pongau wird
mhd. **wĕrve** – „Wasserwirbel, -strudel" genannt[863]. **Warf (Wurt(e))**heißt auch ein aufgeworfener
Erdhügel im norddeutschen Marschland. Im Englischen bedeutet **wharves** (Plural) „Kai". **Warf**
bedeutet aber auch „Schrannengericht"[864].

Wasendorf:

Teil der OG *Fohnsdorf*, VB *Judenburg*: Weissendorf 1172, Waissendorf 1181, Waischendorf 1267,
Waessendorf 1277, Wessendorf 1295, Weisendorf 1897.

---

[857] ONJ, S. 42.
[858] BS, S. 282.
[859] DNL, S. 530.
[860] ONJ, S. 42.
[861] SWB, S. 243.
[862] Drosdowski, Duden Herkunftswörterbuch, S. 808.
[863] ADN, S. 1118.
[864] Haberkern/Wallach, Hilfswörterbuch für Historiker, S. 149.

Dt.: „das weiße Dorf, das Dorf, in dem die Häuser weiß gestrichen sind". L-H leitet den ON vom PN **Wîsso** her[865]. Dieses Wort hängt mit ahd.**visan** - „anführen, regieren" oder mit ahd. **vizan** - „wissen" bzw. mit ahd. **vizo** - „klug, weise" zusammen[866].
Baravalle nennt einen hier im 12. Jh. bestehenden Hof, auf dem 1184 Gerung von Wasendorf, ein Dienstmann der *Liechtensteiner*, saß[867]. Vgl. *Weißendorf.*

Wasserberg:
Schloss und Flur in der *Gaal*, VB *Knittelfeld.*
Als Gegend: silua Wazerberc siue Trigowle 1174, die Trygaell, da die Gaell in die Vndring rinnet 1349.
Als Burg: ad undrimam, daz hus ze Wasserberc (Ottokar, Reimchronik, Vers 14 021), castrum Seccoburch, qui locus antea Wazzerberch 1313 vocabatur, castrum Seccoperg 1482, gslos Wasserberg 1498, castrum Wasserberg 1499.
Dt: „Berg am Wasser, an den Wassern". L-H hält den ON für eine Bezeichnung eines nahe dem Wasser (ahd. **wazzar**) befindlichen Berges, der auch den Namen **Trigowle** – „Dreikopf" führte[868].
EA: Damit muss der *Seckauer Zinken* gemeint sein, der als einziger Berg im gesamten Bereich der *Seckauer* Tauern einen „Dreikopf" bildet. „Am Wasser" - zumindest von der *Gaal* aus gesehen, liegt der *Zinken* allerdings nicht, wenn man vom *Zinken*bach absieht. In *Wasserberg* mündet aber der *Gaal*bach in die *Ingering.*
1261 scheint als Burggraf des Bischofs von *Seckau* ein Otto von *Wasserberg* auf. 1450 umgab Friedrich III. von Bäreneck den Sitz mit Mauern und einem Graben. Im 15. Jh. enstand hier die Sommerresidenz der Bischöfe von *Seckau*[869].

Wasserleit - Namen:
Häufige Ortsbezeichnung im Obermurgebiet. Es handelt sich stets um ein künstliches Gerinne oder um ein reguliertes Fließgewässer.
Zum Beispiel:

+ die Wasserlait:
a) Zwischen Ober- und Unter*zeiring*, VB Judenburg: im Jahr 1424 erwähnt (vgl. *Burgstallofen*);
b) bey s. Margarethen in der *Glein* 1470 (VB Knittelfeld, im Bereich der *Stehringmühle* an der *Glein*straße). Siehe *Wasserleit - Namen.*

Wasserleith:
Teil der OG *St. Marein bei Knittelfeld*: die Wasserleit 1385, in der Wasserlaitt 1447, die Wasserlaid 1493.
Baravalle erwähnt hier einen kleinen Wehrbau, weil 1425 Peter Partz, ein *Judenburger* Bürger, eine Wiese verkaufte, die hinter dem „Purckstall" gelegen war. Dieser Burgstall kann auch hinter *Prankh* gelegen sein, da J. v. Zahn, ZOB, eine „Wasserleit beim *Fressenberg*" erwähnt[870]. In Wasserleith soll es bereits im 2. Jh. n. Chr. Hämmer gegeben haben. Um 1140 müssen sie schon bestanden haben, da ihr Lärm angeblich die Mönche des Chorherrenstiftes in *St. Marein bei Knittelfeld* gestört haben soll. Erwähnenswert sind in diesem Ort Hammerwerk und Herrenhaus, die auf eine lange Tradition zurückblicken[871]. Siehe *Wasserleit - Namen.*

---

865 StON, S. 120.
866 W. Brunner, Fohnsdorf, S. 545.
867 BS, S. 282.
868 StON, S. 186.
869 AEA, S. 58ff.
870 BS, S. 307.
871 AEA, S. 123ff.

Watschaller:
Gehöft bei *Murau*: an der Watschar ze Predlitz 1433, an der Watschl ca. 1450, in der Wetschad 1464, die Watschl 2. H. 15. Jh. Mdal. „wotscholla".
Die **Watschar, Wadschal** bezeichnet einen bestimmten Anteil bei der Verteilung eines größeren Grundstückes.

Watzenbach(er):
Graben und Gehöft in der OG *Rachau*, VB *Knittelfeld*: im Waczenbach 1437 [872].
Der Graben wird in der Karte des Österreichisichen Vermemssungsamtes, 1:25.000, Bl. 162, als „Walzenbach" bezeichnet. Zur Etym. siehe *Watzendorf* und *Wazkogel*.

+ Watzendorf:
Im Mittelalter Vorort von *Judenburg* bei *Grünhübl*: Watzendorff 1349, Watzndorff 1389, Waczendorf 1425, ze Judenburg on der stat ze Waczendorf stössent mit dem ain ort an Galigen 1462, Wazenndorff 1506. Weitere Komposita, alle im Judenburger Raum, sind Watzenhof, Watzenbichl und Watzendorfer Feld. Nach J. Andritsch vom ahd. PN **Wazo** „Dorf des Wazo"[873]. Ein weiterer Ort dieses Namens wird nach L-H südöstlich von *Neumarkt* im Jahr 1386 erwähnt. Dieser ON wird ebenfalls vom PN **Wazo** abgeleitet[874].
EA: **Wazo** könnte eine Kurzform zu **Walther** darstellen.

Wazkogel:
Berg westlich von *St. Peter ob Judenburg*: Waytzkogelperg 1464 und 1465, an dem Waizberg 1463, Weizkogel 1885, Watz Kogel 1912.
L-H erklärt den ON „Weiz" in der Oststeiermark mit „(Aus)sicht, Aussichtspunkt" und stellt ihn zum slow. Ortsnamen **videž** mit eben dieser Bedeutung[875].
EA: Im ONJ ist keine Etym. angegeben[876]. Dieser Berg bietet in der Tat eine weite Sicht ins *Pöls-* und *Mur*tal.

Weg, -weg:
Dt.: „Weg", vom ahd. und mhd. **wec**. Das Wort hängt mit dem idg. ***uegh** - „sich bewegen, fahren, schwingen, ziehen" zusammen.

Weghube:
Gehöft in der *Winterleiten*, OG *Obdach*, VB *Judenburg*: am Weg 1424; Weghube 1893.
EA: Dt. ON - die „Hube am Weg".

+ Weißendorf:
Baravalle erwähnt diesen ON mit der Anmerkung, dass sich dessen Lage nicht bestimmen lässt. Man könnte auch *Wasendorf* als Weißendorf verschrieben haben. Ein Gerungus de Weißendorf scheint erstmals im Jahr 1181 in einer Urkunde auf[877]. Vgl. *Wasendorf*.
+ Weißenthurn:
Abgekommener Edelsitz in *Weißkirchen*, VB *Judenburg*. Nach Baravalle dürfte der Edelhof neben der Kirche gestanden sein[878]. Die heute noch vorhandenen geringen Reste des Schlosses liegen in der Nähe des *Granitzen*baches.

---

[872] Ra. S. 334.
[873] ONJ, S. 42.
[874] StON, S. 120.
[875] StON, S. 50.
[876] ON,S. 4.
[877] BS, S. 282.
[878] BS, S. 283.

+ Weite Alm (Alpe):
Ehemaliger Name des *Zirbitzkogels* und der *Seetaler Alpe(n)*, VB *Judenburg*.
Ursprünglich: **Weidalm**, „die „Alm, auf der Vieh geweidet wird". Die heutige „Weite Alm" stellt nach Kessler eine Umdeutung dar.
EA: Diese Erklärung ist aus folgenden Gründen sehr unbefriedigend:
1. Schon topografisch handelt es sich um eine ausgedehnte Almgegend, nämlich um den westlichen Teil des *Zirbitzkogels*.
2. Andere als „Weidealmen" gibt es nicht. Was soll man denn, wirtschaftlich gesehen, auf einer Alm tun, als dort Tiere zu weiden? Also wäre es nichts Besonderes, dass eine Alm beweidet wurde und daher auch nicht sinnvoll, diesen Umstand besonders zu betonen. Vielleicht könnte für eine Deutung der ladinische ON **Pralongia** (lat. **pratum longum**) als Parallele herangezogen werden, der „lange(gestreckte) Wiese (Alm)" bedeutet und eine solche Namengebung nachweist.
3. Hinzu kommt, dass eigentlich die übrigen Almen andere Namen tragen, obwohl sie ja auch beweidet wurden, z. B. die *Stanglalpe*. Vgl. *Weitenbichl*. Zu *alm* siehe dort.

Weitenbichl:
Bei *Kulm am Zirbitz:*, VB *Murau*: Weitenpuechel 1347.
Dt: „Der weitgestreckte Bichl". Vgl. das unter *Weite Alm* Ausgeführte.

Wenischgraben:
OG *St. Oswald-Möderbrugg*, VB *Judenburg*.
Als Bach: Wengerpach 1322, im Wenigerpach 1450, der Wengerpach 1486.
Zur Ableitung siehe *Wang*. L-H bedeutet dieser ON „kleiner, nur wenig Wasser aufweisender Bach".
Das Wort wird von mhd. **wênec, wênic** – „klein" abgeleitet[879]. Vgl. + *Rotte apud Wenige*.

+ Werfenstain:
Nordwestlich von *Pöls*, VB *Judenburg*, angenommen und im Jahr 1480 erwähnt. Vielleicht ein mit einer Sage zusammen hängender Name.
EA: Kessler erläutert leider nicht, was ihn zu der Überlegung führt, es handle sich um einen mit einer Sage in Verbindung stehenden Namen. Auch schweigen diesbezüglich sowohl alle mir zugänglichen Arbeiten über Sagen, als auch Baravalle. Demnach sollte man in diesem Gebiet einen Turmhügel suchen. Siehe auch *-stein* und *Falkenberg*. Im Ortsteil *Götzendorf* der OG *Oberkurzheim* besteht ein Gehöft mit dem Vulgonamen „Steiner". **Werf** bedeutet im Steirischen „Hacken- oder Sichelstiel"[880], **Warf** ist aber auch ein Ausdruck für „Schrannengericht"[881]. Zu *-stain* siehe *Stein*.

+ Wergelhube:
Südwestlich von *Judenburg*: in der feistritz 1443
Mhd. **wergel** - „Grünfink, Neuntöter".

Wetzelsberg:
Berg und Streusiedlung bei Pichlhofen, OG *St. Georgen ob Judenburg*: Petzmannsperge 1285, Becelsperge 1288, Wezzelsperg 1314, der Beczes-, der Weczelsperg 1356, am Weczelsperg 1461.
Wohl vom ahd. PN **Wezman** bzw. einer Koseform **Wezeli** „Berg des Wezman".
EA: Nach Bahlow gibt es eine Kurzform **Wetz** zu **Werner** (germ. **warin-hari** - „wehren, schützen" und „Heer"), **Petzmann** könnte aber auch eine Kurzform zu **Peter** darstellen[882].

Weyer:
Schloss südlich von *Judenburg*: Sannthof bey Judenburg 1460, ob dem Sannthoff bey Judenburg im Purpachgraben 1480, Weyr 1609, gschloss Weyer 1615, Santhoff, so man iezo schloss und adelichen siz Weyer nenet 1631.

---

[879] StGN, S. 31.
[880] SWB, S. 248.
[881] Haberkern/Wallach, Hilfswörterbuch für Historiker 1, S. 149.
[882] DNL, S. 546.

152

Von mhd. **sant** - „Sand", „Hof auf sandiger Fläche". Der Name „Weyer" ab dem Ende des 16. Jh. stammt wohl von den angelegten Teichen[883]. L-H führt die „Weyer-Namen" auf ahd. **wîwarî, weîâre,** mhd. **wîwœre, wîœre** - „(Fisch)Teich, Weiher" zurück[884]. Baravalle berichtet von einem Bauernhof (eben dem *Sandhof*), der von alters her zur Herrschaft *Liechtenstein* gehört hat. Den schlossartigen Charakter erhielt das Gebäude, als Wilhelm Grasswein es zu Beginn des 16. Jh. erwarb und ausbaute[885].

+ Weyern:
Abgekommener Wehrbau südwestlich von *Knittelfeld*, geschützt von den Flussläufen der *Mur* und der *Ingering*. Die Ritter von Weyern werden im 12. Jh. als Vollfreie genannt[886]. Zur Namenserklärung siehe *Weyer*.

Weyerngraben:
Südlich von *Judenburg*: der Weyergraben 1385, ob dem Sannthoff bey Judenburg im Purpachgraben 1480.
EA: Nach der frühen Nennung dieses Grabens (vor dem Sannthof 1460), scheinen sich hier wohl schon zu Ende des 14. Jh. Teiche befunden zu haben. Siehe *Weyer*.

+ (am) Widem in Lessnitz:
Südöstlich von *Murau,* im Jahr 1469 erwähnt.
Diese häufige Flurbezeichnung nennt die einer Pfarrkirche gestifteten, nutzbaren Gründe; wie auch der Widemhof bei *Niederwölz*. Im Tirolischen wird dafür der Ausdruck „Vidum" verwendet. Varianten zu diesem ON sind auch Wieden, Wiedenhof, Wiedner.
EA: Kelt. **wit, wid** bedeutet „Holz" wie bei Kranewitt – „Krähenholz", ebenso ahd. **widu**.

Wiegen:
Berggegend südlich *Dürnstein* in der Steiermark, nördöstlich von Friesach, VB *Murau*: Wiegen ca. 1440.
Der ON ist dt. Das Gelände sieht hier wie eine große Wiege aus (Gestaltname).

Wildbad Einöd:
Siehe *Einöd*.

Wildsee:
See in den *Seetaler Alpen*, VB *Judenburg*: a lacu Wildense 1181, Wildensee1470 - 75, Wildsee 1618.
L-H nennt den See „Wildensee" und deutet den ON als „See in unzugänglicher, ungepflegter Gegend"[887].
EA: Zu diesem Gebiet gibt es Sagen von „Saligen Fräulein", die sich im Gewässer aufhalten sollen.

Wimml:
Rotte und Gegend bei *Laßnitz ob Murau*: das Wimol 1335, das Wymel 1443, an dem Wymol pey der Lazznitz 1354, am Wiemol 1443, Wimmel 1897.
Der Name stellt ein slaw. Kompositum aus slaw. *vi - „heraus" (ein Wort, das heute nicht mehr erhalten ist) und slaw. *mol - „Flußsand, Schotter, den ein Bach mitbringt, Gries" dar. Vgl. tschechisch **vymol** - „das Aufgeschwemmte".

[883] ONJ, S. 43.
[884] StON, S. 140.
[885] BS, S. 284.
[886] BS, S. 307.
[887] StON, S. 137.

+ Winckhl:

Flur bei *Baierdorf* in der OG *Schöder*, VB *Murau*: im Winckhl 1465.
Häufige Geländebezeichnung im Obermurgebiet für einsame, versteckte Talgegenden[888], so z. B. am Zusammenfluss von *Glein-* und *Rachau*bach in der OG *Rachau* „Acker auf dem Winkhl" beim vlg. *Raschbichler*[889].

Windberger:

Ried und Gehöft im *Feistritz*graben, OG *St. Peter ob Judenburg*: am Winperg 1425, Weinberger 1734. Entweder von mhd. **wint, wind** - „Wende, Slawe" ein Berg, der nach Slawen benannt ist, oder von mhd. **wint** - „Wind", der „Berg, der dem Wind ausgesetzt ist"[890].
EA: Da das Gehöft im Graben liegt, erscheint nur die erste Deutung sinnvoll.

Winden:

Ober- und Unterwinden; Ortschaften in der OG *Oberkurzheim* nahe *Unterzeiring*, VB *Judenburg*: Wineden sub Tauro inferiori ca. 1140, Winden 1235, Winden apud Zeirich 1300.
Dt.: „Bei den Winden, Wenden". Der Name weist also auf die Slawen hin. L-H führt als Bezeichnung für slawische Siedler ahd. **winid**, mhd. **wint, winde** an[891].
Baravalle erwähnt einen „Purkhoff zu Wünden", dessen Name die Erinnerung an einen Wehrbau vermutlich oberhalb der Ortschaft *Oberwinden* enthält. Der Vollfreie Amalrich von Kollnitz schenkte 1140 drei Huben zu Winden dem Stift *Admont*[892].
Vgl. auch die Bezeichnung „windisch" in den folgenden ON:
Windischbachgraben bei *St. Stefan ob Leoben*, *Windischberg* bei *Leoben*, *Windischbühel* bei *Schardorf*, *Windischdorf* (ehemaliger Name von *Sonnwenddorf* bei *Seckau*).

Winterleiten:

Landschaft und *Alm* nordöstlich des Kreiskogels in den *Seetaler Alpen*, VB *Judenburg*: in der Winterleyten 1421, Winterleiten 1434, in der Wintterleitten 1442.
Etym.: Dt.: „Die nordseitig gelegene *Leiten*".

+Wohlgrathof:

Nach Baravalle lag dieser Hof südlich von von *Judenburg* im *Oberweg*graben, unmittelbar östlich des heute bestehenden Hallenbades. 1630 scheint dafür der Name *Göltlhof* auf[893].
EA: Dieser Hof wurde 1971 abgetragen; in der Nähe soll ein alter *Judenfriedhof* bestehen (persönliche Mitteilung von Herrn DI. Liechtenstein, Judenburg). Eine Deutung dieses ON ist nicht bekannt. Vielleicht soll sich dain der Wunsch ausdrücken, dass hier alles wohl, nach Wunsch, geraten möge.

Wolfersbach:

Teil der OG *Kraubath*, VB *Leoben*: Wolmuotspach 1265, 1406, Wolferspach 1500.
Nach Kessler vom ahd. PN **Wolfmôt** - „Wolf - Mut". L-H leitet den ON vom ahd. PN **Wolmuot** ab[894]. Dieser ahd. PN lässt sich mit „walten, herrschen - Mut" übersetzen.[895]

+ Wolf(g)ersdorf:

Abgekommener Ort nahe *Fohnsdorf*, VB *Judenburg*: 1030/1041 Uolfratestorf, 1147 Wolfgersdorf.
In einer Urkunde aus 1140 scheint ein Gottfried von Wolfgersdorf als Ministeriale des Markgrafen von Steiermark auf, der zusammen mit seiner Frau Chuniza dem Stift *Seckau* eine Mühle an der *Glein* samt Acker sowie sechs Höfe „zu Hoffern" an der Mur überlässt. Er erhält dafür ein Gut zu

---

[888] ONJ, S. 43.
[889] Ra. S. 221.
[890] ONJ, S. 43.
[891] StON, S. 122.
[892] BS, S. 285.
[893] BS, S. 285.
[894] StON, S. 165.
[895] KVB, S. 415.

Wolfgersdorf[896]. Die letzte urkundliche Nennung der Wolfgersdorfer erfolgt am 26. 3. 1346 zu *Judenburg*.
EA: Zur Namensdeutung siehe *Wolkersdorf* und + *Uolfratestorf*.

+ Wolfratesdorf:
Siehe + *Uuolfratesdorf* und + *Wolf(g)ersdorf*.

Wolfsbichl:
Name eines künstlich herausgearbeiteten Hügels oberhalb des Schlosses *Admontbichl*, auf dem einst der Galgen stand.

Wolfsriegel:
Flurname nahe dem Gehöft vlg. Stoissecker in *Mitterbach*, OG *Rachau*, VB *Knittelfeld*: Der Flurname erinnert an Wolfsgruben, in die man Köder warf, um Wölfe zu fangen. Weitere „Wolfslöcher" sind aus der *Glein* überliefert und könnten mit der Wolfsplage nach den Pestjahren zusammenhängen [897].

Wolkersdorf:
Bei *Hafning*, VB *Leoben*: Wolfgerestorf 1140, Wolfkerstorf 1145, Wolfgersdorf 1352, Wolkerstorf 1480.
Dt.: Nach Kessler vom ahd. PN **Wolfger (Wolf** und germ. **gêr** - „Speer") „Dorf des Wolfger".
Baravalle nennt ein „Kegerl" (Punkt 713 der österr. Spezialkarte 1: 75000) südöstlich von *Trofaiach* und nördlich der Ortschaft Gmeingrube, auf dem der Wehrbau des Geschlechtes der *Wolkersdorfer* gestanden sein könnte[898].

+ Wolmutisdorf:
Nach Kessler Name einer ehemaligen Ansiedlung nächst *Kraubath*, VB *Leoben*, vielleicht der alte Name von *Kraubath* selbst. Ca. im Jahr 1190 erstmals urkundlich erwähnt. Wolmutisdorf in termionis s. Stephani 1227, Wolgemutsdorf vnder dem Chaiserperge 1308.
Baravalle erwähnt einen „Burggraben", der beim Anwesen Maier in Pirchegg in die Mur mündet, sowie ein „Burgried" westlich des Windberges, ostsüdöstlich von *Kraubath*[899].
EA: Zur Deutung siehe *Wolfersbach*.

Wöll:
Flur, Graben und Dorf in der OG *St. Georgen ob Judenburg*: Wel 1287.
Nach Kessler von slaw. **volina** - „die Ochsengegend". Ein Name, dem wir wiederholt begegnen, z. B. in Welingfeld etc. Nach L-H liegen dem ON slaw. **vol* - „Ochse" oder die slaw. PN ***Volina** oder ***Velen** zu Grunde[900].
EA: Ich sehe einen Zusammenhang mit der Konsonantenfolge w-l (engl. **well** - „Quelle", dt. „Welle, wallen"). Die *Wöll* liegt auf einem Schotterkegel, den der Bach aufgehäuft hat; hier könnte der *Wöll*bach als Wasser**welle** namengebend gewirkt haben, zumal sich die Wöll wegen ihres grabenartigen Charakters nicht gut als Rinderweide eignet. Schließlich bedeutet slow. **volčina** „Wolfsgrube". Vgl. *Wölz* und *Wöllmerdorf*.

Wöllmerdorf:
Teil der OG *Maria Buch-Feistritz*, VB *Judenburg*: Welimarisdorf ca. 1075, Welmarisdorf ca. 1080, Welmarsdorf 1185, Welmers-, Wölmersdorf 1897.
Vom aslaw. PN ***Velemer** „Dorf des Velemer". Nach L-H lautet der PN ***Velimirъ** oder **Velimĕrъ**[901].

---

[896] StUB I, 189, S. 200.
[897] Ra. S. 334
[898] StON, S. 397.
[899] BS, S. 382.
[900] StON, S. 95
[901] StON, S. 91.

Baravalle geht von einem Edelhof aus, der im 13. und 14. Jh. im Besitz eines gleichnamigen Geschlechts war. Nur einmal wird 1308 als Zeuge ein Hermann von Welmersdorf genannt[902]. EA: Slow. **vele** - „groß, hoch", slow. **mer** - „Richtung, Tendenz", **mir** - „Frieden". Siehe *Wölz*.

(die) Wölz:
Bach und Tal nordwestlich von *Teufenbach*, VB *Murau*: Uueliza 1007, Welz 1140, Welzi 1150, Welize 1190. Mdal. „wöilts".
a) Niederwölz: (Dorf) Niderwelz 1234, Nider Welz 1464.
b) Oberwölz: (Stadt) Welze superior 1262, Welz 1265, Oberbelc 1288, eccl. s. Petri 1300, ciuitas Oberwetz 1305, s. Pangraecz 1487, Oberwelz 1877.
Von slaw. **volica** - „die große, weitgedehnte Gegend, der langgestreckte Bach". Nach L-H als **Velica* zu urslaw. **velь* „groß", mit dem Suffix -*ica*, war die Bezeichnung ursprünglich ein Gewässername[903].
Diesen ON findet man in der Steiermark und in Kärnten mehrmals und er scheint auch in zwei Hofnamen auf: Welzer in Auwinkel und Welzer bei *Dürnberg* in der Steiermark (Woelzan, Vnder Wölzarn 1490). Das Geschlecht der Welzer geht auf geht auf die Schenkung König Heinrichs II an den Bischof von Freising 1007 zurück; Als Mittelpunkt der Verwaltung wurde vermutlich erst um 1020 die Burg errichtet, die später *Rothenfels* genannt wurde. Die Burggrafen nannten sich „von Welz"[904].

+ Wurmbach:
Nach L-H Gewässer ein Zufluss zur *Ingering* nordwestlich von *Knittelfeld*: ad fluuivm, qui Uvrmpach dicitur 1103, Wrmbach 1170-1180. Heute „Thüringbach" genannt.
Ahd., mhd. **wurm** − „Kriechtier, Schlange"[905].
EA: Westlich von *Knittelfeld* fließen die *Ingering* mit ihrem linksufrigen Ableger, dem *Knittelfeld*er Stadtbach („Werkskanal"), ein nach der Karte namenloses Gerinne aus Richtung *Schönberg* sowie der *Flatschach*bach, der *Spielberg*erbach und der *Pausendorf*erbach nach Süden. Wenn der Gewässername etwas mit „Schlangen" zu tun hat - man könnte hier an Ringelnattern denken - dann würden sich die als *Knittelfeld* zunächst fließenden Gerinne, also der *Spielberger*- und der *Pausendorf*erbach anbieten, da dieser Bereich einst gewiss ein Paradies für diese feuchtigkeitsliebenden Tiere dargestellt hat.

Zachenbach:
OG *Rachau*, VB *Knittelfeld*. Der ON könnte mit slaw. **suh* - „trocken" zusammenhängen. L-H leitet ihn vom PN **Zacharias** (Kurzform **Zach**) ab[906].
EA: Nordöstlich des Baches liegt der *Zachenriegel*. Siehe -*bach, Zachenriegel* und *Zugtal*.

Zachenriegel:
Hügel in der OG *Rachau*, VB *Knittelfeld*. Im Bair. war ein **Zache** „ ein „grausam langgestreckter Bergkamm". 1662 wurde dieser Hügel als „auf alle höche des hern Zachen albm" erwähnt[907]. Demnach hinge der ON mit dem Familiennamen Zach zusammen. Zu anderen Deutungen siehe *Zachenbach, + Zagatten, + Zuckdol* und *Zugtal*.

+ Zagatten:
Östlich von *Judenburg* bei *Baierdorf*: in der obern Zagatten 1619.
EA: Das ONJ gibt keine Erläuterung zu diesem ON[908]. Das SWB erklärt **Zag, Zach** als „Zugtier, Pferde- oder Ochsengespann"[909]. Im Slow. bedeutet **zagata** „Sackgasse". Falls diese Deutung zutrifft,

---

[902] BS, S. 286.
[903] StON, S. 47.
[904] BS, S. 5050ff.
[905] StON, S. 170, StGN, S. 37.
[906] StGN, S. 62.
[907] Mell/Pirchegger, Steirische Gerichtsbeschreibungen, S. 111, und Ra. S. 334.
[908] ONJ, S. 44.

könnte der Oberlauf des *Benkenbaches* als sich immer weiter verengender Graben so genannt worden sein. Vgl. *+Zagler.*

+ Zagler:
Name eines Gehöftes in unbekannter Lage: im Zagel 1437.
Von spätmhd. **zagel** - „der Schwanz". Hier vielleicht in der Bedeutung „hinterstes Ende des Grabens, der Gegend". Vgl. *+ Zagatten*

Zanitzen:
Gegend in der KG *Lavanteg*, OG St. Anna am *Lavantegg*, VB *Judenburg*: In der Ozsvenitz 1. H. 14. Jh. in der Czuenitzen 1434.
Von aslaw. ***osoj(i)nica.** - „(an der) Nordseite (gelegen), Schattengegend".

Zechner:
Auf Höfen dieses Namens wurde der Zehent, die Abgabe an den Grundherren, eingesammelt.
Ein weiterer, davon abgeleiteter Hofname lautet „Zehentner".

+ (in der) Zedlach:
Abgekommener ON bei *Kraubath*, VB *Leoben*.
Zu slaw. ***se(d)lo** - „die Siedlung", bzw. zu einer Ableitung mit **-jach** - „bei den Leuten am Sattel, an der Siedlung". Abwegig ist die urkundliche Form „in der Zedlach", denn die slaw. Lokative des Plurals werden im Dt. immer ohne Geschlechtswort gebraucht.

Zedlacher:
Gehöft im „Schauerfeld" bei *Mariahof*, VB *Murau*: Mdal. „pan ´saua, s`tretla".
EA: Hier würde die Erklärung „bei den Leuten am Sattel" zutreffen, denn der Hof liegt auf der Höhe des *Neumarkter* Sattels; natürlich könnte dort auch eine Siedlung bestanden haben.

Zehentner:
Siehe *Zechner.*

-zeiring:
Alte Siedlungsgebiete nordwestlich von *Pöls*, VB *Judenburg*:
a) Oberzeiring: mons Zyrich 1265, mons Zeirich 13. Jh. , Zirik 1273. „der Abt von Admunde vant uf der Ziric manigenvunt der in was ankunt" (Ottokar, Vers 24. 356), ca. 1310; der perg der Zirich 1300, die Ober zeirich 1355, die Zeirig 1384, die Zeyringk 1458, Ober Zeiring der margkht 1458.
b) Unterzeiring: Nider Zeirich 1343, Nider Zeiring 1413, die Vnder Zeiring 1483.
Etym. nach Kessler: Slaw. ***sciric** - „die Grille" kommt als Erklärung nicht in Frage, weil slaw. **-sc-** im Dt. zu **-st-** werden muß; der ON zeigt aber durchwegs anlautendes **-z-**. Daher setzt der Name ein slaw. ***sirika** voraus, - „die Gegend, in der Käse bereitet wird". Vgl. slow. **sir**, aslaw. ***syr(u)** - „Käse". Lautgeschichtlich ist dieser Beleg von großer Bedeutung. Wir haben für die aslaw. Endung **-ica** in einer älteren Schicht eine Eindeutschung die Wiedergabe als ahd. **-iccha**, dagegen in einer jüngeren Schicht **-itza**. Wichtig dabei ist vor allem die Zeitgrenze zwischen diesen beiden Sprachschichten. Der Wandel von aslaw. **-y-** (sprich ü) zu modern slow. **-i-** vollzieht sich im Laufe des 10. Jhd.[910] Dieses *Zeiring* zeigt den Wandel bereits, trotzdem wird die slaw. Endung **-ica** noch in älterer Weise als **-ika** wiedergegeben. Daraus ist zu schließen, dass bis ins 10. Jh. die Wiedergabe der aslaw. **-ica** als ahd. **-icca** noch möglich war. Nach L-H handelt es sich um einen unechten **-ing**-Namen, der schwer zu deuten ist. Am ehesten wäre er mit urslaw. ***čirь** - „Eisrinde auf dem Wasser" zu verbinden[911]. W. Brunner vertritt die Auffassung, dass der ON von 1265, „mons Zyrich", dieselbe Namensform wie „Zürich" in der Schweiz aufweist, wo es zu keiner Zeit eine dominante slaw. Bevölkerung gegeben hat. Daher kann der Name nicht aus dem Slaw. abgeleitet werden. Am wahrscheinlichsten für die

---

[909] SWB, S. 253.
[910] ONK I, S. 120.
[911] StON, S. 47.

157

Deutung dieser beiden Namen hält er eine Ableitung vom kelt. Wort **dur-** „Wasser", woraus sich **Durich** als Bezeichnung für eine wasserreiche Gegend entwickelt hat. Dieses Wort dürfte sich nach den Sprachgesetzen des Ahd. und Mhd. zu **Zyrich/Zürich** weitergebildet haben[912].

EA: Da der *Blahbach* nach Auffassung Einheimischer seinen Namen davon hat, dass er sich im Winter „aufbläht", also Grundeis bildet, weswegen er dann oft aus den Ufern tritt, könnte über die Deutung „Eisrinde" eine Bennenungstradition bestehen. Das ma. Bergbaugebiet erstreckte sich von Ober*winden* über die *Klum* in den *Zeiring*graben, den *Gföll*graben und weiter in Richtung *Lachtal*. Alle diese Bereiche liegen westlich der *Pöls*; östlich des Flusses scheint kein Bergbau betrieben worden zu sein. Das Schaubergwerk im Ort *Oberzeiring* bietet einen interessanten Einblick in die montanhistorische Vergangenheit dieses Gebietes. Siehe auch *Propstei*.

Zeltweg:
Stadt und OG südwestlich von *Knittelfeld*, VB *Judenburg*: Celcuic 1149, Celtvvich 1181, Celkvich 2. H. 12. Jh. Zeltwich 1304, Zeltweg 1419.
Auszugehen ist nach Kessler wahrscheinlich von einem aslaw. ***se(d)l(i)cevice** - „der Ort der kleinen Siedlung". Vgl. slaw. ***selce** aus aslaw. ***sedl(i)ce** - „die kleine Siedlung". Da in der vorliegenden Eindeutung zwei -**c**- Laute hintereinander standen, konnte die Dissimilation des zweiten -**c**- zu -**t**- stattfinden, sodass ein ahd. ***zedaltewiccha** statt **zedalzewiccha** erschlossen werden kann.
Ähnlich wie die ahd. PN Adalbrecht, Uadalrich zu mhd. Albrecht, Ualrich „kontrahiert" werden konnten, war es natürlich möglich, **zedal**- zu **zel**- zusammen zu ziehen. Damit ist die Lautentwicklung von der slaw. Form zur heutigen zu erklären.
Allerdings könnte man im Hinblick auf die in *Zeltweg* zusammenlaufenden Passstraßen von der Stubalm und vom *Obdacher* Sattel ins *Mur*tal mit demselben Recht an slaw. ***sedlo** - „der Sattel" als Etymon denken. Slaw. ***selo** - „Siedlung" hat zumindest in den Urkunden vor 1050 se**d**lo gelautet[913]; hingegen muss ein neuslow. **sedlo** - „Sattel" im Aslaw. ***sed(i)lo** gelautet haben, sonst gäbe es nur ein gemeinsames slaw. Wort für „Siedlung" und „Sattel". Nach L-H enthält der ON den reinen slaw. PN ***Sedlьkъ** mit dem Suffix -**oviki**[914].

Zeutschach:
Flur und Ort beim „Ursprung", einer Tiefenquelle westlich von *Neumarkt*, VB *Murau*: Zizawa 1172, Zeitschaw 1294, Scheytscha 1329, die Tscheytsa 1340, Scheczach 1349, Scheitschach 1355, Zeitschach 1494 . Mdal. „af dar tsaitscha".
Der ON kommt nach Kessler wahrscheinlich von slaw. ***ciceva**; das Wort kommt von slaw. ***cik** - „der Wetterfisch". Vgl. Cicow bei Pilsen, Cicenice bei Pisek/Böhmen. L-H führt den ON auf möglicherweise slaw. ***Čičava** zu ***čikati** - „zirpen, plätschern" zurück[915].
Baravalle nennt einen Turm von „Zeltschach", 1144 scheint ein Graf Poppo (Robert) von Celsach auf. Nach 1542 ist der Turm verfallen[916].
EA: Für den ON scheint mir eher dieselbe Erklärung wie für *Seiz* angemessen. Allerdings erzeugt der *Ursprung* blubbernde Geräusche, wenn das hier aus der Tiefe quellende Wasser viele Luftblasen mit sich führt, was auch für die Deutung „plätschern" spräche. Siehe *Seiz*.

Ziegelwald:
Waldgebiet am Eingang zum *Oberweggraben*,VB *Judenburg*: in Oberweg beim Zieglstadl beym Zieglwalt 1624, pach hinter den Zieglstadl 1704, Zieglwald 1479, Ziegelwald 1956[917].
Etym.: Dieser ON weist auf die Lehmgrube hin, die dort bestanden hat. Vgl. + *Laimgrube*.

[912] Brunner, St. Oswald, S. 38.
[913] ONK I, S. 69, 189ff.
[914] StON, S. 50.
[915] StON, S. 100.
[916] BS, S. 524.
[917] ONJ, S. 44.

158

Zi(e)lberg:
Landschaft und Streusiedlung bei *St. Georgen ob Murau*: s. Zylnperg ca. 1450.
Religiös begründeter Name: „Der der Hl. Cäcilia geweihte Berg". Die Flur liegt der Kirche *St. Zillen* gegenüber am linken *Mur*ufer.

(Seckauer) Zinken:
Höchster Berg der *Seckauer Tauern*, 2397 m/M, VB *Knittelfeld*: L-H führt diesen Bergnamen auf mhd. **zinke** – „Zacke, Spitze" zurück.[918] Der Anblick dieses Gebirgstockes mit seinen drei Buckeln erinnert an einn Dreizack. Vgl. *Gaal.*

Zirbitzkogel:
2396 m hoher Berg südwestlich von *Judenburg*: alpis Cirke 1114, Schirniz, Sirniz 1184, Zirniz 1184, Sebericz 1432, Sirbitz, Waidalm 19. Jh.
Nach Kessler sind für die Bildung dieses ON zwei aslaw. Formen entscheidend geworden:
1.Ein ***c(i)rvenica.** - „die rote Almgegend" (vgl. serbokroat. **crven** - „rot", EA).
Auch nach L-H lässt sich der Name mit hoher Wahrscheinlichkeit aus slow. **črven** – „rot" als **červica** - „rote Alm" erklären und hat wohl im Flurnamen Rothaide östlich des Zirbitzkogel*s* eine dt. Parallele
Vielleicht stellen die Formen mit anlautendem -s- (mdal. -ts-) die ahd., die Lautungen mit -z- die mhd. Entlehnungen dar[919].
2. Ein aslaw. ***c(i)rvica.** - „die Gegend der Würmer" (vgl. aslaw. ***c(i)rv(i)** - „Wurm".
Walter Brunner (vgl. + *alpis Cirke*) siedelt mit einigen Argumenten die Alm Zirke nahe Berndorf auf dem Kammrücken zwischen dem *Pusterwald*ergraben und dem Hochegg an. Er bringt die „Wurmgegend" mit Schlangen in Beziehung, führt aber den Namen **zirke** auf mhd. oder ahd. „Kreis, Kranz" zurück.
Franz Brauner leitet - ohne nähere Erklärung - den Namen von slow. **žir** - „Viehweide" ab[920]. Nach mir vorliegenden Informationen bedeutet im Slow. das Wort **žir** „Buchecker"[921].
EA: Die zweite Deutung nach Kessler dürfte hier nicht zutreffen, da es in dieser Höhenlage kaum zur Anhäufung von Würmern kommt, und man ja dann dort keine Beweidung betrieben hätte, die aber urkundlich weit zurück nachweisbar ist. Möglicherweise war hier die Zirbe als vorherrschende Baumart namengebend, da z. B. im Ladinischen **cir** (sprich tschir) „die Zirbe" heißt und sich auf dem Berg (wie auch auf der **Malga Cir** (Monte Cir)) auch Zirben befinden. Ein Waldgebiet südlich der *Sabathyalm* wird „Zirbenwald" genannt. Allerdings wurden nach L-H Namen wie „Zirbenleiten" eher nach der Legföhre, der Latsche (Pinus mugo) gegeben[922].
Zur Brauner'schen Deutung halte ich fest, dass eine slow. Form wohl nicht in Frage kommt, weil man erst nach dem Untergang des „Karantanischen (Alpenslawischen)" von Slowenen sprechen kann. Ob es eine slaw. Grundform gibt, entzieht sich meiner Kenntnis. Vgl. auch *Rothaide, Seetaler Alpen, Sieding, + Sirnich* und +*Zirknitzbach.*

+ Zirknitz(bach):
Früherer Name des Hauserbaches nordwestlich von Klein*lobming*, VB *Knittelfeld,* der 1242 erstmals urkundlich erwähnt erscheint. An der Straße von Groß*lobming* nach Klein*lobming* trägt ein Marterl noch heute den Namen „Zirkerkreuz". Das slaw. Wort ***zir** wird meist mit „Eichelmast" übersetzt[923].
L-H leitet den ON **Zirknitz** bei Stainz von urslaw. ***cьrьkъ** „Kirche", Diminutiv **cerkvica** „Kirchlein", ab[924].
EA: Vgl. die Deutung Brauners zu *Zirbitzkogel*. Im heutigen Slow. bedeutet **žir** „Buchecker".
Siehe auch *Sieding, Si(e)rning* und *Gleinberg.*

---

[918] StON, S. 148.
[919] StON, S. 87.
[920] Brauner (Hg), Steirische Heimathefte, Heft 5, Graz 1950, S. 35;.
[921] Slovensko-Nemški Slovar, Verfasser, Erscheinungsjahr und -ort unbekannt, S. 194.
[922] StON, S. 154.
[923] AW, S 27, Ra. S. 333.
[924] StON, S. 88.

Zistl:
Gegend und Rotte in der OG *Bretstein*, VB *Judenburg*: in der Zietisch 1434.
Die „Zistl" ist ein Trag-, Handkorb. Es liegt hier wohl ein Gestaltvergleich vor, ähnlich wie bei beim
ON *Wiegen*.
EA: Vgl. lat. **cista** - „Kiste, Korb".

Zmöll:
Flur nahe *Trofaiach*, VB *Leoben*: Zmolen 1220, Zemol 1321, die Zmol 1329,Zmoll 1393.
Etym.: Von slaw. ***smolnja** - „die wacholderreiche Gegend".
Baravalle nennt einen Edelsitz nördlich von *Trofaiach*. Von alten Wehrbauten hat sich nichts erhalten.
Der Hof kam zu Ende des 12. oder zu Anfang des 13. Jh. an das Edelgeschlecht der Zmöller[925]. Siehe
auch *Zmöllach*.

Zmöllach:
OG *St. Stefan ob Leoben*: die Zmolowe um 1300, mons Zmolach 1331, in der Zmolln um 1500.
Etym.: Von slaw. ***smolova** - „die wacholderreiche Gegend", Lokativ: ***smoljach** - „die Leute in der
Wacholdergegend (im Kienwald)". L-H stellt den ON zu urslaw. slow. **smola** - „Harz, Pech"[926].

Zöllen:
Ried bei *Rothenthurm*, OG *St.Peter ob Judenburg*: Zöllen 1906.
L-H leitet den ON „Zölling" bei St. Peter am Ottersbach vom PN **Zello** oder **Zollo** ab[927], für den ich
keine Übersetzung gefunden habe, wenn nicht ahd. **salo** - „dunkel" hier namengebend war[928]. Vgl.
Viscellae.

+ Zuckdol:
Nach Baravalle bei *Trofaiach*, VB *Leoben*. Vermutlich stand hier schon im 12. Jh. ein Edelhof[929].
Vgl. *Zachenbach, Zachenriegel, Zugtal*.

Zugtal:
OG *Oberzeiring*: das Zuchtal bey der Obern Zeyring 1494.
Der Name weist auf altslaw. ***suchodol(u)** - „das dürre, trockene Tal" hin und ist in der Steiermark
noch etwa zehnmal vertreten, so auch in der OG St. *Georgen ob Judenburg* - *Sukdol*.
Vgl. auch *Zachenbach, Zachenriegel*.

---

[925] BS, S. 397.
[926] StON, S. 100.
[927] StON, S. 112.
[928] DFN, S. 762.
[929] BS, S. 398.

160

Literaturliste

ANDRITSCH, Johann (1975): Unser Judenburg. Judenburg: Stadtgemeinde Judenburg.

BARAVALLE, Robert (1961): Burgen und Schlösser der Steiermark. Graz: Stiasny.

BRANDENSTEIN, Wilhelm (1978): Kleine namenkundliche Arbeiten. Graz: Akademische Druck-und Verlagsanstalt.

BAHLOW, Hans (1988): Deutsches Namenlexikon. Hamburg: Gondrom.

BRAUNER, Franz (Hg.) (1950): Steirische Heimathefte, Was die Heimat erzählt, Heft 5 Judenburg und Umgebung, Knittelfeld und Umgebung. Graz: Leykam (Pädagogische Abteilung).

BRODSCHILD, Renate (1978): Geschichtlicher Führer Bezirk Murau. Judenburg: Erich Mlakar.

BRUNNER, Walter (1974): Geschichte von Pöls. Pöls: Gemeindeamt Pöls ob Judenburg.

BRUNNER, Walter (1985): Geschichte von Neumarkt in der Steiermark. Gemeinde Neumarkt in der Steiermark

BRUNNER, Walter (1986): Türken, Pest und Habergeiß. Volkssagen aus dem Aichfeld und seinen Nebentälern. Graz: Eigenverlag.

BRUNNER, Walter (1987): Steirische Sagen von Hexen und Zauberei. Graz: Eigenverlag.

BRUNNER, Walter (1990): Mühlen. Geschichte einer obersteirischen Gemeinde. Mühlen: Eigenverlag der Gemeinde Mühlen.

BRUNNER, Walter (1992): Fohnsdorf. Fohnsdorf: Eigenverlag der Gemeinde Fohnsdorf.

BRUNNER, Walter (1997): St. Georgen ob Judenburg. St. Georgen ob Judenburg: Ortsgemeinde St. Georgen ob Judenburg.

BRUNNER, Walter (2000): Gaal. Geschichte des Lebensraumes und seiner Bewohner. Gaal: Eigenverlag der Gemeinde Gaal.

BRUNNER, Walter (2002): St. Oswald-Möderbrugg. Band I Eine Gemeinde und ihre Geschichte. St. Oswald-Möderbrugg: Gemeinde St. Oswald-Möderbrugg.

BRUNNER, Walter (2004):Mariahof. Mariahof: Eigenverlag der Gemeinde Mariahof.

DROSDOWSKI, Günther (Hg.) (1989): Das Herkunftswörterbuch. Etymologie der deutschen Sprache. Die Geschichte der deutschen Wörter und der Fremdwörter von ihrem Ursprung bis zur Gegenwart. Duden Band 7. Mannheim, Wien, Zürich: Dudenverlag.

EBERHARD-WABNITZ, Margit, LEISERING Horst (2003): Knaurs Buch der Vornamen. Erftstadt: Area Verlag GmbH..

EBNER Herwig (1976): Burgen und Schlösser im Ennstal und Murboden. Wien: Birken-Verlag.

FINSTERWALDER, Karl, Hg. Hermann M. Ölberg und Nikolaus Grass (1990): Tiroler Ortsnamenkunde, Band I Gesamttirol oder mehrere Landesteile betreffende Arbeiten. Innsbruck: Universitätsverlag Wagner.

161

FLUCHER, Rudolf (1967): Das Rätsel der Grillnamen. In: Mitteilungen des Steirischen Burgenvereines, 12. Folge. Graz, S. 32 - 39.

FLUCHER, Rudolf (1971): Puch und Buch bedeuteten einst Purch und Burg. In: Mitteilungen des Steirischen Burgenvereines, 13 Folge. Graz.

FORCHER, Franz(1907): Die alten Handelsbeziehungen des Murbodens mit dem Auslande. In: Zeitschrift des Historischen Vereins für Steiermark. Graz: Selbstverlag des Historischen Vereins für Steiermark, S. 4 - 133.

GLEIRSCHER, Paul (2009): Noreia - Atlantis der Berge. Klagenfurt-Laibach-Wien: Verlag Hermagoras.

HABERKERN, Eugen, WALLACH, Friedrich, (2001): Hilfswörterbuch für Historiker. Tübingen, Basel: A. Francke.

Hammer, Lois (1959): Aus Knittelfelds Vergangenheit.Knittelfeld: Aichfelder Zeitungs-und Verlagsgesellschaft m. b. H.

HAUSNER, Isolde, SCHUSTER, Elisabeth (Bearb.) (o.J.): Altdeutsches Namenbuch. Online – Datenbank, http://www.austriaca.at/altdeutsches namenbuch (Stand 2010). Wien: Österreichische Akademie der Wissenschaften.

HEBERT, Bernhard, MIRSCH, Ingo (2004): Methoden und Techniken der Archäologie anhand neuerer Beispiele aus der Steiermark. In: Zeitschrift des Historischen Vereines für Steiermark, Folge 96. Graz: Historischer Verein für Steiermark, S. 152-154.

HERMANN, Ursula (1983): Knaurs etymologisches Lexikon. Herkunft und Geschichte unserer neu- und Fremdwörter. München: Verlag Droemer Knaur.

HÖRBURGER, Franz (1982): Salzburger Ortsnamenbuch. In: Mitteilungen der Gesellschaft für Salzburger Landeskunde, 9. Ergänzungsband. Salzburg: Selbstverlag der Gesellschaft.

JÄGER, Franz, LUKAS, Elfi, RABKO, Hans Jürgen (2006): Kraubath. Von der Steinzeit zur Marktgemeinde. Kraubath: Marktgemeinde Kraubath.

KOHLHEIM, Rosa, KOHLHEIM, Volker (Bearb.) (2000): Duden Familiennamen. Herkunft und Bedeutung. Mannheim-Leipzig-Wien-Zürich: Dudenverlag.

KENNER, Hedwig (1975): Zu namenlosen Göttern und einer namenlosen Stadt der Austria Romana. In: Römisches Österreich 3, Berlin - New York: Verlag der Österreichischen Gesellschaft für Archäologie, S. 127 - 142.

KENNER, Hedwig (1989): Die Götterwelt der Austria Romana. In: W. Haase (Hg.), Aufstieg und Niedergang der Römischen Welt II 18, 2. Berlin - New York: Verlag der Österreichischen Gesellschaft für Archäologie, S. 875 -974.

KENNER, Hedwig (1989): Dea Noreia. In: Die Kultur der Kelten. St. Veit an der Glan: Institut für Geschichte der Universität Klagenfurt und Stadtgemeinde St. Veit an der Glan, S. 24 - 28.

KESSLER, Klaus (1957): Die Siedlungsgeschichte des westlichen Obermurgebietes im Lichte seiner Ortsnamen. Phil. Diss. Universität Wien.

KRAMER, Diether (1985): In: Walter Brunner(Hg.): Geschichte von Neumarkt in der Steiermark. Neumarkt: Eigenverlag der Gemeinde Neumarkt, S. 35 - 60.

KRANZMAYER, Eberhard (1956, 1958): Ortsnamenbuch von Kärnten, Teil I und II, Klagenfurt: Verlag des Geschichtsvereines für Kärnten.

KRANZMAYER, Eberhard, BÜRGER, Karl (1957): Burgenländisches Siedlungsnamenbuch. In: Burgenländische Forschungen, Heft 36, Eisenstadt: Landesarchiv und Landesmuseum, S. 37 - 166.

LEHNER, Susanne (2002): Betrachtungen zu einem Flechtwerkstein aus Mariahof, Steiermark. In: Fundberichte aus Österreich, Band 40, Wien: Bundesdenkmalamt, S. 177 - 185.

LEITGEB Alex (1987): Mehr als 900 Jahre - St. Lorenzen bei Knittelfeld im Wandel der Zeit. St. Lorenzen bei Knittelfeld: Gemeinde St. Lorenzen bei Knittelfeld.

LEITNER, F. W. (Hg.) (2007): Götterwelten. Tempel, Riten, Religionen in Noricum. Katalog zur Sonderausstellung. Klagenfurt: Landesmuseum Kärnten.

LEXER Mathias (1862): Kärntnerisches Wörterbuch (Reprint der Ausgabe Leipzig 1862). Vaduz: Sändig Reprint Hans Wohlwend.

LOCHNER VON HÜTTENBACH, Fritz (1980): Zur Bildung deutscher Ortsnamen zur Zeit der Traungauer. In: Das Werden der Steiermark (Hg. Gerhard Pferschy). Graz: Verlag Styria.

LOCHNER VON HÜTTENBACH, Fritz, Zu vorrömischen Sprachresten im Kärntner Raum einschließlich der Traditionsüberlieferung des Vierbergelaufs. In: Die Kultur der Kelten. St. Veit an der Glan: Institut für Geschichte der Universität Klagenfurt und Stadtgemeinde St. Veit an der Glan, S. 38 - 53.

LOCHNER VON HÜTTENBACH, Fritz (2008): Steirische Ortsnamen. Zur Herkunft und Deutung von Siedlungs-, Berg-, Gewässer- und Flurbezeichnungen. Graz: Leykam Verlag.

LOCHNER VON HÜTTENBACH, Fritz (2009): Steirische Gewässernamen deutscher Herkunft. Erforschung und Erklärung der bairischen Benennungen von fließenden und stehenden Wässern. Graz: Leykam Verlag.

LUKAS, Elfi (1999): Aus dorfenger Welt ins weltoffene Dorf. Die steirische Rachau. St. Peter ob Judenburg: Verlag Thomas Mlakar.

LUKAS, Elfi (2003): Knittelfeld einst und jetzt. Budapest - Schwarzach: Heimatverlag Ascherbauer.

LUKAS, Elfi, Adel und Eisenadel. Apfelberg: Eigenverlag.

LUKAS, Elfi (2002, als CD 2006): Auf alten Wegen. Ein Wanderführer für historisch Interessierte. Apfelberg: Eigenverlag.

LUKAS, Elfi (2008), Familienchronik Diethardt, Eppenstein, Privatbesitz.

LÜTZELER, Heinrich (2007): Bildwörterbuch der Kunst. Erftstadt: HOHE GmbH (Nachdruck von 1950).

MAIER, Bernhard (2003): Kleines Lexikon der Namen und Wörter keltischen Ursprungs. München: Verlag C. H. Beck.

MELL, Anton, PIRCHEGGER, Hans (Hg.) (1914): Steirische Gerichtsbeschreibungen. Graz: Historische Landeskommission für Steiermark.

OBERMÜLLER, Wilhelm (2005): Deutsch - keltisches geschichtlich-geografisches Wörterbuch zur Erklärung der Fluss- Berg- Orts- Gau- Völker- und Personennamen Europas, West-Asiens und Nord-Afrikas (Nachdruck der Ausgabe Leipzig 1868). Vaduz: Sändig Reprint Verlag Hans Wohlwend.

POHL, Heinz-Dieter, SCHWANER, Birgit (2007): Das Buch der österreichischen Namen. Ursprung, Eigenart, Bedeutung. Wien: Pichler Verlag.

POHL, Heinz-Dieter (2009): Die Bergnamen der Hohen Tauern. In: OeAV-Dokumente Nr. 6, Innsbruck: Österreichischer Alpenverein Fachabteilung Raumplanung-Naturschutz.

ROTH, Benno (1933a, 1933b, 1937, 1940, 1948), Seckauer Geschichtsstudien, Hefte 1, 3, 6, 7 und 8, Seckau: Abteiverlag.

ROTH, Benno (1964): Seckau - Geschichte und Kultur. Wien-München: Stiftsverlag.

ROTH, Paul W (1965): Die Adelswappen der westlichen Obersteiermark im Mittelalter. Dissertation Karl-Franzens-Universität Universität Graz.

SEEBACHER-MESARITSCH, Alfred (Hg.) (1978): Das Steirische Wörterbuch. Graz: Leykam Verlag.

SCHIESTL, Michael (1996): Die Ortsnamen in der Stadt Judenburg und ihrer Umgebung. In: Judenburger Museumsschriften XIII.. Judenburg: Verlag des Museumsvereines Judenburg.

SCHIESTL, Michael (2005): Pierpreu, Pichler, Pitterpos . . . . In: Berichte des Museumsvereines Judenburg 2005, Heft 38. Judenburg: Museumsverein Judenburg, S. 3 - 38.

SCHIESTL, Michael (2009): Die Straßennamen Judenburgs. Judenburgs Straßennamen. Ein Lexikon der Straßen, Gassen und Plätze In: Berichte des Museumsvereines Judenburg 2009, Heft 42, S. 3 - 45.

SCHMELLER, Johann Andreas (1996): Bayerisches Wörterbuch. Bearbeitet von G. Karl Fromm, München: Verlag Oldenbourg.

SCHNETZ, Joseph (1952): Flurnamenkunde. In: Bayerische Heimatforschung, Heft 5. München: Verband für Flurnamenforschung.

SONNTAG J. N. V. (1844): Hauschronik von Sachendorf. Privatbesitz.

TOMASCHEK, Johann (2004): 700 Jahre Pusterwald. Ortsgeschichte und Häuserbuch. Pusterwald: Eigenverlag der Gemeinde Pusterwald.

URMES, Dietmar (2006): Etymologisches Namenlexikon. Das Herkunftswörterbuch. Wiesbaden: Marixverlag GmbH.

WALDHUBER, Heinz (1985): Spielberg. Spielberg: Eigenverlag der Marktgemeinde Spielberg.

ZAHN, Josef v. (1893): Ortsnamenbuch des Herzogtums Steiermark im Mittelalter. (ZOB). Wien: Hölder.